本书为东北大学“十二五”规划教材
本书受东北大学秦皇岛分校教材（著作）建设基金资助

创新创业：行动学习指南

The Action Learning Guideline for Innovative Entrepreneurship

罗国锋　主编

前　言

这是国内第一本以行动学习为导向的创新创业教材。自2009年以来，我校工商管理专业即利用行动学习方法开展创业教育，四年来，教育方法不断完善，内容不断充实，体系逐渐成熟。2010年夏天，国内十几所本科院校的创业教育专家来到我校观摩交流，在充分肯定的基础上，提出了宝贵的意见，对我们团队成长产生了极大的鼓舞作用。我们希望将这种模式推广到更多的高校，于是就有了本教材的编写冲动。在此背景下，本教材申请东北大学"十二五"规划教材立项成功，此后，我们团队开始了边实践边总结的、为期近两年的教材编写历程。行动学习让我看到了每个学生身上的闪光点，在课堂上，大家积极参与，畅所欲言，关系更加融洽。上课成为我和同学们的共同享受，我迫不及待要把这一教学模式分享给我的同行们。

一、创业需要鼓励更需要教育

对于创业者来说，需要系统了解创新创业基础知识，避免盲目创业。在著名天使投资人徐小平看来，鼓励青年人创业与所谓的"忽悠创业"完全是两回事。徐小平认为，"创业是一种人生选择，也是一种思维方式，更是一种教育价值。创业教育，并不是仅仅向人们展示创业成功的辉煌，而是要让人们了解创业的理念、真相、方法和过程。创业是可以教的吗？——西方主流教育体系越来越承认创业是一门可以传授的学科。中国的创业教育不是太多，而是太少。鼓励更多人关注创业、思考创业、学习创业、最终在时机成熟时投入创业，是社会进步的标志之一"。徐小平鼓励所有有志向创业的青年人，"听从你内心的声音，假如创业是你的梦，大胆勇敢地去追求它！要为自己的创业梦想活着，而不要为环境、为他人（常常是家人）的稳妥美梦活着"。

创新创业教育的目标不仅在于提高学生综合素质，而且要培育创新创业型人才。这是因为创新创业区别于一般创业，是基于创新基础上的创业，特别是基于技术创新而创业，这就要求创业者对所从事的领域有深刻的理解。从这个角度看，创新创业教育的对象更应该是接近技术创新的工科学生，他们在参与创新创业活动时较经济、管理等商科专业学生具有相对优势。

关于对创新创业教育成效的检验一直存在争论，有很多社会人士否认中国现行的创新创业教育，其中一个理由就是大学的创新创业教育对大学生毕业后立即转化为创业者的影响较小。是否能用大学生毕业后直接创业这种指标来检验创新创业教育的效果呢？创新创业教育可以促进创新创业者产生，促进创新型企业的创建，但并不意味着鼓励学生刚毕业就去盲目创业。刚毕业的大学生还缺乏职业训练，缺乏企业经验。更重要的是，大多数刚毕业的大学生尚不具备领导一个基于创新的商业团队的能力。这种情况下，盲目鼓励大学生创新创业，只会增加更多“无谓的死亡”的创业案例。

尽管如此，创新创业教育依然希望培育出更多合格的创新创业者，唯有如此，才能最终检验创新创业教育的成效。但这需要较长时间来检验，创新创业教育不能急功近利。

二、大学创新创业教育的目标和体系

学者们的研究已经证明，创业是可教的，大多数成功创业是可复制的。通过创新创业教育，为学生植入创新的基因，培养其识别和利用商机的能力，使得训练有素的大学生在商机来临时可以敏锐地发现并能成功利用。这是创新创业教育的真谛所在。

创新创业教育的内涵包括两个方面：激发和培育创新创业精神和培养创新创业技能，提高学生在创业过程中的实际操作能力。大学应该在对全校学生进行普及式创业教育的基础上，对于有创业意愿和需求的学生开展层进式的创业教育和培训。这就要求大学建立分层次的创新创业教育体系：①激发培育体系；②课程体系；③实践体系。此外，对于高等学校而言，还需要一个制度层面的体系，即政策体系，来保证上述三个体系的正常运转。

我们把上述体系称为创新创业教育体系树，如图 0－1 所示。

在图 0－1 所示的创新创业教育体系树中，创新创业教育的政策体系是创新创业教育体系的根须，旨在为创新创业教育提供政策支撑，为激发培育体系、课程体系和实践体系提供政策环境，包括学分制度、第二学位等制度体系。创新创业精神的激发培育体系是创新创业教育的先导环节，包括为新生提供创业讲座，组织创业大赛，激发和培育大学生的创业激情。创新创业教育的课程体系是创新创业教育的关键环节，旨在为渴望创业者提供创业技能的专业训练。创新创业教育的实践体系，是创新创业教育体系的最高层次，不仅使学生能够切身体验创意的产生，体验创业的过程，还能最终促使创新创业者产生。

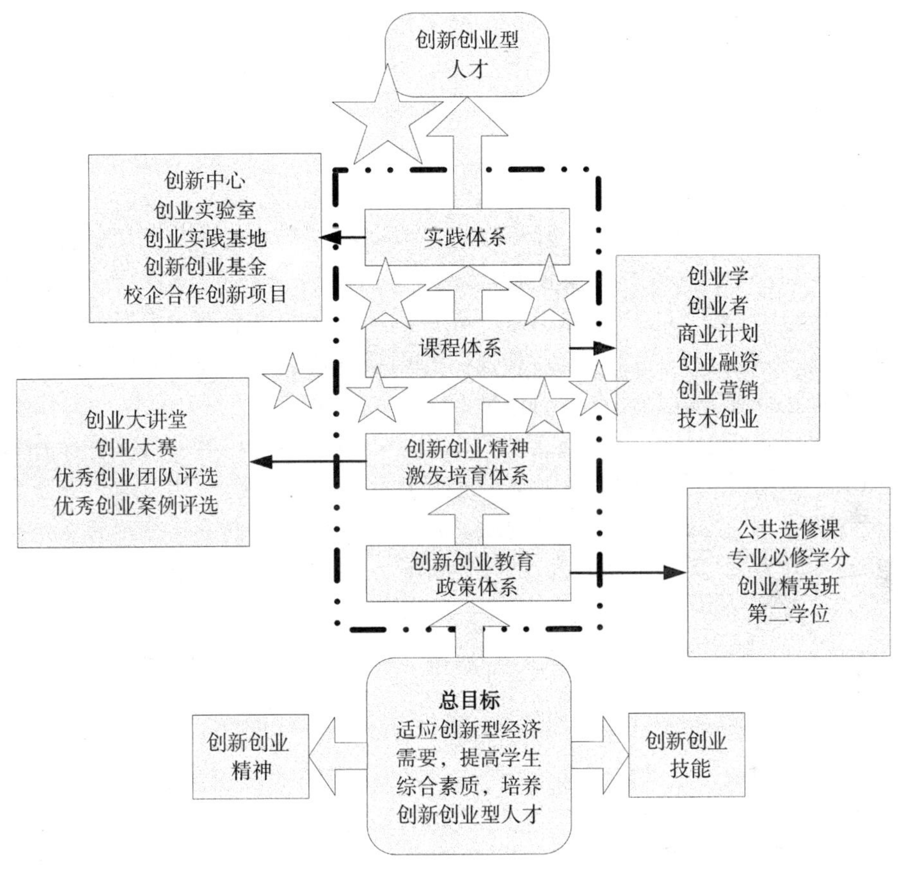

图 0-1　创新创业教育体系树

树状体系的形象之处在于，创新创业型人才是创新创业教育的果实。学生具有创新创业意识是创新创业教育的第一层次的目标。高等教育培养的学生不应只会机械地做事，只在 8 小时内做事，甚至 8 小时内只做 3 ~5 个小时的事。有鉴于此，我们认为创新创业精神的启蒙对每个学子而言都是必要的。因此，第一个层次的创业教育规模要大，要能够形成一种创新创业的文化。目前，创新创业精神的激发培育体系大多由高校的团委或者专设的创新（和/或）创业中心构建。与之相对应，使有创业意图的学生具有创业技能是第二层次的目标，如果创新创业教育不能最终培育出创业者的话，怎么说都不能算是成功。成为创业者是需要具备一定的创业技能的，这就需要认真建立课程体系，为有创业意图的同学提供所需的创业知识和训练。

在树状体系的最上层，对于有强烈创业意愿的学生提供创业实践的机会，这不仅仅是为了内化学生在第二层次所习得的技能，还是为了借用实践的力量来检验学生的创意。经历了三个层次的创新创业教育，学生足以为未来的创业活动做好知识、技能和心理上的准备。

作为创新创业教育之树的果实，创新创业型的人才培养也呈现出层次性。在树的下层，所结的果实是具有创新创业精神的人才，他们可以暂不具有创新创业的技能，但创新创业精神可以促进其适应环境的变化，更好地为雇主工作。中间层次的果实是具有创新创业技能的人才，他们并不需要一毕业就去创建企业，而是要在未来的工作中寻找创新创业的机会。最上层的果实是耀眼的创新创业未来之星，凭借其独特的创新创业能力，他们有可能在毕业后甚至尚未毕业时就创建自己的企业。

我国的高等学校在体制特点、历史积淀、专业特色和学生层次方面都有所差异，必然使得创新创业教育体系也呈现出不同的特色。层层递进创新创业教育体系树为不同类型的大学提供了可供选择的创新创业教育组合。高校可以根据自身的特点，制定自己的政策体系，将精力和财力根据自身的情况分配在某些特定层次的创新创业教育，从而实现本校的学生培养目标。

三、行动学习——本书的指导思想

创新创业教育的一个显著特征是其“实操性”，诸如机会识别、环境和行业分析、商业计划等重要教学环节必须结合实践方能使学生领悟。因此，本教材以管理培训中流行的行动学习法作为指导思想。

行动学习法（Action Learning）又称“干中学”，通过让学生参与一些实际工作项目，或解决一些实际问题，或者在比自己高好几等级的卓越领导者身边工作等，来发展他们的领导能力。行动学习建立在反思与行动相互联系的基础之上，是学习知识、分享经验、创造性研究解决问题和实际行动四位一体的方法。

行动学习可以表述为以下公式：

AL = P + Q + R + I

AL（Action Learning）：行动学习

PK（Programmed Knowledge）：程式化的知识

Q（Questions）：质疑（问有洞察性的问题）

R（Reflection）：反思

I（Implementation）：执行

即：行动学习 = 程式化的知识 + 质疑 + 反思 + 执行。

行动学习是建立在对团队成员所积累经验的激发和重新诠释的行为基础

上。在商业活动中，行动学习体现为经理人以团队合作的形式解决实际案例中的关键问题。这里所说的团队是由相互平等的成员组成的集体，而不是由某个主要负责人或导师带头组成的委员会。在团队工作过程中，工作的重心将放在相互支持、相互促进和广泛提出问题方面而非简单地各自提出观点。

行动学习法的一般步骤如下：①成立小组；②确立目标；③制定战略；④采取行动；⑤展示讲解；⑥点评建议；⑦上述②～⑥项工作循环。

行动学习法如果得到正确运用，可以减少学生由学习到应用的时间，将学习者的注意力集中于结果和过程，可对团队成员的表现进行及时反馈，产生富有创意的解决方案，增加组织凝聚力。

四、本书的特色

本书编写者的最初意图是填补在当前商学院教授编写的那些高深的创业学和技术创新相关的教材与由学生工作者编写的过于浅显且缺少系统性的启蒙教材之间的空白，适用于非管理专业以及期望未来参与创新创业实践，而非向创新创业学术领域发展的管理类专业的学生使用。本书当然也适合那些已经踏入社会，并想要走向创业道路的人士使用。

此外，与行动学习法的结合是本书编写团队对最初意图的重要发展。本书编写团队对于行动学习法的实践开始于2009年6月工商管理专业实习项目，在逐年积累的基础上，进而设计了创新型企业商业计划路演大赛。这是由学生团队完成的针对创新型企业的小型咨询项目，这些企业真实存在，遇到了这样那样的战略问题和融资问题，每个学生团队首先要融入到企业家活生生的案例中，进入创业者的思想深处，体会这些企业家创新创业的内在动机，然后站在更高的位置审视企业家所从事的事业，利用相关理论分析企业家所处的环境和战略选择，为企业制定发展战略和详细的发展规划、营销计划和财务计划，进而分析企业的融资需求，并提出解决方案，最终以完成该企业商业计划书为任务的实习项目。这个实习项目有利于学生对所学专业知识融会贯通，学生和企业家通过这个项目都得到了提升。

在我校，《创业管理》课程结束后，紧接着就是四周的全职实习，在此期间，学生团队被要求完成一份真实存在的创新型企业的商业计划。实习结束后，所有团队参加本校组织的商业计划路演比赛。对学生实习效果的评判包括三部分：由风险投资家担当评委对学生的商业计划进行评判；由企业家担任嘉宾在路演现场对学生团队的表现进行评价；由导师组对学生的商业计划的规范性和日常表现做出评判。综合上述三部分评判成绩，最终完成对学生的考核。其实，当学生顺利完成该项目时，考核就不是最重要的事情了。

学生在完成实习之后，大都体会到了极大的成就感，应对未来就业的信心得到极大的提高。作为我校承担的河北省省级教改项目的阶段性成果，我们的这一做法不仅获得了教学成果一等奖，而且还在河北省的其他高校得到推广。

五、本书的内容结构及编写人员

本书由必要的创新创业理论、大量的生动案例、有启发性的专栏文章以及指导创业行动的“行动学习指引”组成，通过对行动学习方法的运用，本书为读者提供了一个愉快而有效学习创新创业的指南。

每一章均由开篇警句开始，在指出了学习目标之后，将程式化的知识系统呈现给读者，并穿插帮助读者理解知识的生动案例和专栏文章，最后，我们为读者提供了行动学习指引，供学习小组课后完成。

本书的编写团队主要来自创新创业与风险投资研究所，以经济和管理相关专业的博士、专家为主。团队的简介和分工如下：

罗国锋：博士毕业于华中科技大学管理学院，中国火炬创业导师，南开大学创业管理研究中心博士后，东北大学秦皇岛分校经贸学院副院长，副教授，创新创业与风险投资研究所所长，北京大学公司上市培育工程理事，负责统筹本书的编写工作。

张立克：博士毕业于南开大学，经贸学院讲师，创新创业与风险投资研究所创业文化研究室主任，负责撰写第 2 章、第 3 章、第 4 章。

王林：博士毕业于中国科学院研究生院，东北大学秦皇岛分校经贸学院工商管理教研室主任，创新创业与风险投资研究所成员，负责撰写第 7 章、第 8 章、第 9 章。

李志萍：东北大学工商管理学院在读博士，东北大学秦皇岛分校经贸学院工商管理专业讲师，创新创业与风险投资研究所风险投资研究室主任，负责撰写第 6 章、第 11 章、第 14 章。

赵杨：MBA 毕业于中国科学院研究生院，经贸学院实验中心教师，负责撰写第 10 章、第 12 章、第 13 章。

李浩然：燕山大学车辆学院团委书记，负责撰写第 1 章、第 5 章、第 15 章。

六、对本书读者的建议

无论是在校大学生，还是已经走向社会并打算创业的人士，学习本书时，最好组成学习团队，并利用行动学习方法进行学习。因为本书不仅提供程式化的知识，还引导读者进行行动学习。团队成员至少 2 人，3 人较好。如果是在校学生，则可以组成 5 人小组。

对于在校大学生，团队成员最好来自不同的专业。如果为同一专业开课，例如工商管理专业，则要求团队补充工科专业的同学，这样有利于团队学习效果的提升。

对于在职人员，最好的学习方式是由学习者组成专业背景不同的团队一起学习。创业者可以边学习边实践，在学完本书之后，相信创业团队可以解决创业过程中的大部分问题。我们建议打算创业的人士结合本书的**姊妹篇《创新创业：行动成就梦想全指南》**学习。

七、对教师的建议

在行动学习中，要充分发挥学生的学习主体作用，教师的角色是引导者。对学习小组要不吝啬表扬和鼓励，以激发学习者的潜能。当同学们在课堂上展示和分享小组行动学习收获时，其他团队成员也会得到启发。展示之后，要鼓励其他团队成员多提建设性的意见，教师要特别注意控制这个环节，避免让课堂变成没完没了的辩论场所。

教师需要要求听众对做分享和展示的团队表示感谢，最好的形式当然是讲解过程中的倾听和讲解之后的热烈掌声。当听众提出建设性意见之后，教师应注意要做分享和展示的团队向提意见者大声说“谢谢”。这些是最基本的礼仪，但在我国学生中似乎需要加强。

教师在利用本书作为教材时，可以根据学时情况和学生特点灵活安排。我们建议本书的最佳授课课时数量为 32 学时，每章 2 学时，其中讲授 1 学时，学生展示环节 1 学时，用于团队汇报和展示行动学习的收获。如果学时数量较多，教师可以在讲授本书内容的基础上，增加案例和讨论，充实讲课内容。如果学时数量较少，则相应减少学生展示环节。

本教材特别适合小班授课，可以使全部同学充分参与讨论并展示自己团队行动学习的收获。对于大班授课，我们建议将分享和展示环节的形式改为“教室内张贴”与“重点小组讲解”相结合的形式。

为了减轻使用本教材的教师的备课压力，我们为选用本书的教师提供全套课件。我们的课件图文并茂，深受学生喜爱。有需要的教师可以与本书作者联系索要，联系邮箱是：neucxcyjc@163.com。我们也竭诚欢迎各位教师给我们提出宝贵意见，欢迎教师来到北戴河参加观摩和研讨活动，并积极参与到本教材的修订工作中。

八、致谢

本书的编写和出版受东北大学秦皇岛分校教材（著作）建设基金资助，特此感谢！

本书编写过程中，我校王金玲副校长、王雷震副校长、王斌副书记、招生就业处胡震处长、团委张顺宇书记以及经贸学院主管学生工作的刘宏志副院长为本书的编写提出了不少宝贵意见，特此感谢！

本书还得到了南开大学创业管理研究中心的薛红志博士等诸多师兄师姐以及闫丽萍博士（现为石家庄经济学院副教授）等诸多师弟师妹的大力帮助，在此一并表示感谢！

我们还要感谢经济管理出版社的张艳主任和编辑丁慧敏老师，她们认真负责并且富有工作效率，对本书的顺利出版发挥了极大作用。

最后，感谢创新创业与风险投资研究所的所有团队成员和默默支持我们的各位老师和朋友！

罗国锋

行动学习“变革”创新创业教育模式

与20世纪八九十年代不同，我们正处于高度信息化和市场化的时代，当前的创新更加关注科技创新、商业模式创新和用户创新等。罗国锋教授及其团队对创新创业的研究和实践，是传统大学教育结合时势的一种务实创新，同时也是新时代创业的过程。特别地，他们还将“行动学习”的理念和方法运用到创新创业的教育实践中，实现“知行合一”，着实令人兴奋。

一、行动学习教育模式符合创新企业的运作需求

行动学习（Action Learning）的概念由英国重量级管理大师雷格·瑞文斯（Reg Revans，1907～2003）率先提出。行动学习以“实际问题”为出发点，导入相关的结构性知识，并通过提出有洞察力的问题引发参与者的思考和探讨，最终输出具有创造性的解决方案。通过这一过程，参与者对这些知识的理解会更为深刻且系统。值得一提的是，行动学习与我国古代教育家、哲学家王阳明先生提倡的“教育需要知行合一”的理念如出一辙：知是行之始，行是知之成，教育的本质是知行合一的过程。

我们在推动中国企业发展的研究与实践中，发展了一套易于操作的行动学习方法和流程，见下图。它主要有提出问题、导入知识、团队探索、行动计划及执行反思五大步骤，结合了现代企业运作实际过程，突破学习场所与实践场所“两张皮”现象，建立一体的聚焦复制循环过程。在学习场所中探讨的是真实的话题，在实践场所可以将学习场所的计划进行落实，它可以用于企业解决实际问题或者进行创新探索。值得一提的是，新生代的创业，是创新创业，大部分都是知识分子的创业，需要创业团队进行不断探索实践，务实行动和总结反思，因此，将行动学习方法运用于创新创业的教育中，无疑是一种明智务实的做法。

第一，提出问题。以现实为出发点，获取学习的需求，话题既可以是一个实实在在的问题，如“如何降低采购成本”，也可以是一个探索的话题，如“未来5年，企业的商业模式是怎样的”。我们认为有实在的需求才有更强的学习动力，因此在行动学习领域中，有现实问题则解决现实问题，没有

现实问题则创造未来话题。

第二，导入知识。根据瑞文斯的观点，程序性知识导入可以是与该话题相关的知识，如专业领域的常识，也可以是启发性的知识，如案例或故事等，又或者为分析工具和思维方法。这些知识可以采用传授方式导入，也可以采用参与者自学的方式获取。

第三，团队探索。探索包括分享、质疑、挑战、辩论和共识等环节，是团队基于问题、运用知识和自身的经验进行深入分析的过程。在这个过程中，我们注重挖掘团队成员的隐性智慧，在想法碰撞的过程中激发集体潜能。创新和冲突是深刻的共识基石。这个过程与脑力激荡或头脑风暴相似，但团队探索过程需要进一步聚焦想法。

第四，行动计划。基于团队探索之旅，团队对话题的分析理解较为一致，此时可以输出该问题的关键策略、行动步骤、分工协作、行动框架等。值得一提的是，通过前面的探索，行动计划是大家一起输出的，并且是自愿承担任务，因此在后续的执行过程中，团队对计划的理解和执行会更加到位，做到自动自发。

第五，执行反思。对行动计划的执行，目的是验证行动计划解决问题的效果。执行计划的过程中，定期对计划执行进行反思，一则发现优秀经验和做法，二则发现阻碍计划的问题。团队在践行计划的过程中，聚焦出阻碍计划达成的问题，并开始新一轮的行动学习，不断聚焦和复制，持续地推动计划达成和团队成长。

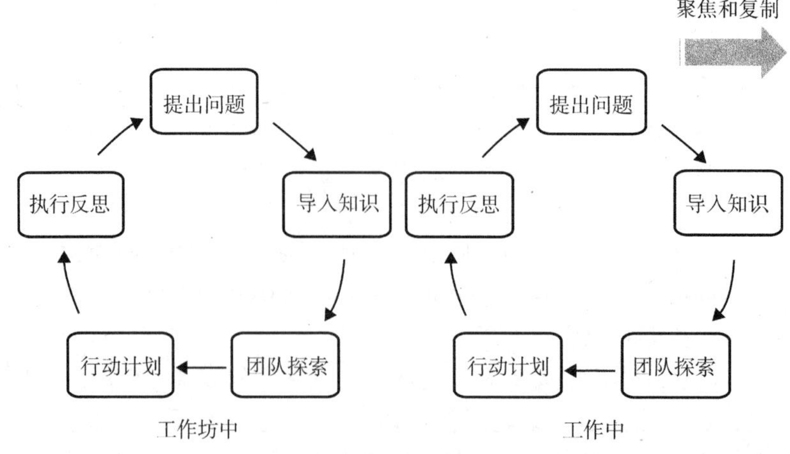

图 0－2　行动学习的“聚焦—复制”循环过程

二、行动学习将持续提升创业团队竞争力

第一，行动学习将会持续提升创业团队竞争力，培养高效、务实、创新的团队文化。在创业过程中，团队力量是影响创业成败的关键要素。创业团队的打造，不仅需要有追逐梦想的激情，更需要具备扎扎实实的相关专业能力和领导力。对于初创业者，个人难以做到完美，但是团队可以做到卓越。其中团队领袖的领导力是关键，特别是快速扩张的企业，团队领导者的培养影响着企业的扩张速度。研究发现，领导力的培养70%来自于实践，因此传统的学习模式难以打造出优秀的领导者。另外，行动学习对于创新创业的团队来说，本质上就是无边界小组一同挑战任务和实践的过程，被许多企业已经证明，这个过程能够有效地推动领导力提升。

第二，我们也发现，高效沟通协作是创业过程中非常重要的一环。能帮助创业团队降低企业管理成本，加速成长速度，把行动学习引入创新创业教育中，能够提高团队的沟通和协作能力。前面我们提及的团队探索、行动计划和执行反思等环节，都是一个团队充分沟通、达成共识以更好地自动自发执行的过程。对于网状创团队和星状创业团队来说，通过行动学习训练，能有效地改善团队的沟通效率和提高团队的正能量。

第三，创业团队需要高度的责任感与高效的执行文化，保证好点子能实施。对于创业团队来说，好点子固然重要，但把好点子实施的能力更重要。在行动学习循环过程中，不以领导为中心，以问题为中心，激发团队成员的责任意识和解决问题的欲望，即便没有职权，团队成员也可以成为某个问题的主人，整合相关资源解决问题。在这个过程中，大家不是被迫去做事，而是自愿执行和协作，执行力体现在自动自发的行动上。这样，许多不是管理者的员工也可以成为解决某个问题的主要负责人，展现才华和能力。

三、行动学习持续推进创新创业持续变革与创新

在瞬息万变的时代，企业持续生存发展之道唯一不变的就是“变”。企业变革与创新是企业走出其传统生命周期，进而持续发展的唯一途径。在企业变革与创新的过程中，需要克服企业的惯性思维和资源的限制，其本质就是再次创业的过程。这个过程比新建企业还要困难，新企业创业没有受过去“影子”的影响，这里的影子就是“经验”，有时过去成功的经验可能是企业变革发展的障碍。然而，我们看到许多企业的商业模式和战略变革，都是个别领导人拉着一群人跑。这个变革受到的阻力将会非常大，很多企业会倒在变革的路上。

行动学习可以降低企业变革的风险，有效地帮助企业实现蜕变和成长。因为，行动学习是激发团队一起实施变革，拉力不仅仅是少数企业领导人了。如当年杰克·韦尔奇领着GE这头大象跳舞，杰克·韦尔奇加入GE的时候，GE是高度官僚、机构臃肿的企业，濒临倒闭。杰克·韦尔奇采用“群策群力”的模式，突破层级框架和资源权力的框架，激发了GE的所有积极力量围绕着公司变革实施一系列大大小小的变革，最终创造了GE起死回生的奇迹。其实，GE所使用的“群策群力”模式与行动学习的运作机理是高度一致的，无边界小组围绕着实际问题和未来问题进行团队共创输出解决方案，并整合资源解决问题。

总的来说，行动学习过程是小组团队针对现实或未来的问题进行探索、学习、质疑、行动和反思的过程，是一个创造的过程，类似“微版”的创业过程。创业者创业的过程，就是在经历一个探索的过程，没有标准答案，没有标准的经验可以遵循，每一次创业经历都是独一无二的。在创业的过程中，创业者和团队需要面临许许多多未知领域及千头万绪的问题，这些都需要一一解决。在创业过程中，这种探索、务实、创新、分享、协作等精神与行动学习精神的本质是一致的。

行动学习在众多优秀企业中实践后，被誉为最有效地支持企业发展的学习模式之一，在创新创业的教育体系中引入行动学习法，从源头上给年青一代注入一套前沿务实的思维模式，行动学习法将会持续支持他们在未来的创新创业生涯中做好团队建设、高效运营和创新变革，以降低创业风险，实现成功创业。

林小桢

目　录

第 1 章　创新基础知识

活着就是为了改变世界，难道还有其他原因吗？

——史蒂夫·乔布斯

学习目标：

☞ 揭开创新的神秘面纱
☞ 了解创新的基本类型
☞ 了解创新过程的演变
☞ 理解创新机会的来源
☞ 理解创新扩散的影响因素

1.1　创新的概念

创新最简单的定义就是提出创意并把它商业化。创新强调的是其商业用途和对经济的贡献，因此，著名经济学家约瑟夫·熊彼特在他的著作《经济发展理论》一书中，将创新视为现代经济增长的核心。他认为，创新就是建立一种新的生产函数，把一种从来没有过的关于生产要素和生产条件的新组合引入生产体系。他指出存在五种创新：

第一，推出一种新的、消费者还未用过的产品，或产品的一种新的特性；

第二，采用一种新的、生产部门尚未用过的生产技术；

第三，开辟一个新的市场；

第四，获取或控制原材料或半成品的一种新的供应来源；

第五，建立一种新的生产经营组织。

在熊彼特看来，推动创新的是企业家，而不是发明家和革命家。企业家应用发明创造的原理、方法或手段等，创造新产品或引入新工艺，从而获得超额利润。获得潜在的“超常规的利润”是企业家推动技术创新的根本动力。

创新与发明常常交织在一起，很多人把两者混为一谈，但创新与发明有着根本的区别。有些创新根本不包含发明，即使某个具体的创新与发明有关，创新也不仅仅指发明。熊彼特最早对发明和创新进行了区别。熊彼特认为，先有发明，后有创新；发明是新工具或新方法的发现，而创新是新工具或新方法的应用。只要发明还没得到实际应用，那么它在经济上就是不起作用的。因为新工具或新方法的使用在经济发展中起到作用，最重要的含义就是能够创造出新的价值。他认为企业家的职能之一就是把新发明引入生产系统，创新是发明的第一次商业化应用。

创新的形式是多样的，它既可以表现为具体的物质形态，也可以是一种全新的方法或一次新的实践。对于个体来说，一个方法客观上是否真的是新的并不重要，重要的是这个个体是否认为这个方法新颖，这决定了他对一项创新的反应。如果一个方法对个体来说看起来是新的，那么它就是创新。正是这种创新的商业化目的，并非最先进的技术才是创新，将一个新技术或者新的商业模式从一个国家引入到另一个国家，也是创新。在中国有不少引入美国技术或者商业模式取得巨大成功的案例，例如携程网、如家连锁酒店。

1.2 创新的类型

对创新的划分有很多种方式，也就出现了很多类型的创新。按照创新内容的发展、创新程度的差异、创新组织方式的不同，可以将创新的类型在不同层次上进行划分。

1.2.1 按照创新内容划分

（1）产品创新

产品创新是指将新产品种类、新产品技术、新产品工艺、新产品设计成功地引入市场，以实现商业价值。产品的创新通常包括技术上的创新，但是产品创新不限于技术创新，因为新材料、新工艺、现有技术的组合和新应用都可以实现产品创新。

（2）管理创新

管理创新是指基于新的管理思想、管理原则和管理方法，改变企业的管理流程、业务运作流程甚至是组织形式。通过管理创新，企业可以降低成本和费用，提高工作效率，提高客户满意度和忠诚度，从而为企业带来利益，增强企业的核心竞争力。

(3) 商业模式创新

商业模式的创新，就是要对现有商业模式的要素加以组合或者改变，最终使得公司在为顾客提供价值方面有更好的业绩表现。

以苹果公司 iPod 产品为例：苹果公司在 MP3 播放器市场上属于后辈，然而苹果除了提供了不俗的 MP3 播放器产品以外，还成功地构建了企业的经济生态系统。在推出硬件的同时，苹果公司还联合唱片公司等提供商，配合易用的 iTunes 软件推出了便宜、便捷的音乐下载服务。用户可以选择下载音乐专辑中的单曲，而无须为整张专辑付费。苹果公司没有重新发明 MP3，但却依靠商业模式的创新，在美国市场取得了巨大的商业成功。

1.2.2　按照创新程度划分

英国苏塞克斯（Sussex）大学的科学政策研究所（Science Policy Research Unit）是一家著名的技术创新研究机构。他们将技术创新分为：渐进的创新、根本性的创新、技术系统的变革和技术经济范式的变革。

渐进的创新（Incremental Innovation）是指渐进的、连续的小创新。这些创新常出自直接从事生产的工程师、工人、用户之手。

根本性的创新（Radical Innovation）是指在观念或者技术上有根本突破的创新。它一般是企业研发部门精心研究的结果，可在一段时间内引致产业结构的变化。

技术系统的变革（Change of Technology System）是指会产生具有深远意义的变革，影响经济的几个部门，伴随着新兴产业出现的创新。

技术经济范式的变革（Change in Techno - economic Paradigm ）是指那些几乎能够影响到经济的每一个部门的创新，它将改变人们的常识。

1.2.3　按照创新的组织方式划分

按照创新的组织方式不同，可分为独立创新、合作创新、引进创新和开放式创新。

(1) 独立创新

独立创新是从事技术创新的单位或个人，自行研制并组织生产和销售。独立创新的特点是易于协调和控制，但同时要求创新单位具有一定的技术、生产及管理能力。国外大型企业大多都有自己的研究开发机构、雄厚的人力和物质资源，因而其研究工作，特别是涉及该公司特殊产品与技术的研究开发，大多仰仗企业自身的力量。

（2）合作创新

合作创新是由若干单位相互合作进行的技术创新活动，可以更好地发挥各方优势，但这种创新活动涉及面较广，组织协调及管理控制工作比较复杂。然而，随着科学技术的发展、高技术的兴起，许多重大技术创新，无论是资金、技术力量还是该项目内容的复杂程度，都并非一家企业所能承担。从合作的伙伴关系看，主要有以下三种：①企业与企业间的联合创新；②企业与科研机构的联合创新；③企业、高等院校、研究机构间的联合创新。参与合作创新的各方一般在合作之前签署详细的个性化的协议，以约定各方的权利和义务，预防未来可能的知识产权纠纷。

（3）引进创新

引进创新是从事技术创新的单位从本单位外引进必要的技术、生产设备或其他软件，在此基础上进行的自行创新。这种创新开发周期相对较短，创新的组织实施有一定的参照系，风险性相应降低。但是这种方式初期需要较多的经费投入，并对引进的技术等进行认真的评估及消化。

（4）开放式创新

开放式创新强调多主体的参与以及外部知识资源对于创新过程的重要性，并要求从内部和外部两个渠道加快技术研发和商业化速度，能够借用别人的思维、方法、成果和方案结合到本身的项目中，降低科技和产品的研发成本和研发周期，带来更高的效益和利润指标。开放式创新一般基于一个规则明确的网络平台，创新需求方在此平台上发布课题，全世界的科学家均可参与其中。由于规则是透明且具体的，交易基于中间平台，因此参与者无须单独订立合同。宝洁公司曾经利用开放式创新大大减少研发支出，从而提高了创新的效率。

1.3　创新的过程模型

20 世纪 60 年代以来，国际上出现了五代具有代表性的创新过程模型：20 世纪 60 ~ 70 年代早期是简单的线性技术推动和需求拉动模型，例如查尔曼（Zaltman，1973）所提出的离散线性的创新过程模型即属此类；20 世纪 70 ~ 80 年代早期是创新的交互作用模型；20 世纪 80 ~ 90 年代初期是一体化的创新过程模型；20 世纪 90 年代以后则是创新的战略集成与网络模型。目前的第五代创新过程模型则是 90 年代以后创新模型的理想化发展。按照这一模型，创新采用了新的信息工具（专家系统和仿真模型技术），正在变得越来越快，且越来越多地涉及企业网络。

1.3.1　技术推动的创新过程（1950~1960 年）

这种模式可以用下式表述：基础研究→应用研究→生产→营销→市场。人们早期对创新过程的认识是：研究开发（R&D）或科学发现是创新的主要来源，技术创新是由技术成果引发的一种线性过程。这一过程始于研究开发，经过生产和销售，最终将某项新技术产品引入市场，市场是研究开发成果的被动接受者。体现这种观点的是技术推动的创新过程模型。这一模型只对计算机这一根本创新具有较好的解释力。

1.3.2　需求拉动的创新过程（1960~1970 年）

即市场需求→应用研究→开发研究→生产制造→销售。这一模型中，强调市场需求是技术创新活动的出发点，是研究开发的构思来源。市场需求为产品和工艺创新创造了机会，并带动与之配套的技术方案的研究与开发；认为技术创新是市场需求引发的结果，市场需求在创新过程中起了关键作用，技术研发成为市场需求的被动配合，企业的策略主要集中于探求市场真正的需求。

1.3.3　技术与市场交互作用模型（1970~1980 年）

研究表明，大多数创新构思（60%~90%）来自市场需求和生产需求，而非对技术机会的确认。这一结论认为，如果不能很好地在创新过程早期将营销和创新过程相联结，就难以预料消费者会不会对新市场做出正向反应，常常会严重影响新产品引入市场后的命运。因此，技术与市场的因素应放在一起考虑。

技术与市场交互作用的创新过程模型强调创新全过程中技术与市场这两大创新要素的有机结合，认为技术创新是技术和市场交互作用引发的，技术推动和需求推动创新过程模型只是技术和市场交互作用创新过程模型的特例。如图 1-1 所示。

创新的交互作用模型，加强了技术推动和需求拉动模型中营销与技术的联结，意味着创新管理是将市场需求和新技术能力相匹配。在这种情况下，营销与研究开发之间的反馈是实质性的环节。按照国际著名创新经济学家罗斯韦尔（Rothwell）的观点，这一模型把创新过程分成一系列职能各不相同但相互作用、相互独立的阶段，这些阶段虽然在过程上不一定连续，但在逻辑上相继而起。

以上三种模式是最常见的，也是企业经常采用的模式。

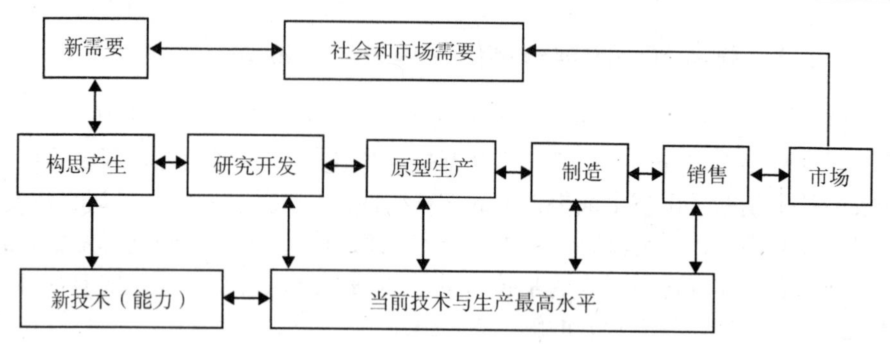

图1-1　技术与市场交互作用的创新过程模型

1.3.4　一体化创新过程（1980~1990年）

第四代创新过程模型，不是将创新过程看作从一个职能到另一个职能的序列性过程，而是将创新过程看作创新构思的产生、研究开发、设计制造和市场营销的并行过程。一体化创新过程的结构框架如图1-2所示。它强调研究开发部门、设计生产部门、供应商和用户之间的联系、沟通和密切合作。

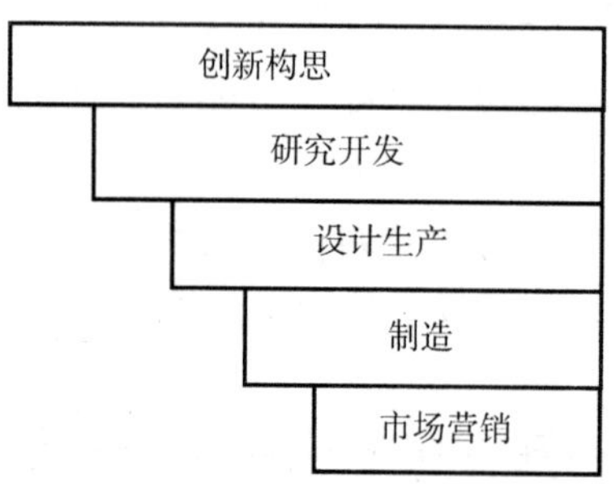

图1-2　一体化创新过程模型

一体化创新过程的理念，主要来自日本制造商的经验以及精益生产（Lean Manufacturing）的概念。同时横向合作（合资企业、战略联合）急剧增加，也使创新过程增添了新的内容，对创新管理者形成了新的挑战。第四代创新过程模型代表了国际上最好的创新行为方式。波音公司在新型飞机的开发生产中采用了一体化创新方式，大大缩短了新型飞机的研制生产周期；我国在“两弹一星”的研制中，也广泛采用了一体化的创新过程模型。一体化模型是概念化和实践的汇合及各种创新投入的交融。

1.3.5　系统集成网络模型（1990～2000 年）

系统集成网络模型与一体化模型的区别：前者主要集成外部条件，强调企业与企业之间的协作；后者则集成企业内部条件，强调企业内各部门之间的合作。20 世纪 90 年代初，人们提出了第五代创新过程模型，即系统集成网络模型，它是一体化模型的进一步发展，如图 1－3 所示。其最显著的特征是强调合作企业之间更密切的战略联系，更多地借助于专家系统进行研究开发，利用仿真模型替代实物原型，并采用创新过程一体化的计算机辅助设计与计算机集成制造系统。该模型认为创新过程不仅是一体化的职能交叉过程，而且是多机构系统集成网络联结的过程。例如，美国政府组织的最新半导体芯片的开发过程就是多机构系统集成网络联结的过程。

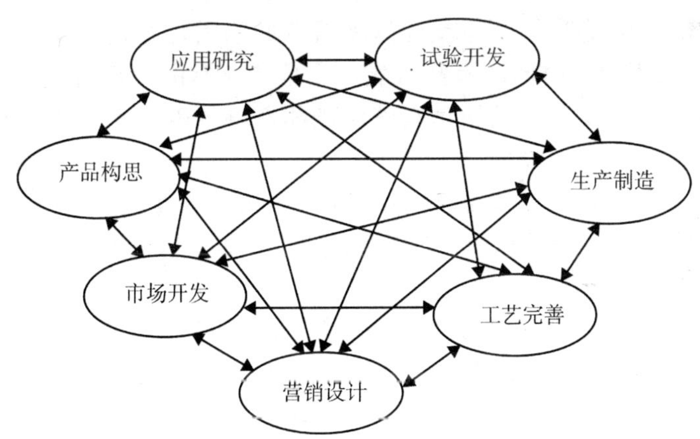

图 1－3　系统集成网络的创新过程模型

1.4　创新机会的来源

一个看似伟大的创新，结果可能除了技术精湛以外什么也不是；而一个普通的创新，例如麦当劳所做的创新活动，反而可能演变成惊人且获利颇丰的事业。有些创新的确来自天才的灵光一现，不过，大多数创新，特别是渗透企业家精神的创新，都是有意识、有目的地寻找创新机遇的结果，而机遇只存在于为数不多的几种情形中。

“变化”为新颖且与众不同的事物的产生提供了机会。因此，创新存在于有目的、有组织地寻找变化的过程中，存在于对这些变化本身可能提供的经济或社会创新的机遇进行系统化分析的过程中。大多数成功的创新都很平凡，它们只是发现或者利用了变化而已。

1.4.1 从组织内部开拓创新机会

组织内部往往是创新的来源，好奇心就是这种创新的首要推动力，一个意外事件在一些人眼中看似寻常，而对于另一些充满好奇心的人来说，则是创新的机会。

（1）意外事件

没有哪一种来源能比意外事件提供更多成功创新的机遇了。而且，它提供的创新机遇风险最小，整个过程也较容易。但是，在很多时候，意外事件（成功或者失败）根本就没有被发现。即使被发现了，意外事件（成功或者失败）所提供的创新机遇几乎完全被忽视，更糟糕的是，管理人员往往主动将其拒之门外。管理层不愿意接受这些机遇的原因之一是，人们往往相信：凡是能够持续相当长时间的事物，就一定是“正常的”而且是“永恒的”。因此，任何与我们所认定的所谓自然法则相抵触的事物，都被视为不合理、不健康，而且反常的现象。

与意外事件（成功或者失败）相伴而生的不仅仅是创新的机遇，同时也有挑战，迫使组织内成员以及业务流程做出变化以适应这种创新。

（2）不协调的事件

所谓的“不协调”，是指现状与事实“理应如此”之间，或客观现实与个人主观想象之间的差异。不协调是变化的征兆，无论这种变化是已然发生的还是可以被促成发生的。而且，就像隐藏在意外事件下面的变化一样，隐藏在不协调下面的变化也是发生在一个产业、市场或程序“内部”的变化。因此，对于接近或处于该产业、市场或程序的人来说，不协调事件是显而易见的，但是往往被业内人士当作理所应当的事情而忽略了。

不协调的状况有以下几种：

1）发展速度和利润的不协调。如果某个产品或服务的需求稳步增长，那么其经济效益也应该稳步提高。在一个需求稳步上升的产业里，获得利润是大势所趋。如果在这样一个产业里得不到利润，则说明经济现状之间存在着不协调。

2）现实和行动存在的不协调。处于某个行业或服务领域的人一旦对现状产生错误的看法，并由此做出错误的假设时，他们的努力就会被误导，他们将会专注于不会产生任何效果的领域。于是，现实与行动之间就产生了不协调，只要有人能认识到这种不协调并对其加以利用，它就会提供成功的创新机遇。

3）价格和客户价值之间的不协调。在所有的不协调中，这种协调是最为普遍的。例如，生产商在抱怨顾客“不理性”或“不愿为品质付出代价”时，生产商所持有的价值和期望与顾客真正的价值和期望不协调。这时，我们就有理由去寻找一种极为特定且成功几率相当高的创新机遇。

4）内部逻辑的不协调。存在于某个程序内部的不协调，无论是程序的节奏还是逻辑都不难琢磨，产品的使用者总能够意识到这一点。但是，这其中有一个严格的限定，即这种不协调通常只有某个产业或服务领域内的人才知道。外行的人往往不太可能发现、了解它，也无法对它加以利用。

（3）计划中的研发

计划中的研发始于有待完成的某项工作，其解决的需求是既定的、未被很好满足的，或者是尚未达到人们的期望，并严重阻碍社会发展的。这种来源以任务为中心，使得技术更加完善，从而替换过去的薄弱环节，带来更高的生产率。一旦出现创新，它立刻就会被视为“理所当然”的事物而被人们接受，并很快成为“标准”。

（4）产业和市场结构

有时候，产业和市场结构会延续很多年，而且似乎非常稳定。实际上，市场和产业结构相当脆弱。一个小小的冲击，就会使它们瓦解，而且速度往往很快。一旦发生这种情况，产业内的每个成员都必须采取应对措施。沿袭以前的做事方式注定会给公司带来灾难，甚至可能导致一个公司的灭亡。

产业结构的变化向业外人士提供了显而易见而且可以预测的绝佳机遇，但是，业内人士往往将这些机遇视为威胁。因此，从事创新的业外人士能很快成为一个重要产业或领域的主要分子，而且所冒风险相当低。

1.4.2　从组织外部发现创新机会

下面介绍的这三个创新机遇的来源都是外部的，主要是社会、哲学、政治和知识环境方面的变化。

（1）人口统计数据

在所有的外部变化中，人口统计数据——通常被定义为人口数量、人口规模、年龄结构、人口组合、就业情况、受教育状况以及收入情况最为清晰易懂，丝毫不会造成任何混淆，而且有关部门定期公开发布这些数据，可以做技术性的预测。

当前中国人口统计数据最重要的变化就是老龄化和中产阶级的崛起，有关部门已经对其中蕴含着的创新商机做过众多分析，创新者首先需要做的就是利用互联网搜集相关分析，并且结合自身行业特点来改善自己的产品或者服务。然而，仅仅重视研究统计数字是不够的，统计数字只是起点。接下来要做的就是：真正乐于走出办公室，进行实地考察，听取多方意见。

（2）认知的变化

认知的变化存在于人的大脑中，但表现在人的日常行为和语言中。一项创新可能被视为毫无价值，也可能被视为工作的必需，当认知发生变化时，就意味着重大的创新机遇，尽管事实本身并没有发生改变。

在利用认知变化的创新过程中，最危险的莫过于操之过急。许多看似认知发生变化的现象，其实是昙花一现，在一两年内就会销声匿迹，而且往往不易分辨时尚与真正的变化。

（3）新知识

基于知识（包括科技知识和非科技知识）的创新，也就是通常说的创新，是企业家精神中的“超级明星”，它既能变得家喻户晓，也能获得财富。在创造历史的创新中，基于知识的创新占有非常重要的位置。

基于知识的创新所需的时间最长。从新知识的出现到它成为可以应用的技术，时间跨度相当长。从新技术转变为上市的产品或者服务需要很长一段时间。即使以知识为基础的创新经过非常仔细的分析，有明确的重点并谨慎地加以管理，仍然无法摆脱独特的风险和本身固有的不可预测性。这是因为它的本质就是动荡不安的。基于知识的创新结合了两个特点——漫长的时间和知识的融合，因此它具有特殊的节奏。当一个产业成熟和稳定时，得以幸存的以知识为基础的创新者人数并不会比从事传统创新的人数多。但是，由于世界市场和全球通信的出现，导致了“窗口”开放时期的进入者人数大幅度增加。所以当“淘汰期”来临时，企业的失败率也会比以往高得多，而“淘汰期”是不可避免的。

在“淘汰”期，只有一个存活之道：创业型管理。创业型管理是幸存的前提条件，但却不是保证。在淘汰期，可能只有局内人才能真正了解（也许连他们都不知道），一个在繁荣期成长迅速的、以知识为基础创新的公司是否实施了有效管理，或根本就没有管理。

专栏：创新的重要来源：用户创新

传统上，人们一直认为是产品制造商实现了产品创新。然而，现在看来，这一观点常常与现实不符。在有些领域，用户（产品使用者）开发了大多数创新；在有些领域，产品部件和材料供应商是主要创新者；在另外一些领域，传统见解依然有效，产品制造商确实是典型的创新者。在此，我们重新探讨用户创新。“创新者”在这里是指第一个将创新开发至可以使用状态和有效产出水平的个人或企业。

美国麻省理工学院教授希普等人对科学仪器、半导体工艺和印制电路版工艺、Pultrusin 纤维生产工艺等领域的创新活动进行多年的实证研究，他们发现，用户是这些领域的主要创新者。尤其是 Pultrusin 纤维生产工艺领域，用户创新的比例高达 90% 以上。

科学仪器是科学家和研究人员用来搜集和分析数据的工具，属于电子工业的常用设备。在这一领域，作为用户，研究人员和科学家开发了 100% 的初始创新，82% 的重大创新，以及 50% 以上的渐进性创新。

商业实践也证明，在科学仪器领域，率先创新的用户就是创新者。第一，大多数仪器制造商声称，他们的商业化产品确实是建立在用户创新的基础之上的。第二，制造商推出的科学仪器创新中，有 78% 与用户最初的产品原型有着相同的技术原理。

科学仪器创新表现为三种基本方式：一是用户为解决实验难题而开发了重大创新，随后，用户或制造商将创新快速推向市场。二是制造商以用户创新原理为基础，对创新进行重大改进并将其推向市场。三是用户根据自身的体会对产品进行翻新改进。

科学仪器创新开发与扩散过程有着典型的步骤。科学仪器的创新者大多是大学或者研究院所的研究人员和科学家。这些创新者不仅开发了许多重大创新，而且还积极扩散创新。比如，研究人员经常发表利用自制新仪器取得的研究结果以及这些装置的制作细节，并通过会议和访问其他实验室传播创新信息。这样，其他科学家就可能复制这些设备、发表利用这些设备得到的数据，市场上就可能出现商业化的新型产品。

这类创新用户一般具有以下特征：对科学仪器的要求领先他人；自己经常发明新仪器；善于制作产品原型；能够通过实际应用来证实原型仪器的价值；具有扩散新仪器应用价值的信息和原型设备制作信息的动力。

以上活动称为用户创新。之后制造商就进入了创新过程。制造商在用户创新的基础上，利用设计和工程专长提高设备可靠性、便利性，完成产品制造、营销和销售活动。

用户创新是一种突出、普遍的现象，并不限于科学仪器一个领域。半导体和印制电路板装配工艺创新格局与科学仪器领域的创新大体相同。在半导体产业工艺机械领域，用户开发了 100% 的初始创新，71% 的重大创新，56% 的渐进性创新。印制电路版装配工艺领域，100% 的初始创新都是用户的贡献，40%的重大创新、63%的渐进性创新都由用户实现。

但是，与科学仪器创新者有所不同，半导体工艺技术和设备创新用户缺乏将创新知识传递给制造商的动力。事实上，他们更倾向于把自己的创新知识和技术诀窍隐藏起来，以形成竞争优势。因此，制造商从用户创新中学习和获取信息的方式变得十分有意义。

在半导体领域，用户以四种基本方式将自己开发的工艺创新转移给第一个开发商业化产品的制造商。第一，用户和制造商之间具有多重联系。第二，用户开发了第一个设备，但没有发现转移过程。第三，用户将创新设计连同该产品的订单一起交给制造商，由外部制造商供给新设备。第四，设备用户（不一定是创新者）变成了设备制造商，制造创新产品，并向其他公司销售。

上述领域的创新过程都以用户为中心：用户而非制造商识别出某种需要；用户通过发明解决难题；用户建立产品创新原型；用户通过使用产品证实创新原型的价值。制造商实际上只完成了后续的创新扩散过程。

小苏打的许多应用创新都来源于用户。比如，用户开始将小苏打用于消除地毯、衣柜、猫窝异味，以及冰箱防臭和牙齿增白等。后来，这些做法被制造商利用和推广，成为企业持续成长的动力。

以上创新方法称为职能性创新源，它不仅包括用户创新，而且包括制造商创新、供应商创新以及其他创新。创新来源变化的背后有坚实的经济学依据：用户从使用创新中获益；制造商从产品制造中获益；供应商通过为产品制造商或用户提供部件和材料而获益。正确理解创新者与创新之间的联系以及创新利益分布，有助于企业更好地寻求创新机会和方向。

除了用户、供应商和制造商之外，创新者与创新之间还存在其他的职能关系，例如企业和个人可以通过销售产品、提供配套服务等而获益。任何职能类别都是在某个适宜状况下的潜在创新源泉。创新者分类方法的价值在于，它可能为企业创新源管理和寻找创新机会提供新的洞察方式。

1.5 创新的扩散

图1－4给出了创新扩散的一般模型，本节介绍图中涉及的创新扩散领域中几个重要的学术概念，同时解释创新是如何获得成功或者如何遭遇失败的。

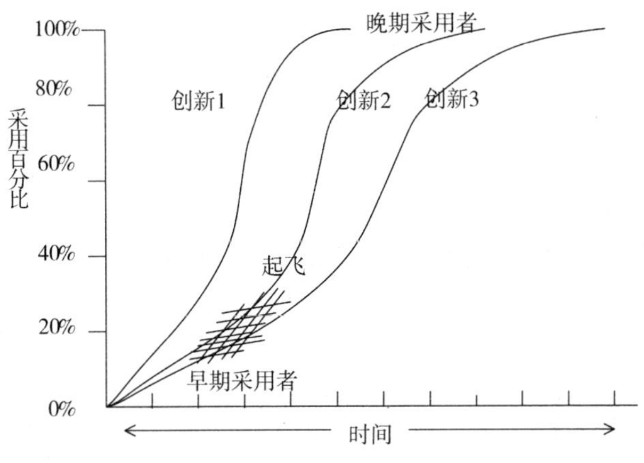

图 1－4　创新扩散模型

1.5.1　基本概念

（1）创新扩散

创新扩算是一个过程，在这个过程中，一项创新通过特定渠道、花一定的时间、在某一社会系统成员中传播，而后被采用或者拒绝。图 1－4 中，仅仅从创新扩散的角度来看，而不考虑创新的实际价值，创新 1 比创新 2 和创新 3 都更加成功。成功的创新往往能更快地被多数人所接受。

（2）传播渠道

传播渠道是信息从一个个体传向另一个个体的手段，一对个体之间信息交换关系的性质决定了在什么条件下知情方会将该创新传播给未知方，以及传播效果如何。大众传媒是最快最有效的手段，它能使一项创新被大多数人知道。人际关系渠道也能够说服个人接受一项创新，尤其是当渠道中的个体具有相似的社会经济地位和教育程度时，这种个体面对面的传播更有利于创新采纳。

（3）创新决策过程

创新决策过程是指个体或组织从知道一项创新，到拒绝或接受、实施并应用该创新，并且确认自己决定的过程。它包括五个步骤：认知—说服—决定—实施—确认。创新决策过程是一种信息搜寻和信息处理行为，通过该行为，个体或者组织努力获得信息，以减少创新的不确定性，包括创新是什么、能够解决问题的能力大小、评估创新的相对优缺点。

（4）创新精神和采用者类别

创新精神是个体或者其他团体比起同系统内其他成员更早采用新方法的

程度。根据创新精神程度，采用者可以分为：具有冒险精神的创新者、受人尊敬的早期采用者、深思熟虑的中期采用者、持怀疑态度的晚期采用者、墨守传统的迟钝者五类。创新者是系统中第一位采用新方法的个体，他们无法从系统中其他成员身上获取对创新的主观评价。

（5）采纳速度

采纳速度是社会系统中成员采用一项创新的相对速度，通常以某一社会系统中采用创新的人数达到一定百分比所用的时间来衡量。如果个体认为创新具有很大的相对优势、相容性以及其他优点，那么这些创新将具有很快的采纳速度。

（6）创新的结果

结果是个体或者组织、社会系统采用一项创新后所发生的变化，至少有三类结果：①合意的与不合意的结果；②直接的和间接的结果；③可以预期的与不可预期的结果。

1.5.2 创新属性与采纳率

我们对罗杰斯教授的模型加以改进，给出了如图 1－5 所示模型，来表示创新采纳速度的影响因素：

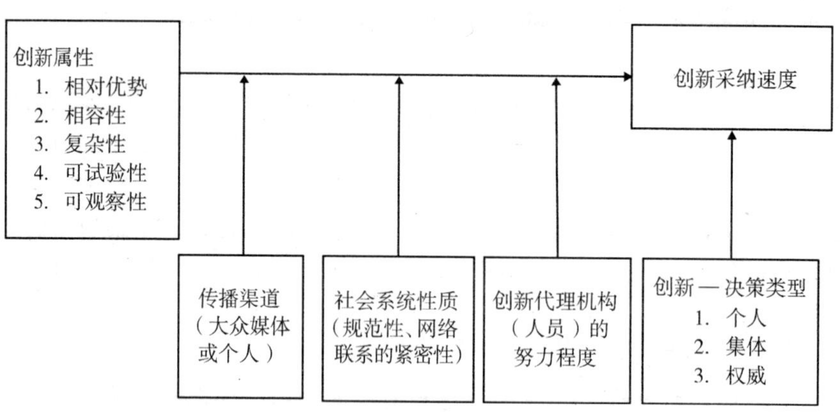

图 1－5 创新采纳速度的影响因素模型

下面介绍创新属性与采纳速度之间的关系，这些关系已经被学者证明。

（1）相对优势

相对优势是指某项创新相对于它所替代的原有方法（方案、物品）具有的优点，通常可以通过经济和社会等方面的收益来衡量，具体来说，包括经济利益、较低的初始成本、不舒适感的减少、社会地位、时间和精力的节省和更具有实效的回报等。例如，一种新产品的推出可能提高了效能，降低了客户的成本，也可能是自身价格的降低为客户带来了经济利益方面的好处。再如，流行时装、名牌手表，甚至流行一时的呼啦圈、太阳镜，以及高端手机这类时尚产品象征着一种社会地位，这是采纳者追随的主要原因。潜在的采纳者通常想知道，该创新在多大程度上优于已有的和现存的方案或者做法。一些研究者据此认为：某项创新可被系统中成员感知的相对优势大小与该创新的采纳率成正比。

（2）相容性

相容性是指创新与现有的各种价值观、以往的各种实践经验以及潜在的采纳者的需求相一致的程度。对潜在的采纳者来说，相容性高的创新更容易把握，也更符合潜在采纳者所处的现实情况。由于创新的命名可能增加或者减少相容性，从而影响一些创新成功或者失败。创新者在计划推出一项创新之前，需要基于市场调查为创新做好定位。

（3）复杂性

复杂性是指理解和使用某些创新的相对难度。越复杂的创新越难以被潜在用户接受。

（4）可试验性

可试验性是指创新可以进行试验的程度。试验是消除创新疑虑的手段。可以分期试验的新想法通常比那些不可分的创新更快地得到采纳。对于可试验性强而且单次使用成本低的产品，创新者可以通过向潜在采用者发放免费试用品来推广该创新。对于第一个采纳者，一般都需要试验来使其采纳该创新，无论这种试验是免费的，还是由采纳者付费，对于创新的推广都是有价值的。

（5）可观察性

可观察性是指创新成果能被其他人看到的程度。这个特性对于满足采纳者的社会地位需求非常重要。

1.5.3　组织特性与创新

许多创新是由组织采纳的。组织是指为了达到共同目标的许多个体在等级划分和分工的基础上进行协作而形成的稳定系统。建立组织的目的是通过一系列的、规范化的人际关系模式来处理大规模的例行事务。尽管组织具有相对稳定性，在大多数组织内，创新都是持续存在的。组织内存在许多阻碍采纳创新的因素，例如，部分成员可能对创新持抵制态度。

研究者发现，组织的规模大小与组织的创新性呈正相关关系。组织的规模越大，组织越具有创新性。组织领导者对待创新的态度也正向影响组织的创新性。

集权化是指系统的指挥权集中在相对少数人手中的程度。根据组织决策的特点，有集体性决策和权威性决策两种组织。组织的集权化程度与组织的创新性成反比。也就是说，组织内的权力越集中，组织就越不具有创新精神。如果少数权威支配着整个系统，那么组织内的新思想、新观念的产生就会受到极大的限制。

组织的复杂性是指组织成员掌握相对高水平的知识、技能和专长的程度，通常用职员专业化领域的范围、接受正式培训后表现出的专业化程度来衡量。复杂性有助于组织成员设想创新并提出建议方案，但在如何实施创新方案的问题上却难取得一致。

形式化是指一个组织强调既定规章制度的程度。它将阻碍创新思想的产生，但有利于创新的实施和执行。

内部关联的紧密度指在一个社会系统内，内部人际网络的关联程度。如果组织内部关联紧密度高，新观念、新思想就容易在组织内传播。

组织的开放性是指组织与外界联系的紧密程度。开放性高的组织创新性也比较强。

专栏：创新的原则

目标明确的创新源于周密的分析、严密的系统以及辛勤的工作，这可以说是创新实践的全部内容。在创新过程中，尝试创新者要遵循如下原则。

要做的事情

- 有目标、有系统的创新始于对机遇的分析，而对机遇的分析则始于对创新机遇的来源进行彻底思考。
- 创新既是理性的又是感性的。因此，创新第二项要做的事情就是走出去多看、多问、多听。
- 创新若要行之有效就必须简单明了，目标明确。它应该紧紧围绕中心只做一件事情，否则就会把事情搞糟。
- 有效的创新始于细微之处。创新最好能从小规模开始——只需要少量资金、少量人手，而且针对有限的小市场。只有当规模很小，对人员和资金的要求都不高时才能进行必要的调整。
- 最后一个“要做的”事情是，一项成功创新的最终目标是取得领导地位。所有企业家战略，即所有旨在利用创新的战略，都必须在某一个特定环境中夺取领导地位，否则其结果就只是为他人作嫁衣而已。

禁忌

● 首先就是不要太聪明。创新必须能由普通人来操作，而且，如果创新想要达到一定规模和重要地位的话，就必须使那些笨人也能操作。毕竟，能力低下者是唯一数量充足且取之不尽的来源。过于聪明的创新，无论是在设计上还是在使用上，几乎都注定会失败。

● 不要过于多样化，不要分心，不要一次想做太多的事情，要专注！创新需要将所有的努力汇集在一起才能集中力量，进而蓄势待发，并且还要求实际执行的人员能够彼此互相了解。要达到这一点，同样需要一个统一的、共同的核心；而多样化和一心二用会破坏这种统一的核心。

● 最后，不要尝试为未来进行创新，要为现在进行创新。

三个条件

● 创新是工作，它需要知识，也往往很需要聪明才智。创新也需要才干、独创性和个人风格。但是，当所有条件都准备就绪时，创新就变成了辛苦、专注和有目标的工作，需要勤奋、毅力和承诺。如果缺乏这些因素，纵有再多的才干、独创或知识，都无济于事。

● 要想取得成功，创新者必须立足于自己的长处。成功的创新者会先观察各种机遇，然后，他们会问："在这些机遇中，哪一个最适合我，适合这个公司，而且能够发挥我们的长处和实力？"此外，与其他冒险行动一样，创新也必须在思想上和创新机遇相"吻合"。

● 创新是经济与社会活动双重作用的结果。一般而言，它是普通人行为的一种改变；或是一种程序的改变，即人们工作或生产方式的变化。因此，创新必须与市场紧密相连，以市场为中心，以市场为导向。

所有的成功人士都有一个共同点，而且只有这一个共同点：他们都不是"冒险家"。他们都设法确定必须承受的风险，然后尽量将风险化解到最低限度；否则，就没有人会成功了。他们成功地、有系统地分析了创新机遇的来源，然后专注挖掘其中一个机遇，并对它加以充分利用，不论是那些风险小且可以被确定的机遇，还是那些风险较大但仍然可以被确定的机遇，都是如此。成功的创新者不是"专注于冒险"，而是"专注于机遇"。

推荐书目

德鲁克著：《创新与企业家精神》，机械工业出版社，2011 年版。

张意源著：《乔布斯谈创新》，海天出版社，2011 年版。
奥格雷迪著：《改变世界的苹果》，中信出版社，2011 年版。

行动学习指引

A 小组讨论

基于创新采纳影响因素模型，分小组选择 2～3 个热点创新做分析。以下是建议的主题（但不限于这些主题）：中国高铁、杂交水稻、小米手机、iPad、iPhone、百度、如家、QQ 和微信、人人网、360 杀毒软件。

B 反思和执行

哪里有创新机会？请从“不协调的事件、人口统计数据、重大社会经济问题以及新的知识”四种机会来源着手分析。这个创新机会可能带来的创新是什么？这项创新的属性如何？创新被成功采纳的必要条件是什么？

第 2 章　创业与创业精神

创业是一辈子的事，它强调的是企业家的精神。这种精神在于有一种想创新的动力，同时要敢于冒险，勇于坚持，勇于牺牲，愿意分享。

——北极光创投创始人　邓锋

学习目标：

☞　理解创业的含义
☞　理解创业精神的维度与本质
☞　了解创业的类型
☞　了解创业活动的一般过程
☞　理解创新与创业的联系
☞　理解导致创新创业失败的因素

2.1　创业的含义

“创业”本义是创立基业、创建功业。《辞海》中对“创业”的解释就是创立基业。在英文中创业有多种表述方式，“Venture”、“Start - up”“Entrepreneurship”都表示创业。“Venture”一词的最初含义是冒险，用于表示动词创业，暗含着创建企业这一动态过程中的主动冒险成分；“Start - up”强调从零开始到新企业产生；“Entrepreneurship”更多地表示创业精神和创业活动。

2.1.1　创业是创建一番事业

对于中国人而言，对创业最为普遍的理解就是创建一番事业。古语有“创业难，守业更难”的说法，这里讲的创业不只是财富的创造。一个新建大学校长、新任地方政府官员、二次创业阶段的国企老总都可以把自己的事业形容为“创业”，把自己形容为“创业者”。

2.1.2 创业是改变命运的工具

有人说，创业是创造财富的过程，是改变命运的工具。中央电视台“赢在中国”节目打出了这样的广告语：“创业改变命运，励志照亮人生”。很多人通过创业活动而改变人生。

案例：信义兄妹替亡兄偿还120万元巨债

2009年1月2日，家住霍邱县周集镇的个体户张仁春因疾病不幸去世，离世前他对家人吐露了一件他最放心不下的事情：他曾欠下别人100多万元的债务还没偿还，他期盼着亲人们能帮助他完成还债的遗愿，让他灵魂永得安宁。张仁秀、张仁强兄妹挑起了还账的大梁。张仁秀和爱人屠恩朴、小妹张仁兰把家搬到了大塘边建棚养猪，为了多赚钱，他们养了几十头母猪，下崽后全部自繁自养，卖猪还钱。张仁强则离家来到了合肥，第一年收废品，第二年搞了一年建材，年底又在紫篷山养了400头猪。在合肥的3年里，张仁强起早摸黑、东奔西走，积了一笔钱他就还上一笔，看着账本上的欠账人一个个地打上了红圈，他心中感到无比的欣慰。含辛茹苦，3年拼搏，张仁强和妹妹张仁秀终于在2011年年底为哥哥填上了债务上的窟窿。无债一身轻，他俩来到了哥哥的坟前，烧掉了一张张已经结清的账单，张仁强动情地说：“俺们姊妹几个把俺哥这100多万块钱还上了，俺们睡觉也安心了”。

案例：文科状元回乡种菜

2004年，家境贫困的郭可江以全县文科状元的成绩考入中央财经大学。然而，郭可江在大学毕业3年后，放弃在北京的优越工作，回乡种起了蔬菜，当上了农民，轰动一方。创业一年多后，他的农场带来的收入不仅还清炒股所欠的巨债，而且使他成为了千万富翁。

“回到老家后，村里说啥的都有，反正都是不理解。”郭可江回忆说，“不管大家怎么说吧，我有想法了我就要坚持干下去。”“生产安全放心的蔬菜难道很难吗?”关于放弃北京工作一事，郭可江说，大学期间经常有媒体报道“毒豆芽”、“毒鸡蛋”等食品安全事件，他感觉到安全蔬菜有巨大的市场，也因为自己在大学期间曾得到在京范县老乡的资助，他产生了回乡创业带富家乡的想法。可是，郭可江对蔬菜的生产技术不了解，为此他专门到山东寿光聘请了两名农技专家来指导。

一年多的时间，一个集蔬菜、花木、水果等种植和家禽养殖为一体的现代高效农业工厂建成了。他在自己的农场里推广“猪—沼—菜”、“猪—沼—果”等生态循环模式。郭可江采用直销的模式，在北京海淀、丰台、朝阳等地区设立了4个有机蔬菜销售点。他还在北京注册了网站，创立自己的“老家菜园”品牌。

2.1.3　创业是创建新企业

走向创业道路不仅能改变自己的命运，那些佼佼者还成为了首屈一指的富豪。他们通过最璀璨夺目的创业活动——创建公司，不仅使创业团队产生了众多的百万富翁，还改变了人们的生活或者工作方式。

国外的创业传奇，如微软、亚马逊、太阳微系统公司、麦当劳、康柏计算机、Facebook 等，成了全世界家喻户晓的品牌。国内的创业传奇，如携程网、如家连锁酒店、汉庭、腾讯、百度，这些公司不仅家喻户晓，而且还改变了我们出行、搜寻信息、通讯等方面的习惯。

大的创业想法需要一个团队来实现，对于有较大创业想法的人来说，建立一个企业是实现梦想的一个途径。而公司是团队实现创业想法的最为有效的企业组织形式，也是最流行的组织形式。

2.1.4　创业是一种思维方式

有人说，创业是一种思维方式。创业者的思维方式和在位企业的思维方式是不同的。在位企业尽力想保住自己的既得利益，而创业者则不断推出新产品。

创业者经常问自己的问题就是：

外部环境在如何变化？技术发展的趋势是什么？

为了应对外部环境的变化，企业应该做出何种改变？

能否进一步减少制造成本？

能否进一步提升产品的性能？

能否给客户更好的体验？

专栏：新竞争对手的崛起

20 世纪 70、80 年代的新建企业对美国和世界各个行业的竞争结构产生了重大影响。一些曾被认为不可战胜的巨人公司，最终被一股新的创业潮冲得七零八落。比如，西尔斯公司（Sears）被新建公司沃尔玛击得粉碎；美国电报电话公司的霸主地位最先被 MCI 公司动摇，随后又遭到手机通信行业新秀——如 McCaw 通信公司、第一手机公司等的打击。由此导致了 20 世纪 80 年代的大规模裁员，到 2001 年年底仍势头不减，到 10 月，《财富》500 强企业裁员人数已超过 90 万。但就在大公司不断裁员的同时，新建企业却在提供更多的职位。根据 2000 年的一项研究，风险资本投资的企业创造了 430 万个就业机会，年销售收入达到了 7360 亿美元。经过对巨人公司失败案例的检验分析，我们得到了一个匪夷所思的结论，即它们中有些根本无视新竞争对手获得成功的创业手段，这是最差的情况；而最好的情况也只不过是对即将到来的灭亡有所察觉，但随之进行变革的过程太缓慢了。

2.1.5 创业的学术定义及其本质

熊彼特（1934）：创业是实现创新的过程，指出创业者的创新活动是使用和执行新生产要素组合，包括新产品引进、新市场开拓、新生产方式改进、新原料来源以及采用新生产组织形式五种方式。

维斯博（1983）：创业是开展独立的新业务。

盖特纳（1985）：创业是建立新组织。

史蒂文森（1985）：创业是不拘泥于当前资源条件的限制而对机会的追寻，将不同资源组合以利用和开发机会并创造价值的过程。

麦克米兰（1988）：创业就是创建新企业。

德鲁克（1988）：创业是一种行为，其主要任务就是变革。

蒂蒙斯（1999）认为创业已经超越了传统创建企业的概念，在各种形式、各个阶段的公司和组织中都存在创业活动，并提出了一个很宽泛的创业定义：创业是一种思考、推理和行动的方法，它不仅受到机会的制约，还要求创业者有完整缜密的实施方法和讲求高度平衡技巧的领导艺术。

创业的定义很难界定，因为创业是由管理变革、技术变革、环境动荡、新产品开发、小企业管理、个人或行业革命等一系列复杂、交叉重叠的事情扭结在一起形成的一种社会现象，创业涉及的内容如此之多，学科领域如此之广，很难形成一个公认的定义和清晰的研究范围。

尽管学术界对创业的定义迄今并未达成共识，但我们应该看到，不同学者对创业本质的理解还是基本一致的，即创业活动强调创新、把握机会、组织资源、承担风险、价值创造。具体有以下几方面：

第一，创新。创业是创造新产品或者新服务的过程，以满足客户不断变化和日益提升的需求。

第二，机会导向。创业活动的实质是识别、开发并利用机会，实现机会价值的过程。

第三，承担风险。创业失败可能带来金钱方面的巨大损失，同时，创业团队还要承担来自社会的压力。

第四，创造性地整合资源。资源不足时，通过对资源的创造性整合来把握机会。

第五，团队工作，并花费大量时间和精力。创业活动不仅需要开发出新产品或者新服务，同时也需要将这些产品或者服务推向市场并被客户接受。因此，单枪匹马的创业者难以成功，创业就要学会团队工作。

2.2　创业精神与创业导向

2.2.1　创业精神的概念

创业精神（Entrepreneurship），也叫企业家精神，是指在创业者的主观世界中，那些具有开创性的思想、观念、个性、意志、作风和品质等。

哈佛商学院对创业精神的定义是："创业精神就是一个人不以当前有限的资源为基础而追求商机的精神"。从这个角度来讲，创业精神代表着一种突破资源限制，通过创新来创造机会、创造资源的行为，而不是简单地体现在创造新企业或创新上。因此，创业精神可以简洁地概括为"没有资源创造资源，没有条件创造条件，用有限的资源去创造更大的资源"。

创业精神存在于常规商业行为之外，它本质上是一种领导力的体现。包括：①主动；②组织或再组织社会经济机制来将资源和环境转化成实际收益；③接受失败的风险，创业家通过领导变革和创造把企业做大，他们开发新的产品和服务，承担投资带来的风险。

创业精神还与远见、变革和创新密切相关。它需要耗费精力和激情来创造和实施新的想法和创新性的解决方案。它的本质包括自愿承担风险——时间的流逝、公平感的丧失或者职业生涯的蹭蹬；拥有能够组成一个有效创业团队的能力；掌握整合必要资源的创造性技能以及形成一个固定商业计划的基本职能；最后，在别人看来是未知、矛盾和混乱的时候具有发现机会的远见。

专栏：熊彼特谈企业家创业精神

- 建立私人王国。企业家经常"存在一种梦想和意志，要去找到一个私人王国，常常也是一个王朝”。对于没有其他机会获得社会地位的人来说，这样的梦想动力是巨大的。

- 对胜利的热情。企业家“存在政府的意志，战斗的动力，证明自己比别人优越的冲动，他求得成功不仅是为了成功的果实，也是为了成功本身”。利润和金钱是次要的考虑，而“作为成功的指标和胜利的象征才受到重视”。

- 创造的喜悦。企业家“存在创造的快乐，把事情做成的快乐，或者只是施展个人能力和智谋的快乐。这类似于一个无所不在的动机”。企业家是典型的反享乐主义者。

- 坚强的意志。企业家“在自己熟悉的循环流转中是顺着潮流游泳，如果他想要改变这种循环流转的渠道，这既是逆流游泳。从前的助力现在变成了阻力，过去熟悉的数据，现在变成了未知数”。“需要有新的和另一种意志上的努力……去为设想和拟定出新的组合而搏斗，并设法使自己把它看作是一种真正的可能性，而不只是一场白日梦”。

2.2.2 创业精神暗含的五大个性特征

具备以下五种性格特征的创业者将在创业路途上勇往直前。

（1）激情（Passion）

创业激情和创业的成功有着必然联系。创业初期，激情可以帮助你抵挡很多怀疑；在创业中期，激情表现为坚持和忍耐，帮助你解决很多困难；在创业后期，激情是变通和创新，帮助你解开很多束缚。

（2）积极性（Positivity）

创业需要条件，在市场就业机制初步形成，劳动者的就业观念逐步转变并初步树立起自主创业意识的情况下，在灵活就业成为重要渠道的发展趋势下，激发劳动者的自主创业积极性就成为推动就业的重要力量，成为完善市场就业机制的关键环节。依赖是开创事业的重要阻碍因素，然而积极性是它的最大克星。所以具备积极性是创新创业的必备素质。

亚马逊创始人杰夫·贝索斯非常清楚积极思考的能量。他以“每个挑战都是一次机会”为座右铭。贝索斯把一家很小的互联网创业公司发展成全球最大的书店。贝索斯带领亚马逊不断壮大，出售从图书到衣服、玩具等各种商品。今天，亚马逊年度营收已超过百亿美元，这在很大程度上要得益于贝索斯的积极思考。

（3）适应性（Adaptability）

具备适应能力是企业家应具备的最重要的特质之一。每个成功的企业主，都乐于改进、提升或按照客户意愿定制服务，以持续满足客户所需。

Google 创办人谢尔盖·布林和拉里·佩奇更进一步，他们不仅对变化及时反映，还引领发展方向。凭借众多新创意，谷歌不断引领互联网发展，将人们的所见所为提升到一个前所未有的新境界，你可以想想 Google Earth 技术带来的变化。拥有这种先锋精神，也难怪谷歌能跻身最强大的网络公司行列。

（4）领导力（Leadership）

好的领导人一定具有很强的个人魅力和感召力，有道德感，有在组织里树立诚信原则的意愿；也可能是个热心人，具有团队协作精神。已近迟暮之年的玫琳凯·艾施女士创建了玫琳凯品牌，帮助超过 50 万名女性开创了自己的事业。很早以前，身为单亲母亲的艾施在一个家用产品公司做销售。艾施以具有强大驱动力和富于灵感的领导风格闻名，她创办公司的态度是“你能做到!”由于其强大的领导力技巧，玫琳凯被评为美国最适合工作的企业之一。

（5）雄心壮志（Ambition）

雄心壮志是具备成功特质领导者的必备因素，心有多大，事业才能有多大。

戴比·菲尔兹 20 岁时几乎一无所有。作为一个年轻的家庭主妇，她毫无商业经验，但她拥有绝佳的巧克力甜饼配方，并梦想全世界的人都能分享这一美味。1977 年，菲尔兹开设了自己第一家店，尽管很多人认为她仅靠卖甜饼无法将业务维持下去。菲尔兹的果断决定和雄心壮志使得小小甜饼店变成了一家大公司，600 多个销售点遍布美国和其他 10 个国家。

2.2.3　创业导向：组织层面的创业精神学术词汇

创业导向（Entrepreneurial Orientation）是创业学术研究的一个重要构念（Construct），它代表一个组织的创业观念体系和文化。创业导向源自战略管理学者对战略决策模式的研究，Miles & Snow（1978）提出了 4 种战略决策模式，分别是探索者（Prospector）、防御者（Defender）、分析者（Analyzer）和反应者（Reactor）。采取探索者战略的企业其战略主旨就是追求持续创新，致力于不断推出新产品和服务，它其实就是后来讲的创业决策模式。

Miller（1983）提出了公司创业（Corporate Entrepreneurship）概念，他把企业整体层面的创业活动作为分析基础，其研究聚焦于组织因素。Miller 发现 Schumpeter 所强调的创业精神不但可以发生在个体创业者身上，而且可以发生在组织的各个层面，既包括高层管理团队倡导的内创业行为，也包括在研发、制造、营销和生产各部门的自发性创业行为；并在此基础上将公司创业归纳为先动性（Proactiveness）、创新性（Innovativeness）和风险承担性（Risk - taking）3 个维度，这一分类也被很多后续学者所认可。Covin & Slevin（1989）提出了战略态势（Strategic Posture）的概念，认为战略态势是企业的一种总体战略导向，并据此将企业分成两类：创业型企业（Entrepreneurial Firm）和保守型企业（Conservative Firm），除了创新、率先行动和风险承担之外，Dess & Lumpkin（1996）还提出了创业导向的另两个维度：自治性（Autonomy）与竞争积极性（Competitive Aggressiveness）认为创业导向是新企业在风险承担、超前行动、创新等方面表现出的行为强度，是具有自治性和竞争积极性的新创企业响应环境变化的一系列相关活动在创业实践上的具体表征。

本书介绍创业导向的目的不仅在于帮助那些有志于创业学术研究的读者进入创业学术研究领域，而且还在于引导读者深入思考这 5 个因素。笔者希望读者即便不去创业，也能将这 5 个因素印在脑海里，以 5 个因素来考量自己所处组织的类型。对这 5 个因素，简单解析如下。

创新：创业的本质在于创新。创新的形式多种多样，可以是技术创新，也可以是管理创新或者商业模式创新。它可以来自于技术进步的推动，也可以来自于顾客需求的拉动，或者其他任何刺激创新的因素。

自治：自我管理，主动工作。

风险承担：承担创业和创业活动中各种决策带来的风险。

超前行动：《礼记·中庸》云：凡事预则立，不预则废。机遇往往只垂青那些有准备的人。提前的准备工作可以帮助团队针对环境的变化快速做出反应。

积极竞争：企业积极寻找新的业务，不断扩大市场范围，创造蓝海市场。

2.3 创业的类型

2.3.1 机会型创业与生存型创业

从创业情境和动机方面考虑，创业可分为机会型创业与生存型创业。

（1）机会型创业

机会型创业的出发点并非谋生，而是为了抓住、利用市场机遇。它以新市场、大市场为目标，因此能创造出新的需求，或满足潜在的需求。机会型创业会带动新的产业发展，而不是加剧市场竞争。

（2）生存型创业

生存型创业，又叫就业型创业，其目的在于谋生，为了谋生而自觉或被迫走上创业之路。这类创业大都属于尾随型和模仿型，规模较小，项目多集中在服务业，并没有创造新需求，而是在现有的市场上寻找创业机会。由于创业动机仅仅是为了谋生，往往小富则安，极难做大做强。

从事机会型创业还是生存型创业，这与主观选择有关，但并非完全由主观决定。创业者所处环境及其所具备的能力对于创业动机类型的选择有着决定性的作用。因此，创造良好的创业环境，通过教育和培训来提高人的创业能力，就会增加机会创业数量，不断增加新的市场，促进经济发展和生活改善，减少企业之间的低水平竞争。

2.3.2　自主型创业与企业内创业

按照新企业建立的渠道，可以将创业分为自主型创业和企业内创业。

（1）自主型创业

自主型创业是指创业者个人或团队白手起家进行创业。自主型创业充满挑战和刺激，个人的想象力、创造力可得到最大限度的发挥，不必再忍受单位官僚主义的压制和庸俗的人际关系的制约；有一个新的舞台可供表现和实现自我；可多方面接触社会、各种类型的人和事，摆脱单调乏味的重复性劳动；可以在短时期内积累财富，奠定人生的物质基础，为攀登新的人生巅峰做准备。然而，自主型创业的风险和难度也很大，创业者往往缺乏足够的资源、经验和支持。

自主型创业有多种方式，但是，大体上可以归纳为如下几种方式。

1）创新型创业。创新型创业是指创业者通过提供有创造性的产品或服务，填补市场需求的空白。

2）从属型创业。从属型创业大致有两种情况：一是创办小型企业，与大型企业进行协作，在企业整个价值链中，做一个环节或者承揽大企业的外包业务，这种方式能降低交易成本，减少单打独斗的风险，提升市场竞争力，且有助于形成产业的整体竞争优势；二是加盟连锁、特许经营，利用品牌优势和成熟的经营管理模式，减少经营风险，如麦当劳、肯德基等。

3）模仿型创业。根据自身条件，选择一个合适的地点和进入壁垒较低的行业，通过模仿别人开办企业。这类企业投入少，并无创新，在市场上拾遗补缺。这种创业活动经过逐步积累也有机会跻身于强者行列，创立自己的品牌。

（2）企业内创业

企业内创业是进入成熟期的企业为了获得持续的增长和长期的竞争优势，倡导创新并使其研发成果商品化，经过授权和具备资源保障支持的创业。每一种产品都有生命周期，一个企业在不断变化的环境中，只有不断创新，不断将创新的成果推向市场，不断推出新的产品和服务，才能跳出产品生命周期的怪圈，不断延伸企业的生命周期。成熟企业的发展同样需要创业的理念和文化，需要企业内部创业者利用和整合企业内部创业资源。

企业内创业是动态的，正是通过二次创业、三次创业乃至连续不断地创业，企业的生命周期才能不断地在循环中延伸。

2.3.3 传统技能、高新技术和知识服务型创业

按创业项目分类，创业大致可以分为传统技能型、高新技术型和知识服务型三种。

（1）传统技能型

选择传统技能项目创业具有永恒的生命力，因为使用传统技术、工艺的创业项目（如独特的技艺或配方）会拥有市场优势。尤其是在酿酒业、饮料业、中药业、工艺美术业、服装与食品加工业、修理业等与人们日常生活紧密相关的行业中，独特的传统技能项目表现出了经久不衰的竞争力，许多现代技术都无法与之竞争。不仅中国如此，外国也如此，有不少传统的手工生产方式在发达国家保留至今。

（2）高新技术型

高新技术项目就是人们常说的知识经济项目、高科技项目，知识密集度高，带有前沿性、研究开发性质。1991 年中华人民共和国科学技术委员会将中国高新技术分为 11 类：微电子和电子信息技术、空间科学和航空技术、光电子和机电一体化技术、生命科学和生物工程技术、材料科学和新材料技术、能源科学和新能源技术、生态科学和环境保护技术、地球科学和海洋工程技术、医药科学和生物医学工程技术、精细化工等传统产业新工艺新技术、基本物质科学辐射技术。

（3）知识服务型

当今社会，信息量越来越大，知识更新越来越快。为了满足人们节省精力，提高效率的需求，各类知识性咨询服务机构不断细化，如律师事务所、会计事务所、管理咨询公司、广告公司等。知识服务型项目是一种投资少、见效快的创业选择。

2.4　创业过程

2.4.1　四阶段创业过程模型

一个创业过程起始于企业创始人的创业决定，以企业创建与否作为分界点，创业过程可以发生在企业创建前，也可以发生在企业创建后。在企业创建前这个阶段，可以根据是否付诸行动划分为谋划阶段和行动阶段。在企业创建后，根据是否收回原始投资划分为投入阶段和收获阶段。这样，我们就给出了一个创业过程的四阶段模型：谋划—行动—投入—收获。

谋划阶段包括如下过程：寻找和评估商机，分析商业模式的可行性，产品原型或者服务模式构想，制定初步的发展战略，论证营销方案，制定财务计划，分析可能存在的风险并考虑应对措施，撰写商业计划书。

行动阶段包括如下过程：组建核心团队，募集必要的资金，选址，工商注册（公司，或者其他组织形式的企业）。

投入阶段包括如下过程：产品原型或者服务设计，在市场调查的基础上对原有设计加以改进，获得第一个顾客，开拓市场，改善管理，构建核心竞争优势。

企业进入收获期后，收获阶段包括如下过程：稳定生产运营，降低成本，扩大市场范围，私募融资，研发并改进产品性能，推出新产品或者服务，公开发行股票并上市。

需要说明的是，并不是所有创业活动都具有上述过程中的所有细节。例如，对于一些人而言，他们天生就是创业者，他们的创业谋划阶段非常短而且粗糙。对于另一些人而言，却是一个极难做的决定。有些技术天才在创业前做了很多商业计划，由于行动缓慢而错失良机，以至于他们常常会感叹："最早有这个创业想法的不是马云，而是我"。在创业道路上，存在大量犹豫不决、只"梦想"而不"行动"的人，风险投资家这样批评这些人："当商业计划书写好后，市场环境已经发生了变化"。再如，一些技术创业者受过的商科教育极为有限，在他们将创业想法付诸行动之前，并未撰写过商业计划书，其谋划过程也十分简单。

2.4.2　创业过程悖论

创业过程最使人困惑的一面就是它自身存在的矛盾。由于这个过程具有高度动态、流动、模糊和混沌的特征，所以常常出现一些似是而非的情况。

以下是一些例子。

- 没有潜力或潜力很低的机会可能会是一个很好的商机。

这个悖论最著名的例子就是苹果公司。苹果公司的创始人史蒂夫·乔布斯和史蒂夫·沃茨尼克曾向他们的雇主惠普公司提出开发台式个人计算机的建议，但被告知对惠普而言这不是一个商机。所以他们决定创建自己的公司。在很多情况下，被一些风险投资家否决的项目，到了另外一些投资者那儿，却创造出了传奇。

- 为了赚钱，首先你得赔钱。

在风险投资业界有这样一种普遍的说法：柠檬（指失败者）两年半就成熟了，而李子要七八年才会成熟。新创建的、由风险资本支持的公司一般在持续获利和上市前都会先经历一段亏损期。

- 为了创造财富，必须先放弃财富。

牛根生的名言：财散人聚，财聚人散。在美国最成功的成长型公司中，创始人总是大胆地稀释自己的股权，以使整个公司雇员享有对公司的所有权。通过奖励对公司有突出贡献的人，并授之股权，共同分享利润，公司的所有者激励着其他人一起将这个“蛋糕”越做越大。

- 为了成功，一个人必须先经历失败。

通常的情况是，第一个企业失败了，但创业者从中学到了东西，继而创建了一家极为成功的公司。很少见到没有经历过失败的成功创业者。

- 创业需要周全的考虑、准备和计划，但它基本上又是一件无法计划的事。

今天，技术、市场、竞争高度动态和易变的特征使得我们不可能完全了解竞争对手，更不要说5年以后的情况了。但人们还是花了大量精力试图设计未来的发展模式并预测未来。“边走边看”是创业型公司普遍采取的战略，在创业过程中要经常审视最初制订的计划并对其进行修正。

- 为了激发创造性和创新性，严谨和修炼必须贯穿全过程。而严谨本身可能会阻碍创造性的发挥。
- 创业特别需要行动和紧迫感，但同样需要耐心和恒心。
- 你所在的组织运作越规范、纪律越严明、控制越严格，柔性和灵敏度就越小。过度的控制和秩序是困扰创业进程的障碍。
- 为了实现长期股权价值，你必须拒绝短期收益的诱惑。获得长期股权权益需要持续地对新人、新产品、新服务和新的支持系统进行大量再投资，这些通常会减少短期收益。

2.5　蒂蒙斯的“跷跷板”创业模型

百森商学院的蒂蒙斯教授在其所著的《创业学》（New Venture Creation）中提出了一个“跷跷板”模型来描述创业活动，如图 2－1 所示。

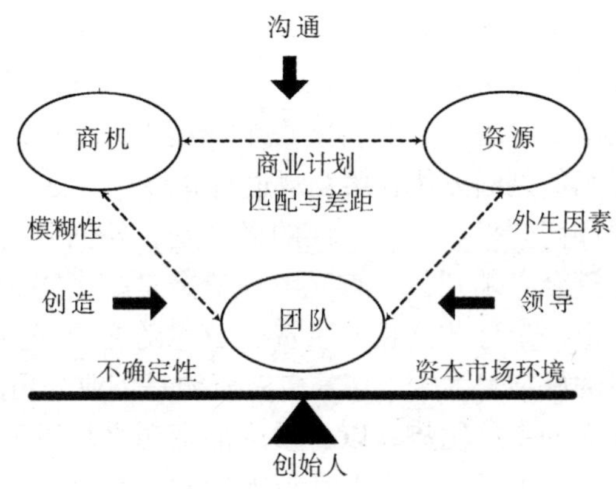

图 2－1　蒂蒙斯创业模型

在蒂蒙斯创业模型中，有三种驱动因素：商机、资源和团队。这些因素在创业过程中都是可控因素，可以被评估、影响和改变。创始人和投资者在认真勤奋的工作过程中密切关注以上驱动因素，分析风险和回报，决定所需采取的行动，系统动态地保持驱动因素之间的匹配和平衡，创业者撰写的商业计划通过一定的语言和格式描述了这三种驱动力的驱动能量以及他们之间的匹配度和平衡度。

在蒂蒙斯模型所描述的创业活动中，商机的形式、大小和深度决定了资源和团队所需的形式、大小和深度。团队通过努力可以左右商机和资源，而不是无能为力。创业过程的三个因素是相互联系的，它们之间存在微妙的平衡，所有因素间的反应都是可以调整的，也是正常的、符合现实的。

模糊性和风险伴随着创业的整个动态过程。创业者需要做好准备工作，创造性地解决问题，建立战略，投入精力。创业者需要分析所拥有资源与商机之间的匹配度和差距，回答如下问题：该商机有什么问题？要开发利用此商机目前还缺少些什么？未来会有什么好消息或者不好的消息出现？这个商机适合我吗？会遇到什么样的市场风险、技术风险、竞争风险、管理风险和财务风险？如何减小或者避免风险带来的损失？为此需要做哪些变革和行动？

谁能提供帮助？最少的和最必要的资源分别是什么？如何利用这些资源做得更好？现在的团队合适吗？如果创业者能够指出如何填补不足，提高匹配度，吸引到能为企业增加价值的关键合作者，那么创业成功的几率将大大提高。

商机：是创业过程的起点，也是整个创业过程的核心问题。一个好的想法未必是一个好的商机，准创业者可能花费很多时间寻找创业想法，而这些想法到头来可能毫无价值，创业者和投资人都要学会快速估计是否存在真正的商业潜力。市场需求是衡量商机的关键因素，辅以市场结构和规模以及利润分析，可以对商机有一个基本的判断，通常认为市场成长性越好，潜在规模越大，持续时间越长，毛利率和自由现金流越大，商机越大。市场越不完善，商机越多。详细的判断方法在第 6 章进行介绍。

资源：要节约和高效率。一个错误的概念是，要创业成功就要所有的资源都到位，尤其是资金必须到位。首先考虑资金是一个很大的错误，当一个强有力的团队构思出一个好的商机时，资金自然随之而来。投资者手中的钱很多，而值得投资的好项目太少。依靠自有资源是创业公司的一种生存方式，而且会为其创造极大的竞争优势，以尽量少的资源做尽可能多的事情本身就是创业企业强有力的竞争武器。企业在资源紧缺时做到资源最小化，控制资源而不是完全拥有资源。

团队：是高潜力企业成功的关键。它处于三个要素的底端，这充分体现了团队在整个创业过程中的重要作用。在当今世界，技术、创业者、资金和风险资本充足，真正缺少的是优秀的管理团队，你所面临的最大挑战就是建立一支杰出的团队。风险资本家在选择投资项目时通常也是将团队因素放在最重要的位置。投资人的共识是：选对了人，这些人自然会经常变革产品，变革行业内的经营模式，不断发现和创造商机。团队的核心，即创业带头人，既是队员，也是教练。吸引其他关键管理成员，然后建立团队，这样的能力和技巧是投资家苦苦寻找的最有价值的东西之一。他们是创业企业的英雄人物，恪守“奖励成功，支持忠诚的失败；与帮助你创造财富的人一起分享财富”的哲学。

创业者（也就是创业带头人）位于模型的底部，肩负着平衡三大驱动因素的责任。创业之初和企业发展变化的过程中，创业者会不断地问自己：商机是否发展潜力巨大？为抓住商机，我是否拥有足够强大的团队，资源是否被合理分配，是否得到充分利用？企业面临哪些风险？思路、资源和才能的不匹配，会很快导致创始人对企业失控，并最终将商机拱手让与那些能够真正把握它的人。很多时候不平衡都是由于过于重视商机，而导致平衡板失去平衡，这时吸纳投资是很好的办法，它帮助企业吸引更多、更有才能的管理者和职业团队，建立更强的财务实力。战略投资者或合作伙伴被认为是能够弥补团队其他成员缺陷的人，他们能够及时地修复平衡。

企业的发展过程是一个系统的动态过程，总是要不断地经历“平衡—不平衡—再平衡”的循环往复，所以创业者需要伴随企业的发展不断地调整诸要素之间的关系，及时应对外部市场和企业内部的种种变化。

关于“匹配”，可以表述为：这虽然是一个好得惊人的商机，不过，是对谁而言呢？创业者必须懂得如何并且有能力在一定时间内将人力、商机和资源整合到一起并尽力保持平衡，在花光有限的资金和获得足以维持企业生存的客户之前，获得进一步的资源。

2.6　基于创新的创业

当创新由个体或者组织以一个新企业的形式开展时，就是我们讲的创新创业。它隐含着两层含义：第一层含义是，新创建的企业是基于创新的，创建者可以是个体，也可以是组织，或者是个体和组织二者的结合，这取决于创新源自个体还是组织；第二层含义是，创新基于新企业而走向市场，为社会创造价值的主体是一个新组建的企业。那些源自组织的创新由于原有组织的惰性，或者其他原因未将创新带向市场，因而出现了创建新企业的必要。

2.6.1　创新与创业的关系

创业的本质是创新，是具有创业精神的个体与有价值的商业机会的结合，是开创新的事业。创新是创业的工具。彼得·德鲁克曾说过：创新是企业家特有的工具。凭借创新，他们将变化看作是开创另一个企业或者服务的机遇。创新能否成功，不在于它是否新颖、巧妙或具有科学内含，而在于它是否能够赢得市场。

创新并不等同于创业。创新有不同的形式和不同的层次，但是如果创新的实现是在原有企业框架之中，那么这种创新不属于创业范畴；如果创新的表现是通过创建新企业来实现的，则称为创业活动。

创业需要创新的支撑，创新是创业机会的源泉。如果没有创新，创业就失去了生命力。在一个已有的市场领域，开办一家相同的热食店或者快餐厅，并不是严格意义上的创业活动。这是因为他们既没有创造出一种新的产品，也没有创造出新的消费需求，更没有开拓新的市场。因而，虽然他们开办的是新企业，但并非创业活动。

本章“文科状元回乡种菜”案例主人公郭可江开拓了品牌蔬菜直销商业

模式，是一种基于创新的创业。其中的创新不在于应用新技术，而在于用新商业模式改造传统产业。

2.6.2 谁可以基于创新而创业?

正如创新不局限于高知识群体一样，创新创业也并非高不可攀，从技术专家、大学生到普通老百姓，有太多成功创新创业的案例。无数事实说明，走向成功的创新创业者并不全是技术创新专家；也有无数事实说明，技术创新专家在创新创业中不一定都能获得成功。

案例：由一个大学生创建的世界500强伟业

联邦快递公司（Federal Express）成立于1973年，全球总部设在美国的田纳西州孟菲斯，另在中国香港、加拿大安大略、多伦多和比利时布鲁塞尔设有区域总部。

目前，联邦快递在全球有148000名员工，拥有大约1200个服务中心，超过7800个授权寄件中心，435000个投递地点，45000辆货运车，662架货机，服务机场覆盖全球365座大小机场，服务范围遍及全世界210多个国家，日平均处理的货件多达330万份。

联邦快递以其无可比拟的航空路线权以及强固的信息技术基础设施，在小件包裹速递、普通递送、非整车运输、集成化调运系统等领域占据了大量的市场份额，成为全球快递运输行业泰斗，并跃入世界500强企业。

联邦快递公司的创立者、总裁弗雷德·史密斯的父亲是位企业家，创立了一家经营很好的巴士公司。20世纪60年代，弗雷德在耶鲁大学读书，他撰写过一篇论文，提出一个设想：超越传统、通过轮船和定期的客运航班运送包裹，建立一个纯粹的货运航班，用以从事全国范围内的包裹邮递。

弗雷德在论文中提出，在小件包裹运输上采纳“轴心概念”理念，并利用寂静的夜晚通过飞机运送包裹和邮件。可是老师并未认可这个创新理念，这篇论文只得了个“C”。

毕业后弗雷德曾在越战中当过飞行员。回国后他在可行性研究的基础上，把从父亲那里继承的1000万美元和自己筹措的7200万美元作为资本金，建立了联邦快递公司。

实践证明：弗雷德的“轴心概念”的确能为小件包裹运输提供独特有效的配送系统。

弗雷德的出奇之处不仅在于小件包裹运输采用“轴心概念”的创新营销

模式，更在于它能够把人们忽略的实践运用起来，把本来是低谷的时段变成生意的高峰期。

田纳西州的孟菲斯之所以被选择作为公司的运输中央轴心，首先因为孟菲斯为联邦快递公司提供了一个不拥挤、快速畅通的机场，它坐落在美国中部地区；其次，孟菲斯气候条件优越，机场很少关闭。正是由于摆脱了气候对飞行的限制，联邦快递的竞争潜力才得以充分发挥。每到夜晚，就有 330 万个包裹从世界各地的 210 多个国家和地区飞往田纳西州的孟菲斯。

成功的选址也对其减少安全事故有着重大贡献，在过去的 30 多年里，联邦快递从来没有发生过空中事故。联邦快递的飞机每天晚上将世界各地的包裹运往孟菲斯，然后再运往没有直接国际航班的各大城市。虽然这个“中央轴心”的位置只能容纳少量飞机，但它能够为之服务的航空网点要比传统的 A 城到 B 城的航空系统多得多。另外，这种轴心安排使得联邦快递每天晚上飞机航次与包裹时间要求不冲突，并且可以应航线容量的要求而随时改道飞行，这就节省了一大笔费用。此外，联邦快递相信：“中央轴心”系统也有助于减少运输上的误导或延误，因为从起点开始，包裹在整个运输过程都有一个总体控制的配送系统。

弗雷德专门用于包裹邮递的货运航班，为美国以及后来为全世界客户提供了方便、快捷、准时、可靠的服务，创新的营销模式为其提供了低成本、高效、安全和全天候的物流系统，因而联邦快递迅速发展，从创业到成长为世界 500 强企业只用了短短 20 多年。

2.6.3　导致创新创业失败的因素

随着竞争的加剧、消费者需求的不断变化、技术的日新月异、产品生命周期的日益缩短，统计数据显示，47% 的市场先行者以失败告终——近 75% 的新产品在推出时就失败了，而在快速消费品、金融等行业，失败率约为 80%。导致创新创业失败的原因主要有五个。

（1）定位错误

目标市场不存在或者太小，不足以满足新产品的开发和使用成本。

1991 年，摩托罗拉启动铱星计划，即发射 66 颗近地卫星组成星群，这样用户在世界任何地方都可以打电话。1998 年 11 月，50 亿美元的投入之后终于进入商用，一部电话机需 3000 美元，通话费每分钟 3～8 美元，到 1999 年 4 月，只有 1 万个用户，8 月上升到 2 万，8 月 13 日，铱星公司不得不提出破产保护。

手机普及之快超出预期，满足了人们对于移动通信的主要需求，同时并不收取过高费用。

（2）技术和市场趋势误判

1977 年，在 1975 年微机革命后两年的一次峰会上，当时的小型机霸主、仅次于 IBM 的世界第二大 IT 公司 DEC 创始人肯·奥尔松发表了著名的论断“人们没有道理都在家中摆放一台电脑”。最后 DEC 遭遇微机、工作站、Client/Server 的夹击而走向末路。

（3）时机的把握

最为创新的技术不一定是成功的创业，反而可能让创业者成为先烈。技术扩散的成本使得跟随者坐收渔翁之利。

（4）必需的资源没能及时到位

创新创业者有时候缺少整合资源的能力，当人力资源、资金等决定创新创业成功的关键资源不能如期到位时，新企业可能会被竞争对手趁机超越。

（5）市场开拓能力

创业企业最常见的失败原因就是资金链断裂。断裂原因有两个：一是企业没有筹集到足够的资金来支撑项目的开展；二是市场开拓能力不够，致使企业“造血”功能不足。

专栏：创新工场有哪些失败项目

创新工场有哪些失败项目？李开复在知乎上这样回答这个问题：有一个项目由几个很牛的技术人员负责，策划一个很有技术深度的平台，但是初步搭建后，原来认为的潜在客户其实不愿意如此依靠一个第三方的技术平台。有一个项目是一位很优秀的产品经理，但是这个项目成功关键之一是要建立很好的线下合作伙伴关系，而这个关键做不好，产品再好也没有用。有一个项目有一位很聪明的创业者，总是想加新的功能，新的产品线，不够专一，产品推出迭代太慢，错失市场良机。有一个项目过分相信美国的趋势，忽视了在某方面中国的互联网格局已经和美国不同，走了弯路才发现一个美国的良机在中国并不一定存在。

推荐书目

杰弗里·蒂蒙斯、小斯蒂芬·斯皮内利著：《创业学》，人民邮电出版社，2007 年版。

行动学习指引

A　观看视频资料并讨论

视频 1：七面成龙

http：//ent. cntv. cn/enttv/yishurensheng/classpage/video/20091210/100049. shtml

体会成龙的“创业”历程，以及歌曲《真心英雄》歌词“在我心中，曾经有一个梦……不经历风雨，怎么见彩虹，没有人能随随便便成功”的含义。

视频 2：信义兄妹替亡兄偿还 120 万元巨债

http：//tv. people. com. cn/GB/166419/16822337. html

视频 3：文科状元回乡种菜隐瞒的真相

http：//sannong. cntv. cn/program/zhifujing/20130305/102352. shtml

体会视频 2 和视频 3 中主人公创业的原因，分析视频 3 中主人公郭可江创业成功所依赖的资源。

B　案例分析

针对“微信向用户收费”这一传言，腾讯公司通过媒体公开辟谣。运营商传统的语音短信业务正遭受微信的蚕食，但是数据流量的增大又得益于微信的发展，这种危险而又微妙的关系，让电信运营商与腾讯的亲疏远近难以界定。请运用创业思维分析这一事件，评论相关各方所采取的行动。

C　团队讨论

你所理解的创业精神包括哪些因素？如果不创业，在自己的职业生涯中，哪些因素不需要或者不重要？

第3章　创业者

创业者是创造者，是梦想者。在我们还能做着梦、活在梦里的时候，尽我们所能，做有趣的梦，也活有趣的梦。

——土豆网　王微

我自己多次创业，非常理解、支持和尊重每一位创业者，但是每每看到那些天真爱做梦，被各类媒体、各路投资人鼓噪而起的创业者，我只有心痛的感觉。盲目创业、盲目投资对整个社会而言是浪费。

——创业工场创始人　麦刚

学习目标：

☞ 创业者的含义
☞ 创业动机
☞ 创业能力
☞ 创业者类型
☞ 成功创业者的特征

3.1　创业者的定义

很多人都有创办自营企业的想法，但只有少数人真正创办了自己的企业，这其中能够带领企业成长为大型企业的就更少了。创业者留给人们的印象往往是精力充沛、意志坚定、思想活跃，善于在做事的过程中学习，具有智慧、创新能力、勇气和决心。

实际上，每个创业者都相同。管理大师彼得·德鲁克这样描绘成功的创业者：“有的偏激，有的驯服；有的胖，有的瘦；有的焦躁，有的从容；有的喜欢豪饮，有的滴酒不沾；有的英俊热情，有的呆板冷漠。”在笔者见过的创业者中，也没有哪两个具有完全一样的个性特征。

在我国，广义的创业者是指那些开创一番伟业的人物，从这个意义上说，孙中山、毛泽东都是伟大的创业者。一些政府机关或者事业单位的工作人员利用创新思维在其工作岗位上取得了非凡的成就，我们通常也称之为“创业者”。

案例：堪比“创业者”的大学校长

笔者某日与某大学校长说起了当大学校长10年的工作和生活。10年来，学校制定了适宜高等教育形势的发展战略，组建了服务型管理机构，聘用了数百名博士毕业生，引进了数十名具有高级职称的专业人才。学校从一个招生人数只有数百人的、不知名的二本院校发展成为一个录取分数线高出一本分数线40~50分的一本院校，如今已经拥有30多个本科专业，10000名本科在校生，包括硕士和博士两个层次的数百名在校研究生。说起10年的发展历程，回忆起每一个阶段性目标的实现过程和其中的困难，校长显得有些激动。笔者问：“校长，可不可以称您为创业者?”校长答：“我就是个创业者，而且我做的事情比一般的创业还要艰难。”

本书将聚集于狭义的创业者概念。狭义的创业者是指参与创业活动的核心人员。在学术界，创业者（Entrepreneur）被定义为组织、管理一个企业并承担其风险的人。“创业者”一词由法国经济学家Cantillon于1755年首次引入经济学。1880年，法国经济学家萨伊首次给出了创业者的定义，他将创业者描述为将经济资源从生产率较低的区域转移到生产率较高区域的人，并认为创业者是经济活动过程中的代理人。著名经济学家熊彼特（1934）则认为创业者应为创新者，即具有发现和引入新的、更好的产品、服务和过程能力的人。

杰弗瑞·蒂蒙斯在《创建新企业：21世纪的创业管理》一书的前言中描述：“一个经验丰富的创业者可以发现并创造机会，但是这些机会是其他人可能很少看到或者根本看不到的，即使看到了，也是看到得过早或者过晚。”创业者主要指认识到市场机会、通过发起创立企业来试图获得机会带来的收益，同时又必须为错误的决策承担风险的人。

创业者（人人皆可成为的角色）是任何一个敢于经历如同幽深黑暗峡谷一般的不确定性和模糊性的人；也是那些想要登上令人激动的成功巅峰的人。只有经历了前者，才可能成为后者。

一些比喻形象地说明创业者的伟大之处：他们在别人看到混乱和迷惑的

地方发现机遇；他们是市场变化的催化剂；他们被比作挑战自我、打破纪录的奥林匹克运动员；是耐得住漫漫长途的长跑健将；是平衡不同技能和声音，使之成为和谐整体的乐队指挥；是最优秀的不断挑战速度和胆量极限的飞行员。

创业者以前所未有的速度开办新企业和创造新的工作岗位。世界经济因为创业者的努力而呈现出勃勃生机。创业者的激情推动世界商业进步。他们挑战未知，不断创造未来。

专栏：改变中国的互联网创业英雄

百度李彦宏、阿里巴巴马云、腾讯马化腾这些中国人耳熟能详的创业英雄利用互联网改变了我们的工作、生活和商务方式。

出身大学英语教师的马云开创了中国的电子商务时代。马云这样劝导创业者，“不要因为别人的一句话灵机一动就去创业”，“创业者最重要的是非常喜欢自己做的这件事情，因为太爱这件事情而去做，不是因为别人一句话灵机一动就去做。创业者想的是就想把它做好，喜欢它，做梦也为它做的事情”，“创业的路是一条很艰难的路，除非你真的有一个理想，否则别轻易上这条贼船，但是如果已经开始了，你确实觉得这是你的理想，那就应该坚定地走下去，如果成功的话应该谢谢好运气，谢谢帮你的朋友们；如果失败了的话，不要怨天尤人，分析自己的原因”，“人永远不要忘记自己第一天创业时的梦想”。

百度李彦宏和腾讯马化腾可谓是计算机方面的专家，性格内向，较少在媒体露面。李彦宏拥有北大信息管理专业学士学位，美国布法罗纽约州立大学计算机科学硕士学位；拥有“超链分析”技术专利，是全球最顶尖的搜索引擎工程师，受硅谷文化的影响较深，对商战有敏锐的直觉和出色的判断。1999 年底，携风险投资回国与好友徐勇先生共同创建“百度”这家全球最大的中文搜索引擎，“百度”致力于向人们提供“简单，可依赖”的信息获取方式，以“让人们最平等、便捷地获取信息，找到所求”为公司的使命。李彦宏和他的团队这样告诫创业者：人一定要做自己喜欢且擅长的事情，认准了，就去做；不跟风，不动摇，专注如一，保持学习心态。

马化腾则是深圳大学计算机软件专业毕业，随后做了 6 年的软件工程师；有一个良好的团队。1993 年深圳大学电子系计算机专业毕业；同年进入润迅公司开始做软件工程师。“从 1998 年开始，我就考虑独立创业，却一直没想清楚要做什么，但创业的想法并没有起伏，我知道自己对着迷的事情完全有能力做好。我感觉可以在寻呼与网络两大资源中找到空间。”1998 年和好友张志东注册成立“深圳市腾讯计算机系统有限公司”。“创业不是说着玩的事，腾讯也并非一帆风顺。一开始，我们的服务器都无处托管，创建一家公司可比写软件复杂多了。”在新兴互联网市场中淘金，是一项艰苦的工作。当时，这家十几个人的小公司的主要业务是为深圳电信、深圳联通和一些寻呼台做项目，QQ 只是公司的副产品。整个公司经常为了一个项目倾巢而出，还要时刻避免露出马脚。为了给客户留下很有实力的印象，那时马化腾的名片上从来不印“总经理”的字样，而只带“工程师”的头衔——在当时的深圳，像腾讯这样的公司有上百家，而马化腾当时的期望只是公司能生存下来。

跟其他刚开始创业的互联网公司一样，资金和技术是腾讯最大的问题。“先是缺资金，资金有了软件又跟不上。”1999 年 2 月，腾讯开发出第一个“中国风味”的 ICQ，即腾讯“QQ”，受到用户欢迎，注册人数疯长，很短时间内就增加到几万人。人数增加就要不断扩充服务器，而那时一两千元的服务器托管费公司都不堪重负。“我们只能到处去蹭人家的服务器用，最开始只是一台普通 PC 机，放到具有宽带条件的机房里面，然后把程序偷偷放到别人的服务器里面运行。”

“那时候觉得养不起就卖掉吧，”马化腾提起当时的情形很庆幸地笑了，“但是在卖 QQ 时我们碰到了麻烦。我跟许多 ICP（内容提供商）谈，他们都要求独家买断。”这让本想靠 QQ 软件多卖几家公司赚钱的马化腾非常犹豫。最悬的是当时与深圳电信数据局的谈判，对方出 60 万元，马化腾坚持要卖 100 万元，始终谈不拢，只好告吹。

软件卖不掉，但用户增长却很快，运营 QQ 所需的投入越来越大，马化腾只好四处去筹钱。找银行，银行说没听说过凭“注册用户数量”可以办抵押贷款的；与国内投资商谈，对方关心的大多是腾讯有多少台电脑和其他固定资产。1999 年下半年，从美国到中国，互联网开始“发烧”，受昔日老友海外融资的启发，马化腾拿着改了 6 个版本、20 多页的商业计划书开始寻找国外风险投资，最后碰到了 IDG 和盈科数码。他们投资了 QQ 400 万美元，分别占公司 20% 的股份。2004 年 6 月 16 日，腾讯公司在香港联交所主板上市。

2009 年马化腾当选中国经济十年商业领袖，腾讯入选《财富》“全球最受尊敬 50 家公司”。在 2012 年福布斯中国富豪榜单上，马化腾以 403.2 亿元位列第四。2009 年 12 月 23 日，马化腾以“开放、务实、敏锐、专注”的精神获得评委和网友的一致认可，荣膺中国经济“十年商业领袖”殊荣。他在获奖感言中称，“在中国的土地上，每一天都诞生着商业奇迹，但我想所有的奇迹背后都离不开坚韧、专注和梦想”。

3.2　创业原因与动机

3.2.1　创业原因

学者们研究发现，创业者走向创业道路大致有以下几个原因：

（1）理想与价值实现

这类创业者一般具有宏伟的理想，期望凭借自己的技术或者其他专长为社会做出贡献。他们为了最大限度地发挥自己的潜能和特长、实现自身价值，自创企业谋求发展。

（2）创富和改变命运

创业具有较高的风险，但也可能带来更高的收入，从而改变生活状况，正所谓"励志照亮人生，创业改变命运"。有时候，是偶然的机遇使得创业者尝到了创业的甜头，因而一发不可收拾，无意中创造出一个伟大的企业，例如新东方的俞敏洪。有时候，突然遭受变故的家庭不得不走向创业道路，并借此改变命运。

（3）独立自主，按照自己的意愿行动

有些人由于性格使然，不甘心屈居他人之下接受他人的指使，更愿意按照自己的意愿行事。

（4）争取较大的自由度和灵活的工作时间

自创企业者一般拥有较自由灵活的时间和空间，可以无拘无束地享受生活，这也是一部分业主创办企业的动机。

（5）家族或者文化的影响

一些人出身于创业家庭，自小就受到创业文化的影响，创业对于他来说是件自然而然的事情。

上述原因有些是内部原因，有些则是外部原因。那么创业动机是什么呢？

3.2.2　创业动机

动机是激发和维持个体进行活动，并导致该活动朝向某一目标的心理倾向或动力，是构成人类大部分行为的基础。创业动机即为激发、维持、调节人们从事创业活动，并引导创业活动朝向某一目标的内部心理过程或内在动力。

本书介绍两个创业动机模型。

（1）四因素模型

Kuratko，Hornsby & Naffziger（1997）在总结前人研究的基础上，对来自

美国中西部的234名创业者进行了结构化访谈，经过收集和分析数据，提出了创业动机的四因素结构模型，包括外部报酬（Extrinsic Rewards）、独立/自主（Independence/Autonomy）、内部报酬（Intrinsic Rewards）、家庭保障（Family Security）。模型如图3－1所示。

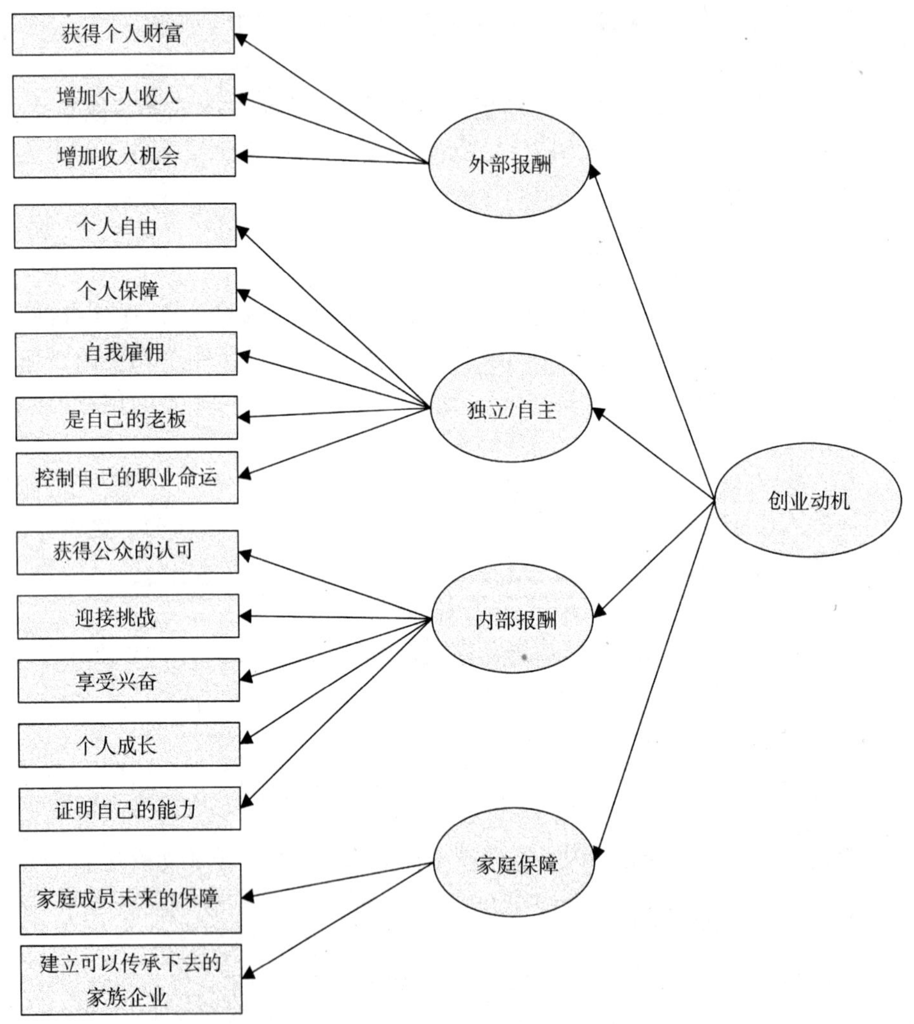

图3－1　四因素创业动机模型

资料来源：Kuratko et al.. An Examination of Owner's Goals in Sustaining Entrepreneurship. Journal of Small Business Management, Vol. 35, No. 1, 24－33.

（2）二因素模型

我国学者曾照英和王重鸣（2009）提出了中国情境下创业者动机的二维模型：事业成就型和生存需求型。其中，事业成就型包括获得成就认可、实现创业想法、扩大圈子影响、成为成功人士、控制自己人生五个维度；生存需求型包括不满薪酬收入、提供经济保障、希望不再失业三个维度。如图3－2所示。

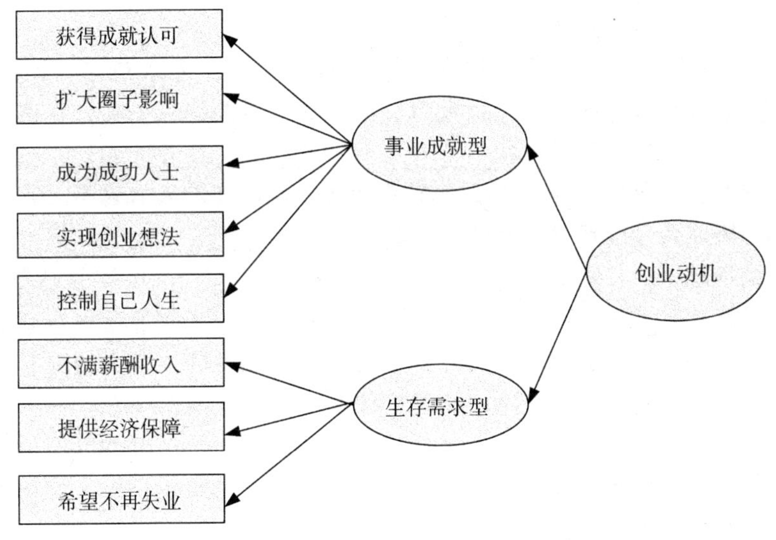

图 3－2　二因素创业动机模型

资料来源：曾照英，王重鸣．关于我国创业者创业动机的调查分析．科技管理研究，2009（9）：285－287.

专栏：是什么驱使人们成为创业者？

是什么驱使人们成为创业者？答案很多。我们将种种动因分为两个大类别：适应性动因和主动性动因。适应性动因解释人们为什么不想为别人工作，这是驱动创业的消极因素。主动性动因解释为什么人们会被创业所吸引，这是引导人们创业的积极因素。

适应性动因

不想为别人工作的动因之一是投入和回报不对称，有些人生而为赢，是人中龙凤，他们希望报酬与业绩呈正相关，而不是由资历和内部关系等因素决定。如果被这些与业绩无关的因素制约，这些贡献杰出、业绩优异的人往往选择自己去创业，而不是在别人手下工作。

动因之二是升职和加薪政策，有些人会面临这样的质疑——你这么年轻，怎么可能挣这么多钱？很多人遇到过这样的问题，一位26岁的人分别去两家公司面试，第一家公司给出高薪，第二家公司给出的薪金低于第一家公司，但却是该公司里同龄职工中的最高薪水。

动因之三是逆境，这是创业的最主要原因之一。你现在也许工作遇到了困难或者面临被裁员的危险，人们心理上往往向减少风险的方向转移，失业迫使很多人考虑自己创业。

动因之四是所在公司的各种弊病，诸如工作拖拉、尾大不掉、官僚主义。这是很多大公司的弊病，每个公司的经营管理都有些许不完美，在这些公司工作的人也许会对其不满，在自己的能力不足以改变这些弊病时，人们会选择自己创业，一是可以消除自己的不满情绪，二是可以吸取前车之鉴，尽量在自己的公司经营管理中避免这些问题。

主动性动因

主动性动因之一是想做自己的老板，有些人的个性使得他们不希望为别人工作，同时还希望能灵活地安排自己的时间，能实现这两点的可靠方法就是拥有你自己的公司。经营一家公司使你跳出职业常规，给自己一个了解一份工作和掌握自己命运的机会。

动因之二是名誉声望和认可度，有些企业家在创业之初的心理期望是得到社会的认可，成为杰出人物，这些心理上的期望驱使他们创业。

动因之三是参与一项业务的各个方面。企业家可能会参与产品与服务的构思设计，参加社交活动以取得订单，统筹规划，管理一家公司使其正常运转，最后取得收益。即使企业家能在整个过程中身体力行，也会全面了解甚至参与其中，这是让他们感到快乐和获得享受的事情。

动因之四是个人经济收益，创业的经济效益和回报常常会比为别人打工来得更快也更多，这也是很多人选择创业的重要原因。

动因之五是成就感，建立新企业、为自己工作，这些都是令人满足和兴奋的，特别是创业成功会给人带来极大的成就感。

以上列出的并不是创业的全部原因，但却是最常见的原因。建立新企业虽然不易而且复杂，对很多平凡的人来说都是一个巨大的挑战；但对那些有企业家才能的人来说，“创业”显得十分诱人。

案例：创业者姜玉宝的梦想

一位原本无资源、无资金、无技术的机关干部，却使不产海参的平度有了山东省最大的海参加工企业，青岛佳日隆海洋食品有限公司董事长姜玉宝“无中生有”的创业经耐人寻味。

20世纪90年代，姜玉宝曾供职平度市商业局，下海后涉及过30个行业。一次偶然的机会，姜玉宝看病结识的一位老中医告诉他，吃海参对治他的病有奇效，他谨遵医嘱，非常灵验。在一次次如饥似渴的信息搜寻中，新的发现带给他更大的震撼：海参煮制后的第一锅水往往被倒掉，但科学检测，其营养含量要超过海参，被饭店当垃圾扔掉的海参肚肠，日本人却专门收购，制成更昂贵的“海参花”……一个创意如电光火石般划过姜玉宝脑海——海参的深度开发是崭新领域，没有海参产地的地缘优势又何妨？凭借理念创新的核心优势去创业，完全可以引领一片广阔的“蓝海”！发现了市场空白，姜玉宝成为一个传统行业的“空降兵”。他四处求学，为创业做足了“专业功课”，还编著了国内海参业第一本系统化专业化的《海参宝典》。

2002年9月，姜玉宝在平度开了山东省首家海参专卖店，次月成立了青岛佳日隆海洋食品有限公司。研发的第一个产品就是创新项目——海参罐头，让人们简简单单就能吃到海参。这是专家都无法解决的难题，但他从市场上买回牛奶、醋、果汁等所有能想到的液体，以“破釜沉舟”之心钻进了实验室……2003年，佳日隆第一个商业无菌海参罐头问世了，填补国内外空白，不添防腐剂，将海参罐头的保质期从三个月延长到八个月。

这仅是一个梦想的起航，创业之初只有50平方米的小作坊，姜玉宝就打出了“打造中国海参第一品牌”的旗号！不断的创新赋予了企业旺盛的生命力，使企业迅速跃居山东“老大”地位……从2004年注册“贡参宝”商标起，他先后与青岛农业大学、青岛科技大学、北京国际医学研究院、中国抗衰老协会进行技术合作，推出了速冻海参、冻干海参、海参胶囊、海参饮品等五大系列，并申请了10多项国家专利，建立海参抗癌研发中心。佳日隆自主研发项目“海参活性成分提取工艺研究及系列产品开发”通过专家鉴定，将海参活性物质提取技术推向了世界领先水平。

山东大多数海参品牌仅在本地打拼，但佳日隆早在创业不久就开始布局全国。2004年，尚未打开家门口的市场，姜玉宝就心一横，拉着一车海参去了济南。通过品牌宣传、参加展销会等系列措施，贡参宝海参产品仅用一年时间就进驻济南各大商场超市。从此，济南—山东—全国—青岛，佳日隆以不停歇的市场扩张推动着企业“倍速增长”。而随着“贡参宝”研发新品的不断下线，姜玉宝又迅速以特许加盟店的形式，将产品推及山东省70%的县级市。目前，“贡参宝”已进驻北京、广州、上海、济南等十几个大中城市，并拥有100余个经销商和加盟店。

与企业飞速增长相伴随的，是姜玉宝赢得的一项项荣誉：中国水产流通与加工协会海参分会副会长、“中国海参博士”、“中国经济百名杰出人物”……谈及下一步，姜玉宝透露了今年要做的一件大事——筹建国内第一家海参博物馆。在致力打造“中国海参第一品牌”的同时，让更多的人全面地了解海参，让海参更好地改善人类的健康状况，是他一生不懈的追求和最大的梦想。

3.3 创业者的分类

基于创业活动的类型，创业者也可以有多种分类方法。

Amit & Muller（1995）从动机的角度将创业划分为推动型创业和拉动型创业。推动型创业是指创业者对当前的现状不满，并受到了一些非创业者特征因素的推动而从事创业的行为。拉动型创业是指创业者在新创一个企业的想法以及“开始一个新企业活动”的吸引下，由于创业者自身的个人特质和商机的吸引而产生的创业行为。

GEM（全球创业观察报告）（2001）最先提出了生存型创业和机会型创业的概念，这一概念的提出是建立在之前学者对推动型创业和拉动型创业的研究基础之上的。我们采用GEM的分类方法，也将创业者分为两类。

（1）生存型创业者

此类创业者大多是下岗工人、失去土地或因为种种原因不愿困守乡村的农民，以及刚刚毕业找不到工作的大学生，这是中国数量最大的一拨创业人群。清华大学中国创业研究中心的调查报告称，这一类型的创业者占中国创业者总数的90%。其中，许多人是为了谋生而被逼上梁山。一般创业范围均局限于商业贸易，少量从事实业的也基本是小打小闹的加工业。从严格意义来上讲，此类创业者并不是本书要研究的创业者，有时，我们称之为“自我雇用者”。

但是，这种类型的创业者中，有一些在完成原始积累之后（即所谓的第一桶金）成功转化为机会型创业者。

（2）机会型创业者

机会型创业者在创业之前，可能拥有不菲的收入、令人羡慕的地位，然而，这些创业者为了追求一个商业机会而放弃了原来的工作和地位，自愿开发商业机会。机会型创业起点高，对经济社会的发展推动力大，市场空间大，造就的就业岗位多，但也具有较大的风险。

专栏：风险投资家徐新面前的三类创业者

在徐新面前的，不外乎三类创业者。

跨国公司中国区的 CEO 可能会自立门户出来创业。从简历上看，他们都是顶呱呱的，善于建立公司制度和文化，拥有专业精神，而且很会融资。但他们的缺点也很明显，过去是海外公司的中国总经理，拿着 30 万~50 万美元的年薪。出来创业，他们依然给自己开高工资，比如 30 万美元。可这样一来，就为公司设立了标尺，于是首席财务官的年薪 20 万美元，销售总监 18 万美元……于是，公司的成本高得不得了，毫无竞争优势。另外，这些 CEO 是走格子的人，而不是画格子的人。他们被训练去执行总部的战略，却不习惯自己寻找商机。“我拒绝过一个创业者，他带领一大批人辞职创业，给自己配了秘书和法律顾问，还设立一个收购兼并部，请个老外做总裁。我心想你们公司一分钱没有，还想兼并谁啊！他们先建好了巨轮，才发现没有方向。而聪明的创业者是扔掉包袱，划着小舢板出海，能活下来，再慢慢壮大。所以，对第一次创业的 CEO，我们总让别的投资者去投，先交点学费。”

还有一类是“海归”派，成功者不少。他们把美国的模式复制到中国，进行创业。由于华尔街的投资者喜欢会说英语的人，这些“海归”深得青睐。在互联网行业，谁拿到融资，就能养活自己，大打广告，名气就出来了，成功就不远了。但他们的劣势同样明显，太年轻，管理经验不足，而且喜欢见好就收——“在外国待过，见识过上层生活。别人出好价钱，他们就把公司卖了，然后去享受生活”。

第三类是本土派，数量最多，对市场的直觉好，而且非常勤俭节约，生命力强。可惜不会说英语，不会与董事会打交道，而且特别喜欢多元化，不够专注。但徐新关注的恰恰是本土企业家，“中国有那么多中小企业，上市太小，从银行又借不到钱，发展又很迅速，这就是我们的投资对象。今天的小企业，很可能就是明天的大公司”。她感叹：“这些企业家喜欢同时做很多件事，横跨多个领域，可能是觉得每年 30% 的成长速度不过瘾，要 100% 的增长才过瘾”，但她坚信，不管你多么聪明多么能干，同时做三件事，不可能都做到第一。创业者必须把 50% 的身家财产放在这一个公司里，而且只能投入一个行业，让他把所有的鸡蛋都放在一个篮子里……

3.4 创业能力

《全球创业观察》将创业能力归纳为创办企业的经验、对机会的捕捉能力和整合资源的能力。

Chandler & Man（1994）等学者通过研究已经创业的创业者，发现创业者角色有三部分任务：创业角色、管理角色和技术角色。创业角色指创业者需要根据自身的环境状况，发现机会并据此制定战略规划；管理角色要求创业者制订计划、预算方案，绩效评价体系以及为了完成战略目标而制订的行动计划；技术角色要求创业者在创业、管理过程中能够运用特定领域的工具和技术。为了扮演好以上三个角色，创业者需要拥有以下几个方面的能力：①机会识别能力；②自我驱动能力；③概念能力；④人力能力；⑤政策性能力；⑥使用特定领域的工具和技能的能力。

Man 等通过对以往文献的整理总结，将创业能力分为如表 3－1 所示的六个维度。

表 3－1 创业能力模型

维度名称	定　义
机会能力	通过各种方法识别与开发市场机会的能力
关系能力	能够建立一对一或者一对多的人际互动关系，例如，通过合作/说服技巧/人际沟通技巧等与别人建立合作/信任的关系
概念能力	和创业行为有关的各种概念能力，例如，决策技巧/抽象和理解复杂信息的能力/风险承担能力/创新能力
组织能力	能够组织公司内部和外部的各种资源，包括人力/财务/技术等资源，并且能够建立团队/领导和控制员工
战略能力	制定、评估、执行企业战略的能力
承诺能力	可以使创业者及企业不断向前发展的自我驱动能力

资料来源：Man et al. . The Competitiveness of Small and Medium Enterprises：A Conceptualization with Focus on Entrepreneurial Competencies. Journal of Business Venturing，2002（17）：123－142.

总之，创业者能力是一种特殊的能力，这种能力往往影响创业活动的效率和创业的成功。创业能力可以在创业过程中不断形成和获得，创业者的缺陷还可以由其他团队成员来弥补。

3.5　创业者的传奇与陷阱

- 创业者是行动者，而不是思考者

尽管创业者倾向于行动，但他们也是思考者。事实上，他们很注意方法，周密地计划他们的行动。当今，对制订出清晰的、完整的商业计划的重视，表明“思考者”创业者和“行动者”创业者同等重要。

- 创业者是天生的，而不是后天培养的

关于“创业者的特质不能通过教授习得，他们生来就有内在特质”的说法一直很盛行。创业者的特质包括雄心勃勃、自愿承担风险、主动性强，具备激励、影响他人的能力。如今，人们认识到创业学作为一门学科能够帮助我们消除误解。像所有的学科一样，创业学有模型、过程和案例研究，其知识能够学习获得。

- 创业者是发明家

关于“创业者是发明家”的想法是个误解。许多发明家是创业者，多数创业者也参与各种各样的创新活动。比如，雷·克罗克（Ray Kroc）没有发明快餐连锁，但他的创新理念使得麦当劳成为世界上最大的快餐连锁企业。但是当代创业精神不仅仅指发明，我们需要对各种形式的创新行为有全面的理解。

- 创业者学业无成，与社会格格不入

很多人认为创业者是学术上的失败者，并且与社会格格不入。这种认识始于一个事实：大约 15% 的创业者辍学或者辞去了管理职务。一位新西兰的大亨说道：“对创业者来说，教育是无关的训练。”这句话通常被过度地引用来试图定义传统的创业者。如今，创业者被认为是英雄——社会、经济和学术领域的英雄。他们不再是格格不入者，而被视为专家。

- 创业者必须具有一定的“特征”

许多教材和论文列出了成功创业者的特征，但这些特征既没有被证实，也不完全。如今，我们意识到很难给出标准的创业者特征。环境、投资项目本身和创业者之间的相互作用，产生了许多不同种类的特征。

- 所有的创业者都需要资金

诚然，企业项目需要资金才能进行下去，也确实有许多企业因为缺乏足够的资金而失败。但是拥有资金并不意味着就不会失败。没有合适的融资而导致的失败往往预示着其他方面的问题：管理无能、资本知识缺乏、低效投资、计划不充分，或者类似的问题。许多成功的创业者在开始就解决了资金不足的问题，对他们来说，资金是资源，但永远不是目的。

- 所有的创业者都需要运气

“在合适的时间出现在合适的地点”总是有优势的。“机会总是留给有准备的人”表达了同样的含义。有准备的创业者能在机会出现的时候抓住它，他们看起来是“幸运的”。但事实上，他们只是更得心应手地处理问题并把它们转变为成功。那些所谓的运气，其实是准备、决心、欲望、知识和创造力的集合。

- 无知对创业者来说是好事

太多的计划和评估导致持续不断的问题——“过度分析导致瘫痪”，这个命题在当今的竞争市场上并不成立，现代企业需要的是细致的规划和准备。认识到企业的优势和劣势、设定清晰的时间表、制订出解决问题的应急方案、通过认真实施来减少问题，这些都是成功创业的关键因素。因此，细致的规划——而不是无知——是创业者取得成就的标志。

- 创业者渴望成功但承受高失败率

诚然，许多创业者在成功之前经历过失败。他们的座右铭是：如果一开始你没有成功，那么尝试，尝试，再尝试。事实上，失败能够使那些愿意学习的人吸取教训并且帮助他们在未来获得成功。3M 公司发明了用于记事贴的胶水，与最初打算生产的胶水相比，这种胶水黏度不够。但是企业并没有把胶水扔掉，而是致力于发现它的新用途，并且在这一过程中开发出了一种价值数百万美元的产品。创业失败率相关数据很容易误导人。自 1997 年起，基希霍夫（Kirchoff）对 814000 家企业进行跟踪调查，他发现超过 50% 的企业还在其创始人或者新主人的领导下运营着。另外，28% 的企业自愿关闭，只有 18% 的企业实际上因巨额负债而“失败了”。

- 创业者是赌徒

风险伴随着创业过程。但是，公众对大多数创业者所面对的风险的认知不够深入。尽管表面上看起来创业者是在一个前途未卜的机会上“押赌注”，但实际上，创业者通常只承担适度的或者说“可计量的”风险。许多成功的创业者努力工作，通过计划和准备来减少风险，以更好地控制企业的前景。

专栏：赢在中国

“赢在中国”是中央电视台财经频道 2006 年推出的一档全国性商战真人秀节目。2006 年、2007 年、2008 年共举办三届，每届比赛共选出 6 名优胜选手。该节目由原央视著名主持人王利芬担任总制片人及主持人，评委包括阿里巴巴马云、蒙牛牛根生、UT 斯达康吴鹰、IDG 熊晓鸽、今日资本徐新、软银亚洲阎焱、北京汇源朱新礼、实践家教育集团董事长林伟贤、上海征途网络有限公司董事长史玉柱、新东方俞敏洪、联想集团总裁柳传志、中粮集团董事局主席宁高宁等。

这绝不仅仅是一个电视节目，也不仅仅是一场活动，它以“励志、创业”为主题，从这个时代人们内心深处的需要出发，它联手中国最具创造力的企业、集合国际最具活力的创投资金，调动全方位的推广手段，为中国的创业者打造一个展示才华、实现理想的舞台。活动坚守“励志照亮人生，创业改变命运”，因此，“赢在中国”让人们机会均等——年龄、学历、性别、籍贯，都不是你被选中的必要条件，只要你拥有创业激情和商业才干，你就有机会成功。

“赢在中国”经典语录：

- 心中无敌，才能无敌于天下。
- 成功是优点的发挥，失败是缺点的积累。
- 要咬着子弹向前走。
- 一个组织有头是很重要的，但是组织的那条腿也是很重要的。
- 做生意最重要的是你明白客户需要什么，实实在在的创造价值，坚持下去。
- 面对团队，面对公众的时候，你一定要表现出你的信心，你的乐观，一定要把苦难装在心里。
- 我经过统计，不一定百分之百正确，统计结果显示，在名牌大学，或者在大学里面前三名的同学，毕业以后，成功概率，逐步降低。
- 造就一个优秀的企业，并不是要打败所有的对手，而是形成自身独特的竞争优势，建立自己的团队、机制、文化。
- 在黑暗中为了不让别人撞到，最好的办法就是自己点上一盏灯。如果一个管理人员没有解雇别人，换掉别人，免除人职的经验，他是不成熟的。
- 弹簧压到底，压到极限的时候，下一步一定是反弹。
- 困难无其数，从来不动摇！
- 创业的想法是伟大的，但是要做的事情是渺小的。
- 傻瓜用嘴讲话，聪明的人用脑袋讲话，智慧者用心讲话。
- 勤，不富也饱；懒，不死也饿！
- 思想敢为天下先；行动不走寻常路！
- 短暂的激情是不值钱的；持久的激情才是赚钱的！
- 创业要找最合适的人，不一定要找最成功的人。

- 时间是一个常数，一个方面的太多投入，就注定另一方面的忽略甚至放弃！
- 人要学会为获得而放弃；为获得而飞奔！
- 人在成功的时候是学不到东西的，失败的时刻学到的是最深刻、最有价值的！
- 敢为天下先，笑在风雨后！
- 树的方向由风决定，人的方向由自己决定！
- 竞争起于规则；和谐源于规则；财富在于规则。
- 一个人从无到有，满足个人的需求，这是小的快乐，但是，从有到无，你们所从事的事业最后回馈到社会，这是更大的快乐。
- 团队就是要让自己的队友别犯错误。

推荐书目

王波著：《创业沉思录》，电子工业出版社，2009 年版。

杰西卡·利文斯顿著：《创业者：全世界最成功的技术公司初创的故事》，机械工业出版社，2010 年版。

行动学习指引

A 团队讨论

创业者开始创业前需要做哪些准备？创业者最需要的个性特质是什么？

B 采访创业者

寻找一个创业企业，对创业者进行访谈，进入这名创业者的内心世界，了解他的创业动机和原因，了解他的个性特质。

第 4 章　创业团队

创业很难，当今商界的大佬们都是九死一生闯过来的。创业要有 2 ~ 3 人的核心团队，至少 2 个人，3 个人比较完美……核心团队是召唤来的，是由敢于为了理想冒险的成员组成的。创业者自己敢于冒险，展示出信心和决心，更容易打动投资人。

——著名天使投资人、新东方创始人之一　徐小平

做好企业的三个心得：共同使命目标、核心企业文化、高效流程和制度。

——百度创始人　李彦宏

学习目标：

☞ 理解为什么创业需要团队

☞ 理解核心团队成员构成

☞ 理解好团队的特征

☞ 掌握股权分配的原则

☞ 了解团队冲突及其管理方法

4.1　创业团队

4.1.1　什么是创业团队

创业团队是一小群具有所需领域专业知识、管理才能和领导能力的个体集合。创业团队共同对企业的未来负责，他们在工作中相互依赖，在创业初期处于执行层的位置。

一个团队至少应包括产品开发、生产、市场营销方面的专业人才，有时候还包括财务管理、人力资源管理方面的专业人才。

团队通常由 2 ~ 6 人组成，其中至少有一人具有领导气质，是团队的核

心。此人对新的创业型企业至关重要，因为其他人愿意加入该团队是基于他的创业召唤。通常我们称这样的创业团队成员为企业的创始人。其他被列入核心团队的成员则被称为联合创始人。创始人显示出成功企业家所具有的一切品质：热情、承诺和远见卓识。

专栏：天使投资人徐小平最爱理性狂热创业者

徐小平是真格基金创始人、新东方联合创始人。从2006年被一个年轻人“拉下水”走上投资路开始，徐小平已经投资了上百家公司，如世纪佳缘、聚美优品、兰亭集势、红黄蓝教育等。与雷军坚持“不熟不投”不同，徐小平认为没有“熟人不熟人”的问题。“只要你的微笑能打动我，你的项目能说服我就可以，”徐小平说，“最喜欢的创业者，是那种为了创业梦想敢于放弃一切的人。”

2006年9月，新东方登陆纽约证券交易所，徐小平被称为仅次于俞敏洪的“中国第二富老师”。这一年，徐小平50岁。而在1996年加入新东方前，徐小平辗转国内外，他称自己的人生奋斗艰苦而漫长。“我22岁才上大学、32岁才出国、40岁才回国创业、50岁才算成功。”

徐小平生平第一笔投资，投资了杭州的一个搞教育的年轻人。“那个年轻人说，他现在留学回来了，想创业，我说祝贺，再见！他说需要我给他投资，我说我不懂投资。他说徐老师必须投资，因为他当年给新东方付过学费。”这个年轻人要做的项目，是互联网领域的电子杂志。那时，徐小平对互联网行业还不太了解，但因为这个年轻人出身贫寒，满怀抱负，身上又具有强烈的奋斗意志和创业精神，徐小平投了100万元。项目没做好，为了鼓励他，徐小平又追加了100万元，但最终还是失败了。徐小平说：“有时候轻信也许会带来损失，但在我人生的树枝上，挂满了因为信任而滋长的甜美果实。在人际关系中，信任就像春风，只要你浩荡地吹拂，定能化开千年冰封。就以我投资的第一个项目为例，徘徊三年后，那个浙江小伙子转型改做培训，2010年收入2000万元。虽然没有约定，但他已将我的股权转到了新公司。在信人者的人生账户里，永远有盈余。”

之后，徐小平又陆续投资了一些创业项目，很多都是因为被创业者的激情和执着所打动。有一个创业者曾反复找他，虽然徐小平认为这个创业项目绝对不可能成功，但还是被这份勇气和执着打动，给了他一笔钱。

尽管投入的资金不算多，但这些百万元级别的投资失利，还是给徐小平带来了巨大压力，初尝投资失败滋味的他甚至不知如何向妻子交代。每年春节和家人团聚前，徐小平都会暗自发誓再也不投资任何项目了，但每次过完春节回到北京，见到那些让他激动的项目和创业者，他都会忘了自己的誓言。

龚海燕创办的婚恋网站——世纪佳缘是徐小平投资的得意之作。2007 年龚海燕在一个咖啡厅第一次见徐小平。他们聊了一个小时，徐小平非常认同龚海燕的人生经历：先在工厂打工，后来复读考上北大和复旦研究生，然后为了自己找对象而做了一个婚恋网站，徐小平当场决定投资世纪佳缘。2011 年，世纪佳缘在美国纳斯达克上市。

徐小平投资了在线教育和教育机构，也投资了电子商务网站、娱乐媒体和电影等多个行业，而且往往都是初次见面，聊上个把小时就谈妥了投资事宜，“投与不投，就看这个人的整体素质，能不能让我头脑发热。模式不是最重要的，重要的是人。只要你的微笑能打动我，你的项目能说服我就可以。最喜欢的创业者，是那种为了创业梦想而敢于放弃一切的人。而对那些三心二意、左顾右盼的人，谈几句就会失去兴趣，理性而狂热的创业者才能得到投资。”徐小平说，天使阶段只有梦想，没有数字，所以只能看人，看创业者本身的素质和观念，看做事、做人的方式。“我什么审计、调查都不要，在谈话时，看到他激动，而且让我也激动，我一般就会投”。但“光狂热，没有理性也不行。假如创业者缺乏理性和逻辑，再怎么自信也不能投。”徐小平举例说，有个年轻人想找投资，拍着桌子对他说，美国没有类似的项目，两年以后就要进军美国。但这个创业人连英语都不会。

创业团队的规模多大为宜？学者们的研究发现，如果创业团队成员为 7 人或 7 人以上，他们将很难在一起工作，对投资者而言，2 ~ 4 人将是一个较好的选择。团队总是要有一个人扮演领导角色，他能明晰企业的愿景，提出战略让团队其他成员去实现。优秀的创业团队除了领导角色之外，还包括“技术专家”、“营销专家”、“管理专家”等角色。

4.1.2　团队创业的优势

团队相对于个人而言，在创业过程中具有如下优势：

（1）增强机会识别、开发和利用能力

团队成员不同的知识、经验和技能组合，使团队对创业机会能够进行更为科学、理性的评价和识别，对机会开发方案的选择更为准确、全面，更能避免决策失误。同时，团队成员广泛的社会联系和内部更多的积累，可以有效地获得开发机会所需要的资源，增加成功开发机会的可能。

(2) 提高新企业运作能力，发挥协同效应

把互补的技能和经验组织到一起，超过了团队中任何个人的技能和经验。这种技能和经验在更大范围内的组合使团队能应付多方面的挑战，例如，研究开发、市场营销、财务管理、质量控制和客户服务，并形成一种协同工作的整体优势。

(3) 克服孤独感并增强创业成功的信心

团队成员之间的信任与合作有利于创业者建立必胜的信念，增强克服困难走向成功的信心。

选择团队创业，可以实现新企业人力资源的最大化。没有团队的创业并不一定会失败，但要创建一个没有团队而具有高成长性的企业却极其困难。

专栏：创业团队共苦易，同甘难

为什么创业团队不能够同甘共苦，而是共苦易，同甘难？一个原因可能是，在企业没有盈利的时候，大家无须计较谁的股权多，谁的股权少。而在企业有大量可分配利润的时候，股权的差别意味着应得红利的差别，这种差别可能是巨大的。宁愿大家在创业之初多些股权方面的计较，以免在未来为了利益闹得团队不欢而散。提前做预计创业可能的情况，使大家明确未来可能产生的利益分配方式，是创业团队不可回避的问题。

4.1.3 创业团队的类型

从不同的角度、层次和结构，创业团队的类型可以划分为不同类型的创业团队，而依据创业团队的组成来划分，创业团队有星状创业团队、网状创业团队和从网状创业团队中演化来的虚拟星状创业团队。

(1) 星状创业团队

一般在团队中有一个核心人物，充当领导的角色。这种团队在形成之前，一般是核心人物有了创业的想法，然后根据自己的设想进行创业团队的组织。因此，在团队形成之前，核心人物已经就团队组成进行过仔细思考，根据自己的想法选择相应人员加入团队，这些加入创业团队的成员可能是核心人物以前熟悉的人，也有可能是不熟悉的人，但这些团队成员在企业中更多的是支持者角色。

这种创业团队有如下几个明显的特点：

1）组织结构紧密，向心力强，主导人物在组织中的行为对其他个体影响巨大。

2）决策程序相对简单，组织效率较高。

3）容易形成权力过分集中的局面，从而使决策失误的风险加大。

4）当其他团队成员和主导人物发生冲突时，因为核心主导人物的特殊权威，使其他团队成员在冲突发生时往往处于被动地位，在冲突较严重时，一般都会选择离开团队，因而对组织的影响较大。

这种组织的一个典型例子，太阳微系统公司创业当初就是由维诺德·科尔斯勒确立了多用途开放工作站的概念，接着他分别找了乔和本其托斯民两位在软件和硬件方面的专家，和一位具有实际制造经验和人际技巧的麦克尼里，组成了 Sun 的创业团队。

（2）网状创业团队

这种创业团队的成员一般在创业之前就关系密切，比如同学、亲友、同事、朋友等。一般都是在交往过程中，共同认可某一创业想法，并就创业达成了共识以后，开始共同创业。在创业团队组成时，没有明确的核心人物，大家根据各自特点自发地组织角色定位。因此，在企业初创时期，各位成员基本上扮演的是协作者或者伙伴角色。

这种创业团队的特点是：①团队没有明显的核心，整体结构较为松散；②组织决策时，一般采取集体决策的方式，通过大量的沟通和讨论达成一致，因此组织的决策效率相对较低；③由于团队成员在团队中的地位相似，因此容易在组织中形成多头领导的局面；④当团队成员之间发生冲突时，一般都采取平等协商、积极解决的态度消除冲突，团队成员不会轻易离开。但是一旦团队成员间的冲突升级，某些团队成员撤出团队，就容易导致整个团队的涣散。

这种创业团队的典型是微软的比尔·盖茨和童年玩伴保罗·艾伦，惠普的戴维·帕卡德和他在斯坦福大学的同学比尔·体利特。多家知名企业的创建者多是由于关系相互结识，基于一些互动激发出创业点子，然后合伙创业，此类例子比比皆是。

（3）虚拟星状创业团队

这种创业团队是由网状创业团队演化而来，基本上是前两种的中间形态。在团队中，有一个核心成员，但是该核心成员地位的确立是团队成员协商的结果，因此核心人物从某种意义上说是整个团队的代言人，而不是主导型人物，其在团队中的行为必须充分考虑其他团队成员的意见，没有星状创业团队中的核心主导人物那样权威。

4.2 核心团队

4.2.1 核心团队的构成

核心团队是一个创业企业最为关键的那几个成员，对于创新型企业来说，一个企业核心团队应包括创业领导人、主管研发和技术的核心人物和负责市场的核心人物。如果创业领导人同时又是技术专家，或者销售产品方面的专家，那么在企业初创时核心团队成员可以为 2 人，否则，核心团队成员应为 3 人。

随着企业的发展，如果创业领导人的管理能力成为企业发展的“瓶颈”，那么企业应补充在核心团队中加入职业经理人。

随着企业的进一步发展，融资和财务规划能力、企业运营能力可能成为企业的“瓶颈”，此时，企业应补充相应的人才进入核心团队。

创业领导人需要为新扩充的核心团队成员留足股份空间，以期权的形式配送给新招募的核心团队成员。

创业领导人和已经被确认为核心团队成员的创业者，应以宽广的心胸接纳新来者，并且能够不断学习，迎接企业发展对创业者能力的挑战。

专栏：苹果公司的领导团队

1978 年，苹果电脑的领导团队由三种不同的人组成，他们均具有专业特长和个人品质。史蒂夫·乔布斯是一位超凡的领导者，他激励员工并直接与电脑爱好者交谈；迈克·马克库拉是业务和营销领导；斯蒂芬·沃兹尼亚克是工程领导和公司的电脑研发人员。这种平衡的、强大的创业团队使苹果电脑开创了商界历史上的辉煌。

4.2.2 好团队的特征

好的团队通常具有如下特征：

（1）共同的愿景和清晰的目标

一个好团队应该是在共同愿景的感召下聚集起来的，并形成清晰的长期目标和短期目标。团队对所要达到的目标有清楚的了解，并坚信这一目标包含重大意义和价值。这一目标既能使团队成员为之振奋又切实可行，团队成员清楚企业希望他们做什么工作，以及他们怎样共同工作以完成任务。

（2）互补的技能

好的团队应该是由异质性的成员组成，团队成员的专业背景和个性特征具有互补性，从而能出色地完成复杂的任务。能力和个性的互补既有助于强化团队成员彼此间的合作，又能保证整个团队的战斗力，更好地发挥团队的作用。

（3）沟通与学习

好的团队具有有效沟通的能力和机制，团队成员之间相互学习、真诚相待，即便争论得面红耳赤，也能够在达成一致后继续各自的工作而没有情绪影响。

（4）强大的市场开拓能力

创业团队需要完善自身的造血功能，而这来自强大的市场开拓能力。这也正是风险投资家考察团队的最重要的一点。风险投资家非常欣赏那些以市场为导向的团队。

（5）分享财富

核心团队成员拥有股权或者股份期权，在创业获得成功时，可以使团队成员共同享有成功带来的财富。

（6）激情

创业团队成员对于所从事的创业活动充满激情，这种激情会感染整个公司的雇员。

案例：携程网梦幻创业团队

携程的创业团队在我所见过的创业企业当中是最强的，我后来再也没有找到过搭配这么好的团队了。

启明创投　甘剑平

携程的创业团队一共有 4 个人，季琦、沈南鹏、梁建章和范敏。

季琦是携程创业团队的领导者。他 1966 年出生在江苏南通的一个农民家庭，1985 年，他考入上海交通大学工程力学专业。大学四年，季琦都泡在了图书馆，读哲学、历史、毛泽东传记。大学带给他的收获不是专业知识，而是让他想通了一个问题：个体对于世界来说，是非常短暂的，有的人平淡无奇，有的人“波澜壮阔”。自己不能延长生命的长度，但可以拓宽生命的宽度。1989 年，季琦考上了上海交大机械工程系的机器人专业研究生。毕业后进入国企上海计算机服务公司工作了两年半，做到了二把手的位置，之后到了美国做技术工作。1995 年他在朋友们的鼓动下回国发展。在新东家中化英华智能系统有限公司工作了一段时间之后创办了携程公司，期间结交了甲骨文咨询总监梁建章。1999 年 3 月，梁建章提议一起做个网站。梁建章是这个团队的技术核心，他是上海人，生于 1969 年，从小就有“大头神童”之称。他接触计算机很早，13 岁那年，参加计算机兴趣小组，他编写的辅助写诗的程序获得了第一届全国计算机程序设计大赛的金奖。15 岁梁建章进入复旦大学计算机本科少年班。一年之后，复旦还没有毕业，梁建章又直接考入美国乔治亚理工大学。1989 年，20 岁的梁建章拿下了硕士学位，并且直读博士学位。但是，一段时间之后，梁建章发现“最先进的东西不是在学校而是在企业”，于是博士没有毕业，他就加入了甲骨文公司。一次，梁建章回国探亲，国内火热的创业气氛和隐藏的巨大商机让他震惊。他觉得，从长远来看，自己的发展机会还是在中国，所以，他决定转型。梁建章申请转换到客户服务部工作，从事 ERP 实施。1997 年，梁建章终于得到了他等待已久的机会，他通过了甲骨文公司的内部招聘，担任中国区咨询总监的职务，他回到了上海。

那究竟做一个什么样的网站呢？

在创业方向的选择上，梁建章曾经考虑过网上书店。因为他们看到美国亚马逊公司的图书在网上卖得非常好，1998 年底，亚马逊的股价一度突破 300 美元，到 1999 年 2 月，亚马逊的估值已经达到 250 亿美元。除了亚马逊，梁建章也考虑过网上招聘。因为招聘网站 Monster 在美国大获成功，它的模仿者——前程无忧和中华英才网也表现不俗。

但是，季琦思路不同，他的想法最初来源于家庭装潢市场的爆发式增长。1996 年，国内装修产业的产值仅为 450 亿元，到 1998 年，全国用于住宅装修的费用就达到了 1000 亿元，上海家装行业销售额超过 200 亿元，占全国的 1/5。为此，季琦想进入网上家装市场，他还为网站起了一个名字：网上宜家。

后来，经过深思熟虑，梁建章和季琦发现，亚马逊和网上宜家的模式都有一个致命的弱点：那就是物流问题。由于中国的地域广阔和物流业的落后，迄今为止还没有人能够以较低的成本完全解决这个问题。而国内已经有不少家招聘网站，对于梁建章和季琦来说，他们进入这个行业，并没有太多的优势。

想法一个个被枪毙了，到底选哪个方向比较好呢？一个周末，梁建章和季琦两人一起开车到上海周边的景点去玩，突然梁建章说：“干脆我们做一个旅游网站吧。”“好！这个项目可以考虑，”季琦很认同，因为季琦也非常喜欢旅游。但是，两个人无法组成一个团队，好像还差一个人，特别是一个能找钱的人。

季琦和梁建章马上想到了他们都认识的一个熟人，这个人就是季琦同届的校友沈南鹏。沈南鹏是这个团队的监督者。他 1967 年出生于浙江海宁。爱好数学的沈南鹏获得过全国数学竞赛一等奖；沈南鹏中学毕业后，马上进入了上海交大应用数学系，1989 年又考取了美国哥伦比亚大学数学系。1990 年，沈南鹏决定从哥伦比亚大学退学，重新报考耶鲁大学的 MBA。两年后，沈南鹏从耶鲁大学毕业获得了花旗银行的工作机会，在投资银行部做新兴市场的债券和股票。几年后，他又跳槽到美国第三大证券公司雷曼兄弟公司。在雷曼兄弟公司工作了两年后，为了寻求更超速的发展，沈南鹏在 1996 年初加入了德意志银行的投资银行部——德意志摩根建富，成为摩根建富的董事。

这时，互联网企业已经在美国兴起，当 1999 年梁建章和季琦找他一起创建互联网公司的时候，他没有半点犹豫就答应了。接下来，梁建章和季琦各出 20 万元，各占 30% 的股份。沈南鹏出 60 万元，占 40% 的股份。开办旅游网站计划，在他们三个人的不断探讨中越来越成型。不过，他们很快发现，他们还缺少拼图的最后一块。因为梁建章是搞技术的，沈南鹏是弄投资的，季琦是搞管理和市场的，还差一个熟悉旅游业的。于是他们又找来了第四个人——范敏。

范敏，1965 年 6 月出生，本科就读于上海交通大学，主修工业工程专业。1987 年大学毕业，免试攻读管理学硕士。硕士毕业后先后在上海新亚国际旅行社、上海仑宾馆、上海旅行社（上海新亚国旅）等公司工作，2000 年 2 月，范敏正式加入携程。此前，他是上海新亚（集团）酒店管理公司副总经理，公司为他配备了轿车和司机。范敏放弃了这一切，在 35 岁的时候，重新选择了创业。

从 2000 年正式加入携程旅行网以来，范敏一直默默拼搏在一线，外面对于这位携程旅行网的创始人了解甚少。其实，在携程旅行网的四大创始人中，只有范敏来自旅游业。凭借他在业内丰富的经验和对旅游独到的理解，携程旅行网成为了目前国内最大的在线旅游预订平台。当年 4 个创业的年轻人中，只有范敏至今还拼搏在携程的第一线。携程网通过网络技术与传统行业嫁接，最终取得突破性的进展。

范敏有一段生动的话来描述 4 个人的合作关系，他说："这就像是盖楼，季琦有激情，能疏通关系，他去拿批文、搞来土地；沈南鹏精于融资，他去找钱；梁建章懂 IT，能发掘业务模式，他定出大楼的框架；而我来自旅游业，善于搅拌水泥和沙子，制成混凝土去填充这个框架。"

据范敏回忆，1999 年公司刚成立的时候，只有 30 多个人。平时在外面露面的是沈南鹏和季琦，他和梁建章属于“地下党”，因为当时还在其他公司上班，所以一般都是晚上下班后再来携程。4 个人每晚在公司碰头，商量公司的发展大计。范敏说：“因为季琦当时主要负责和外面接洽，他的办公室最大，有20 多平方米。我和梁建章连办公桌也没有，4 个人开会的时候，就在季琦的办公室开。”

携程旅行网最早开始的业务是酒店预订，在2000 年的时候组建了呼叫中心。后来逐步发展了机票预订业务和度假产品。在携程的呼叫中心投入使用之后，范敏每天拿出半个小时专门听电话，随机切入到顾客拨入携程的任何一个预订电话中，发现接线员在回答顾客的问题时有不到位的地方马上记录下来，专门做分析，重点整改。

范敏透露，携程对于接线员的要求是每个电话处理不超过 180 秒，也就是说在不到 3 分钟的时间内下好一个订单。但在每一个下单过程中，一共有20 多个“动作”，要求每个“动作”都不能走样，这就非常难了。携程的模式是将所有的酒店和机票信息都输入数据库，对于接线员进行认真的培训，每个人接电话、下订单的过程就像工厂的流水线生产一样，这一简单的模式看似简单，但很难复制。

2003 年 12 月，携程旅行网成功登陆美国纳斯达克。范敏说，在美国成功上市，给携程带来的最大帮助是得到了资金支持和品牌的认可。携程自登陆纳市以来，每个季度都盈利，而且盈利水平都高出华尔街的预测。

专栏：如何才能招募到靠谱的志同道合者共同创业

如果你是一个初次创业者，已经有了一个好的 idea，同时还找到了合适的投资人。下一个重要的问题就摆在了你面前：如何才能招募到靠谱的志同道合者共同创业呢？两位创业者同时身兼 CEO 的 Jason Jacobs & Boris Revsin 给出了几条建议。

首先你应该制订员工招募的计划，根据职位的重要性来进行排序，理清每个职位理想人选所具备的素质。当然，靠谱的员工也不会轻易送上门，将下面四个方面的事情做好，那么你距离成功也就不远了。

（1）动用你的社交网络

通过网络来招募员工通常能起到事半功倍的效果，商务社交网站 Linkedln 就是一个好的选择。物以类聚，人以群分，有能力的职位候选者通常都有他们自己的关系网络，人际网络中的其他人同样也都是优秀人才。同时，你还可以向投资人寻求帮助，因为投资人的人脉通常更为广阔，可以扩大你的选择范围。

(2) 重视宣传活动

应该积极进行宣传活动，让身边人看到你充沛的创业热情。尽量多地出现在公众视野中，参加线下的行业内聚会，树立良好的企业形象。随着企业认知程度的提高，会有更多的人主动进入到你的猎头视野当中。

(3) 随时准备招聘

发动联合创始人和早期雇员一同来帮你招募新员工，他们看待问题的视野不尽相同，借此你可以得到更多可用的信息。接下来你遇到的每个人都可能是你的下一个雇员，所以永远不要把招聘这件事抛在脑后。

(4) 目标远大

即使是 Google 那样的大企业，也会有员工跳槽。所以如果你对自己的想法和产品充满信心，那么就鼓足勇气去追求那些顶尖的人才吧。你可能会求贤心切，但是一定要静下心来，寻找那些真心想为你的企业服务的员工。创业初期每个决定都至关重要，在招募员工这件事上尤其不能草率行事。

4.3　领导力和创业领导者

领导力就是通过帮助员工获取完成目标所需的知识、力量、工具和方法，来影响和激励员工为了共同目标而一起工作的过程。领导力对一个创业型企业至关重要，它通常表现在新企业的 1 ~2 个领导者身上。

一个新企业的领导者就好比一个爵士乐队的指挥家，具有演奏耳熟能详的音乐和新音乐的能力，同时，他还能创造和改善新的协奏曲和其他协作性音乐篇章。为了能在不断变化的商业环境中生存，动员组织调整其行为非常关键。应付挑战的对策来自各阶层雇员的集体智慧，这些员工需要将彼此作为一个资源使用，他们往往跨越国界，一起寻找解决问题的方法。

好的领导者对企业的目标充满希望，能随时描述企业的前景。他们传达企业的愿景和价值观念，并相信他们就是做到这一点的人。

每个领导都呈现出两种行为：一种是指挥行为，就是通过指挥行为让下属做事情；另一种是支持行为，支持行为就是不通过指挥命令，而是通过比如提建议、反馈、劝告等方法，不是强迫下属，而是以支持的行为来领导下属。将指挥行为和支持行为分别作为坐标轴，可以得到如图 4 -1 所示的领导风格矩阵。

支持型领导的兴趣并不完全集中于目标本身，而更多地通过提供支持来促使员工发挥聪明才智完成任务；指挥型领导向下属指示目标是什么及如何

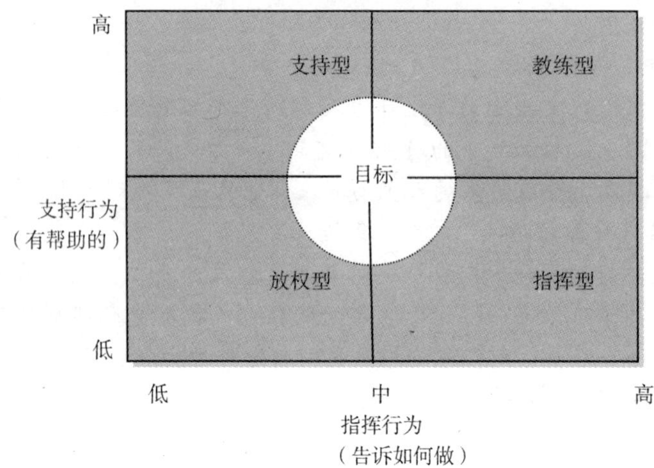

图4－1　领导风格矩阵

完成目标，并监督他们的工作；教练型领导关注目标的实现，并且懂得如何鼓励下属；放权型领导则较少发出指令，对员工充分信任。新企业的领导者在企业运营早期最有可能采用指挥型风格，之后逐渐过渡到教练型、支持型和放权型，并能够根据领导情景综合运用不同的风格。

领导者阐明一个明确的、令人信服的企业愿景，以激励团队实现高绩效；领导者避免夸夸其谈代替行动（即光说不练）；通过及时地建立新的能力、推出新的产品，他们大力发展可持续的竞争优势；领导者对于可以清楚地理解并采取行动的简单概念持有偏见，告知行动是他们的目标；创业型企业的领导者在设定高标准向目标冲刺的同时，还鼓励成员协同一致。

传授知识处于领导的核心。事实上，领导者是通过向他人传授知识来领导他人的。传授是想法和价值观念在组织内部传播的途径。领导就是帮助他人认清实际情况，明白应采取什么样的应对方式，从而确保组织按其需要的方向发展。在成功的企业中，员工做他们该做的事。那些企业中的卓越领导者创造条件让的员工拥有信息、主动做出正确的决定。当领导力有效时，组织内部所有层次的行动都是相互协调和一致的，组织能够发挥最大潜力。

领导者拥有指导性的愿景和热情，能给追随者带来希望，这种传递希望的关键是领导者的信誉和正直。领导者具有高度的自我意识和强烈的信仰与价值观。领导者表现出一种能让他人感知并依赖的内在力量和一系列稳定的价值观，他们鼓励他人，避免自我吹捧，彰显出一种谦逊与非凡能力的结合。

好的领导者具有以下七大特征：

- 权威性：言行一致。
- 果断：能基于有限的或不完善的信息做出决策并采取行动。
- 有重点：创建一个优先项目清单，并坚持干下去。
- 关怀：构建关系和社会资本。
- 个人技能：向团队所有成员提供有用的反馈信息和好的教练式辅导。
- 善于沟通：促进对话和在思想上进行交流。
- 不断地完善自我：保持学习和在企业内部不断地注入能量，保持乐观。

案例：创业团队有合作也有制衡

团队成员应该有互补性，并且能够拥抱变化。腾讯在创业时就遵循了这样的原则，现在仍然在贯彻这一原则。同样，为了群策群力，集思广益，充分发挥团队合作中每个人的力量，马化腾甚至在创业之初就通过设置股权，使得创业团队内部有合作也有制衡。腾讯 5 人创业团队早年就是同学或同事，所以知根知底，马化腾根据各自特点分工来确定各自出资和占有股份的多少，马化腾虽然一股独大，但并不绝对控股，这导致腾讯的创始人团队从一开始就形成了民主决策的氛围；后来，当腾讯公司发展到数千人规模时，这种民主决策的风格被保留了下来。

马化腾说，腾讯是 5 位创业者一起创立的，最早期加入的员工我们都给了股份。我们 5 位都是同学，就大家的能力来说，都是比较均衡的。大家坚持走到现在，基本都留在公司，这是一个团队合作的结果。

我们天然有这样的优势，最早也是创业团队一点点壮大，最开始是我和张志东 2 个人，一个月后加入一个，一个月后再加入一个，最后是 5 个人，很快形成最开始的创业团队，那时候基本是按这样的思路去做，包括股权分配也是根据个人能力和特长分配，这样以后会稳定一点。我也见过一个公司，一开始几个人全部平分，不管是面子也好，没有考虑未来的可持续发展，有时 3 个人各 1/3，往往是很危险的。

腾讯刚创办的时候是 5 人决策小组，相应的组织结构分 4 块，除马化腾外，其他 4 位创始人每人单独管一块，张志东管研发，研发分客户端和服务器；曾李青管市场和运营，主要和电信运营商合作，也外出找一些单子；陈一丹管行政，负责招人和内部审计；许晨晔管对外的一些职能部门，比如信息部、对外公关部都属于他的管理范畴，最开始的网站部也在他的管理范围内。

现在我们5位创业者只有1位离开了，我觉得我们的团队还是比较稳定的。有一个因素，因为以前是同学，心态上会好很多，会吵吵架，相对在外面萍水相逢的，为了做东西而做，如果遇到争执很容易出问题，我们不存在这个情况。

每次腾讯面临一个重大决策时，都是从争吵开始，却不是以“一言堂”结束。就是马化腾的“从众”式妥协，把腾讯带入意想不到的成功轨道。例如，对于在网络游戏中销售用户虚拟形象，马化腾刚开始并不看好，提出一系列的质疑，内部层级激烈地争吵。QQ秀、QQ会员的系列产品，现在占腾讯总收入来源的70%。

决策矛盾是经常可能遇到的，但处理起来并不算困难。如果一个建议未进行可行性论证，我会要求大家拿出具体的论证与执行方案，实际上，落实到行动方案的时候，问题和机会都会非常明了，也更便于我们做出合理的决策。QQ秀最初立案时就遇到过很多质疑，包括我本人也持怀疑态度，因为在那个时候，虚拟形象还没有商业化的先例，但最终把方案拿出来一看，大家都有信心了。

为了将团队合作精神发扬光大，马化腾在企业内部构筑了通畅的沟通渠道。

从公司高层到中层，再到基层员工，都需要通畅的沟通渠道，同时我们与站在行业前沿的同行和专家也保持着密切的沟通。高层管理团队在各自的专业领域中都有很深的造诣，比如有的人对前沿技术比较敏感，有的人对市场机会的把握更强，有的人更擅长组织变革。团队成员互相影响、互相学习。

4.4 股权

4.4.1 股权的含义

有限责任公司的股东基于缴纳出资享有的权利称为股东权。在公司中，股东享有下列权利：①参加股东会并按照出资比例行使表决权；②选举和被选举为董事会成员、监事会成员；③查阅股东会会议记录和公司财务会计报告，以便监督公司的运营；④按照出资比例分取红利，即股东享有受益权；⑤依法转让出资；⑥优先购买其他股东转让的出资；⑦优先认购公司新增的资本；⑧公司终止后，依法分得公司剩余财产。此外，股东还享有公司章程规定的其他权利。股东同时承担以下义务：①缴纳所认缴的出资；②以其出资额为限对公司承担责任；③公司设立登记后，不得抽回出资；④公司章程规定的其他义务。

通俗点讲，股权代表着一个股东在多大程度上拥有一个公司，同时在法律层面上决定着话语权、决策权和分红权。股权处置不当，可能使本来合作愉快的团队分崩离析。

4.4.2　分配股权的原则

依照公司法，只有以一定形式出资的出资方能享有股东权益。公司法规定，股东一般需使用货币出资，也可以用实物、知识产权、土地使用权等可以用货币估价并可以依法转让的非货币财产作价出资。对作为出资的非货币财产应当评估作价，核实财产。公司法还规定，全体股东的货币出资金额不得低于有限责任公司注册资本的30%。

因此，股权最初的分配一般由团队成员的出资多少决定。然而，在创新创业中，非现金资产（如技术、特定的才能等）对创新型企业的生存和发展至关重要，其重要程度可能远高于现金出资。因此，在实际操作中，有很多灵活变通的办法，可以使得技术和特殊才能的拥有方少拿钱或者不拿钱而占有较多股权比例。

投资人建议的第一个原则是按照对公司的贡献程度来分配股权。谁最重要谁就拿最多股份。如果该公司是产品驱动型团队，工程师和产品经理就应该拿最多股份；如果是服务型，销售团队拿最多股份。也就是说，股权的配置应该有利于团队团结一致把事业做大。如果公司连年亏损或者破产，那么持有再多的股权也没有意义。

第二个重要原则是只拿钱的投资人尽量少占股份，这类投资人在企业战略、市场、内部管理、研发等方面并不做贡献。一个好的解决办法是，将这类投资转换成为债权，由创始人（及其团队）来承担债务，避免股权被过早稀释，从而使创始人团队过早丢掉对企业的控制权。

第三个原则是保留一些空股，为以后的团队发展留足空间。在招募新的关键团队成员时，可以将这些股权以期权的形式分配给这些成员。在硅谷的创新型企业，一般会给外聘CEO 5%～8%、副总0.8%～1.3%的期权。

4.4.3　分配股权时容易犯的错误

（1）持股比例过于平均化

所谓持股比例过于平均，是指公司各股东持股比例相同或相近，没有大小股东之分，其他小股东的股权比例极低的情况。例如，公司两个股东，各占 50% 股权；或者三个股东各 1/3 的股权。这种情况的产生主要是因为创始股东意气用事，或者碍于情面不好多占股权。

这类股权结构可能产生的问题：容易形成股东僵局，无法形成有效的股东会决议；容易激化股东矛盾；容易造成公司控制权与利益索取权的失衡；不利于风险资本融资。

在创始股东难以决定各自占有多少股权的情况下，不妨请教创业成功人士或者创业导师，从他们那里获得指导。

（2）股权过分集中

在一股独大、一股独霸的情况下，董事会、监事会和股东会形同虚设，“内部人控制”问题严重，企业成为“一言堂”，无法摆脱家长式管理模式。在公司经营到规模化、多元化以后，缺乏制衡机制，决策失误的可能性增加，企业承担的风险会随着公司实力的增强而增大。

可能产生的问题：①企业行为很容易与大股东个人行为混同，在一些情况下，股东将承担更多的企业行为产生的不利后果；②大股东因特殊情况暂时无法处理公司事务时，将产生小股东争夺控制权的不利局面，给企业造成的损害无法估量；③大股东容易忽视小股东的利益，小股东的利益容易受到侵害。

（3）股权比例倒挂

实践中经常看到这样的情况，某创新型企业的技术核心同时也是市场销售核心，只占了少量股份，如 20%，而企业的行政和财务负责人却占了 80% 的股份。发生这种情况的原因是在企业注册时，后者拿了注册资金的 80%，前者现金不太充足，只拿了注册资金的 20%。

股权比例倒挂很不利于企业的健康发展。创始人团队中的出资方要大度，在承担大部分出资的同时要认可核心团队的非现金出资价值，多让一些股权给技术和市场核心。同时，团队可以在律师和创业导师的共同指导下，设计一种可以依据情况进行调整的股权结构，同时可以对企业经营中的各项支出预先做出规定，以防范道德风险的发生。

专栏：创业公司该如何设计激励员工的期权池

投资人王浩在优问中的回答谈到了一些关于期权池的基本点，以及该如何设计一个能够较好激励员工的期权池。

员工期权计划（Employee Stock Option Program）是将部分股份提前留出用于激励员工（包括创始人自己、高管、骨干、普通员工）的一种计划，在欧美等国家被认为是驱动初创企业发展必要的关键要素之一。

期权与股权不同，股权代表所有权。期权代表的则是在特定的时间、以特定的价格购买特定所有权的权利，行权之后员工获得的股份是普通股。

期权计划的目的包括：创业初期给不出高薪水的情况下吸引高级人才；补偿管理层及骨干的创业风险；给员工归属感，使员工与股东利益一致；解决长期激励问题，留住人才。

期权池（Option Pool）的设立与大小

硅谷的惯例是预留公司全部股份的10%～20%作为期权池，一般由董事会在期权池规定的限额内决定给哪些员工发放以及发放多少期权，并决定行权价格。但是需要注意一些分配原则：对公司发展越重要、投入程度越深的人分配数额越多。越早加入风险越大，行权价格越低，一般同一批员工的行权价格相同。以管理层和骨干员工为主，也有部分企业实施全员激励。

授予期权的时候要在合同中明确以下具体细节：

第一，期权对应的股份数额，行权价格。一般来说，A轮融资之前的价格都非常低或者免费送，随着公司前景的不断明朗，价格也随之上升。定价的原则是跟授予时的每股公允价值（也即市场上的可参照价值）相对应，同时考虑到对招聘人员的激励作用。

第二，期权计算的起始日（Grant Date），即开始授予期权的时间，一般是从入职当天起计算。

第三，授予（Vesting）的期限，即合同对应的全部期权到手（Vested）的时间，一般为4年。一般来说，期权按月授予，也就是说，每个月到手1/48（以4年为例），到手即意味着可以行权（Exercisable）。

第四，最短生效期（Cliff），一般设定只有员工在公司工作满一定时间，期权的承诺才开始生效，一般是1年。也就是说，如果员工在公司工作不满1年，离职时是不能行权的，而一旦达到1年，期权立即到手1/4，此后每个月另到手1/48，直至离职或全部期权到手。

第五，失效期限（Cut－off Period）。员工离职后，必须在一定的时期内决定是否行使这个购买的权利，通常会设定为180天。

期权的行权（Exercise）

情况一：合同正常执行。此时，员工可按照合同约定的行权价格对已到手的期权（Vested Option）行权，购买不超过到手总额的公司股权。员工只要不离职，该权利将一直有效。

情况二：员工离职。若员工在达到Cliff之后、IPO（上市）之前离职，则一般在期权合同中规定公司有权以约定价格回购该部分期权（称为Call

Right)。可针对不同原因的离职制定不同的 Call Right 条款。回购价格理论上应为回购发生时的公允价值，但也可约定为其他价格，如每股净资产等。

最后需要注意的是，中国公司法框架下股权必须与注册资本对应，因而无法预留股权。灵活的做法有以下 3 例：

第一，创始人代持。设立公司时由创始人多持有部分股权（对应于期权池），公司、创始人、员工三方签订合同，行权时由创始人向员工以约定价格转让。

第二，员工持股公司。员工通过持股公司持有目标公司的股份。可避免员工直接持有公司股权带来的一些不便。

第三，虚拟股票。在公司内部建立特殊的账册，员工按照该账册虚拟出来的股票享有相应的分红或增值权益。

4.5 团队冲突

冲突是指由于认知、利益、目标、需要、价值观、情感等因素的不一致，造成的个人内心矛盾，或者是个人与个人之间、群体与群体之间的对立或者潜在对立。按照冲突的效果，冲突可以分为建设性的冲突和破坏性的冲突。

面对冲突，一般人会有以下 5 种反应：

第一，竞争。冲突各方站在各自的立场上，各不相让，一定要分出高低胜负。竞争有可能会使得冲突升级。

第二，回避。各方都想合作，但既不采取合作性行为，也不采取竞争性行为。“你不找我，我不找你”。采用回避的方式，会耽误更多的工作，积压更多的问题，有可能产生更大的矛盾。

第三，迁就。团队冲突中的一方高度合作，遇到冲突就听从对方，一味迁就。这种方式暂时搁置了问题，却无益于组织发展。

第四，妥协。冲突双方都“你让三分，我让三分”，双方都让出一部分要求和利益，同时又保存了一部分要求和利益。通过妥协可以降低时间成本，快速解决冲突，但不能真正利用冲突来改善组织发展。

第五，合作。冲突双方高度合作，共同寻找冲突的根源，并建立机制避免冲突转向破坏性冲突。冲突还有利于提高决策质量。

创业团队不需要回避、迁就和妥协。冲突通常是驱动变革的动力。通过合作和对冲突的有效管理能够提升团队绩效。从一定意义上讲，冲突是绩优企业的生命之源。在战略的制定和执行上存在的争端、异议以及不同的观点，通常都能给企业增添活力，带来改变，促进创新，并有助于形成团结一致的团队。

冲突的来源有三方面：沟通不良、个体的认知差异和情感因素。针对不同来源的冲突，创业领导人要采用不同的冲突管理办法。创业领导人要建立有效的沟通渠道，鼓励因为个体认知差异而产生的认知冲突，引导这些冲突以合作的方式解决。对于情感冲突，创业领导人则要做好冲突各方的思想工作，说服冲突各方合作和对话来解决问题。只要处理得当，冲突就能够带来更多革新，帮助巩固组织内部的关系，帮助组建有效的团队。如果管理不当，没有实现“双赢”，就可能对团队带来不利影响，危害到团队成员相互之间的尊敬和信任，以及之前达成的一致和他们的工作努力程度。

专栏：有效管理冲突的技巧

化敌为友

解决冲突的关键，就是与对方结成或重新结成联盟。与对方结成联盟并不意味着你要喜欢他这个人，你需要的仅仅是一个共同的目标，即你们双方都愿意为之努力的目标。把对方当朋友而不是敌人那样对待，在相互尊敬、积极关注和协同合作的基础上建立双方关系。领导者必须学会就事论事，真心实意地帮助对方，避免在遭受攻击或者情绪紧张的情况下做出消极反应。

对话协商

无论何时都要确保双方的交流是与议题相关的，集中关注积极的结果，并时刻记住大家的共同目标。一定要避免产生敌意和咄咄逼人的情绪。下一步就是协商，即在对话的基础上进行商榷。交谈、对话和协商是一种真实、投入和富有成效的双向沟通。我们需要全力调动身体、情绪、智力以及精神上的能量来进行沟通。

打开天窗说亮话

如果大家都藏着掖着，就只能把想说的话烂在肚子里。相反，如果大家把问题拿到台面上摊开来讨论，就能够从中理清头绪，并找到一个对大家都有利的解决途径。切记绝不可为此让对方颜面尽失！我们既要直截了当，又要设身处地、彬彬有礼地照顾对方的尊严。

此外，时机也至关重要。在某位资深同事赶飞机时进行“发难”，显然是不合时宜的。我们可以考虑暂时把问题压下，但并不是因为企图回避冲突。选择恰当的时间和环境也是有效管理冲突战略的重要组成部分。

追根溯源

要以对话方式解决冲突，首先要了解冲突产生的根源。目标、利益和价值观的不同是导致冲突产生的几大常见原因。对待相同的问题不同的人可能有不同的看法。有人会说：“这是质量管理的问题。”有人又会说：“这是生产的问题。”

沟通方式上也存在着不同。权力、地位、竞争、不安全感、抵抗变革的思想以及岗位职责不明确等都有可能导致冲突。盲目自大的人，例如那些喜欢通过操纵他人以确立自身权威地位的领导，通常都是冲突的制造者。判断冲突是否与利益或需求有关是非常重要的。利益是比较表象和暂时性的，例如土地、金钱或工作等；而需求则更为基本且不可妥协，例如身份、安全感和尊严等。许多冲突看起来是利益之争，实际上却是与需求密切相关的。例如，某人没有获得晋升的机会，他看起来可能是在为薪水没有提高而沮丧，但他真正的痛苦可能来自尊严受损或地位丧失。

互惠互利

互惠互利是合作的基础。只有付出了，才可能得到回报。付出并得到回报是人与生俱来的、根深蒂固的思维方式。研究人员在人类的大脑中发现了镜像神经元，表明我们的中枢边缘系统（支配感性思维）能够在体内形成对他人的意图和感觉的映射体验。相互交流和内适应使得双方都能够体验到对方的内心状态。因此，在解决争端的过程中，通过控制自己用语言或肢体表达出来的意思，可以对对方的感觉和观点感同身受。这种意识能够让你在恰当的时机做出恰当的让步。一旦你做出了某种让步，对方也很可能做出同样的反应。而且当你发现对方做出了让步之后，也会跟着做出让步。

建立积极的合作关系

一旦关系确立，在沿着目标前进的过程中都必须小心呵护。我们需要做到理性与感性的平衡，因为包括愤怒、恐惧、挫折感甚至爱在内的情感都有可能打乱原本考虑周全的计划，而这肯定不是我们想要的结果。

我们需要了解对方的观点，无论我们同意与否。越是尽力做到求同存异，就越能更好地了解对方所关注的重点，从而有更大的机会在双方都可接受的基础上达成一致。最牢固的关系是建立在“无条件积极关注”上的。

我们都可以通过学习来掌握如何在表示拒绝或与对方持不同观点的情况下，通过沟通来接受他人。感到被接受、价值被认可是人们基本的心理需求。

冲突无处不在。然而，冲突也可以给企业和个人带来积极的影响，而且冲突管理的技巧也是可以通过学习获得的。成功的领导者运用上面六大技巧来有效应对冲突。再大的冲突也能通过合作、对话和协商的方式解决。

推荐书目

科里·帕特森等著:《关键对话》,机械工业出版社,2012 年版。

行动学习指引

A　小组讨论

对创新型初创企业来说,哪种团队类型更加有效?为什么?请举例说明。

B　采编创业故事

选择一个创新型企业,对创业团队进行采访,将其真实的创业故事呈现出来,分析创始人的创业动机、创始人及其团队的特质。采访之前,请想办法了解该创业者所创办企业的情况。

本书建议行动学习小组与该企业创始人团队建立良好的关系,行动学习小组应尝试利用自己所学给该企业带来实际帮助。

在本书的后续章节中,我们称此企业为"友好企业"。

C　反思和执行

自从自己的学习团队形成之后,团队产生了哪些冲突?哪些有利于改善团队绩效?哪些则相反?如何进一步改善团队的合作?

用本章学习的知识分析"友好企业"的创业团队,并为其团队的发展提出建议。

第 5 章　创新型企业

创新已经取代了价格成为竞争的主要规则。公司将创新作为武器，构建起竞争优势，最大限度地减少竞争的不确定性，获得可持续的增长。

——威廉·鲍莫尔

公司已经无处不在。我们的财富来源、创业理想、衣食住行、情感寄托、人际交往，都与公司这个组织有着千丝万缕的联系。公司让人爱恨交织。公司一方面将一切明码标价，是千夫所指的商业化祸首，另一方面又是大量新知识新技术的创造者，是科技创新和文化再造的助推器。

——纪录片《公司的力量》

学习目标：

☞ 了解创新型企业的内涵及其特征
☞ 理解创新型企业的成长逻辑
☞ 理解高成长企业的动力源
☞ 了解高成长企业的主要经验
☞ 了解“公司”这一企业组织形式

5.1　创新型企业概述

5.1.1　创新型企业的内涵

创新型企业是以不断创新为指导思想，积累、应用、重组企业内外部一切资源来不断进行各种创新，成功抓住或应对环境变化带来的机遇和挑战，从而创造出新的价值，以获得生存与发展的企业。从这个定义看出，创新型企业有如下内涵：

第一，创新型企业可以是任何规模或性质的企业；

第二，创新型企业可以是进行任何一项或多项创新的企业；

第三，创新型企业的核心能力是创新能力；

第四，创新型企业的创新是以创新思想的产生为前提的；

第五，创新的成功实现需要更多的特殊资源及这些资源的重新组合；

第六，创新型企业通过创新创造新价值，从而促进企业更好地生存和成长；

第七，创新型企业成长过程是与环境互动并一次又一次适应环境的过程。

也有学者认为，创新型企业特指那些以不断创新的观念和组织文化为指导，以良好的组织创新活动为支撑，以自主研发或消化、吸收、再创新为手段，以创新成果的转化利用为创新目标，以不断创新作为激发企业持续发展核心竞争力的新型企业。创新型企业一般拥有自主知识产权的核心技术、知名品牌，具有良好的创新管理和文化，整体技术水平在同行业居于先进地位，在市场竞争中具有优势和持续发展能力的企业。创新型企业以创新作为企业发展的动力，将各种主要由发明、创造带来的新的生产要素或其组合运用到实际经营过程中去，通过整合企业内部和外部的资源，实现技术及战略、文化、制度、市场与流程等全面协同创新，以掌握核心技术和拥有自主知识产权为手段获取竞争优势，最终实现企业的经营目的，并间接为客户创造价值。

5.1.2 创新型企业的特征

创新型企业具有如下特点。

柔性：创新型企业能够在战略、组织和生产三个层次融合环境资源、持续系统整合内外资源以应对环境变化。不同的市场条件和创新方式，要求的企业组织结构是不同的。对于刚出现的市场，新技术、创新、灵活性至关重要，而对于成熟的市场，成本、效率、渐进式创新则至关重要。因此，需要动态的框架保证组织柔性，以协调满足当前的经营需要与着手进行未来创新之间的矛盾。

弹性边界：企业创新行为的核心刚性作用和内外部的约束使企业存在一定的、相对稳定的边界和规模，但企业的创新可以打破原有边界，形成新的企业边界。

多元性：创新型企业的组织可依据企业情况搭建多元的组织结构以满足创新的需要。

持续性：创新型企业要应对不断变化的、不确定的市场环境，在技术与非技术活动的许多环节不断创新，以实现企业的持续创新。

动态性：企业创新的动力源于各种驱动因素，不同的企业创新运作方式也表现为不同的创新过程与发展趋势，因此企业创新具有动态性。

价值型：创新型企业的活动紧紧围绕寻找创新源、发现价值、实现创新价值这一目标展开。

突破性：创新型企业的特点就是实现突破式成长，强调对所谓的企业成功管理范式的打破以及突破组织惰性、文化惰性等管理陷阱。

集成性：创新型企业不断寻找各种资源要素优化组合的方式，融技术与制度创新于一体，实现系统整体功能最优化运作新模式。

表 5－1　传统型企业与创新型企业的区别

比较视角	传统企业	创新型企业
专门技能	体现在产品中	体现在任何过程和任何环节中
过程	大批量的生产。强调可重复的程序、可替代的零件和标准的制作定位，以便有效地制造公司确定的大批量供给物	模块定制和柔性制造。由模块生产能力产生的模块产品和服务，而模块能力与创造对客户确定需求作出定制反应相联系
组织重点	效率和可预测性。通过准确地预测市场需求变化，以及计划低成本的供给物生产掌握公司的命运	组织学习和组织整合，提高组织的学习能力和知识创造能力，高度扁平化的组织结构与灵活的组织反应相结合
利润焦点	产品边际利润和规模经济利润。尽可能多地制造和销售同样的东西，以降低单位生产成本	投资和范围经济回报同高效的资产利用并存
运行和治理机制	功能和顺序行动。由特定的计划人员集中计划和后续工作	网络与立体行动。在共同的企业愿景下动态地形成团队分散决策
信息构建	功能管理和最优化	基本信息管理

专栏：创新型企业的十大特征

英国学者弗里曼（Christopher Freeman）列举了创新型企业的十大特征：

（1）企业内部研究与开发能力相当强；

（2）从事基础研究或相近的研究；

（3）利用专利保护自己；

（4）企业规模足够大，能长期高额资助 R&D；

（5）研制周期比竞争对手短；

（6）愿意冒险；

（7）较早且富于想象地确定一个潜在市场；

（8）关注潜在市场，努力培养、帮助用户；

（9）有着高效的协调研究与开发、生产和销售的企业家精神；

（10）与客户和科学界保持密切联系。

5.2 创新型企业的类型

在第一章中，我们谈到三类创新：产品创新、管理创新和商业模式创新。这种分类方法是按照创新的维度划分，但依据这三种创新类型并不能对创新型企业进行有效分类，因为大多数创新型企业均在产品方面进行创新，同时，还不断进行管理创新和商业模式创新。刘立依据创新型企业创新的动力源将创新型企业划分为如下三种（2006）。

5.2.1 技术导入型

技术导入型主要强调企业技术创新的诱导作用。企业创新的源泉主要是技术，例如，产品创新，企业利用产品升级换代和转型来满足客户的更多需求。技术导入体现了企业突破性成长的特点，从而形成突破式发展，进入新的企业成长阶段。技术导入型的创新型企业能够实施并完成技术创新行为，进而增强自身竞争力。

技术导入型创新型企业具有较强的技术创新动力。在此类企业中，由于专有人力资本居于核心地位，所以创业者能够凭借技术创新能力，在市场上居于相对垄断地位，并在相当长的时期内保持优势，获得超额经济利润。

5.2.2 战略价值导向型

战略价值导向型创新企业指企业高层管理者对企业成长的推动，创新源侧重于企业的管理，特别是高层管理，从而引起企业战略的变更，并带来结构的调整和文化的变迁，推动企业成长。战略价值导向型和企业内源发展相对应，是企业内部主动寻求创新成长的动力，确立创新型企业成长战略的愿景。战略管理的合理与否是企业能否稳定成长的基础和保证，而战略管理的效果取决于企业能否制定符合社会、经济环境发展要求且得到企业能力支撑的目标体系。

5.2.3　市场压力引导型

这类企业创新的动力源来自企业外部环境和市场竞争压力。同行业企业为了保持市场份额、获得超额利润率，就要不断改进工艺流程以降低单位成本，或者开发新产品以提升客户满意度。在市场经济条件下，这是企业创新的重要而持续的源泉。

市场导向体现的是创新型企业的外部动力源对企业成长的引导，不同企业开展的活动并不完全相同。根据这些活动的性质差异，企业可以分成两种不同的市场导向类型，分别是反应式市场导向和先导式市场导向。反应式市场导向指企业的活动与过程是针对市场已经显露出来的需要及变化，简单地跟着市场走。然而，采取这种市场导向的企业往往会忽略来自其他行业的竞争，对市场新需求认识不足，因此容易失去新的市场机会；先导式市场导向则通过挖掘潜在需求来创造新顾客、创立新市场。这类企业的活动往往具有前瞻性，更容易成为行业的领导者。但是，这类企业承担的风险较大，为创新付出的成本较高，单纯的先导式市场导向企业的盈利能力往往受到限制。创新型企业既具有反应式市场导向的专注，又具有先导式市场导向的开拓精神，既注重经营已有的产品项目，又注重新产品的开发与研制。

5.3　创新型企业的成长

5.3.1　创新型企业成长的维度

创新型企业的成长包括量和质两个方面的成长。创新型企业成长的维度如图 5 -1 所示。

创新型企业质的成长核心是创新带来的企业各种能力、人员素质和企业文化的提升，表现为创新对经营资源的整合促进资源配置效率的提高，并最终体现为企业整体素质的提高。量的成长是企业或组织规模的扩张，表现为创新引起的生产能力的提高及随之发生的销售额增加、利润额和企业人员的增加以及对利润的贡献率增加，它是企业成长得以量化和最直接的表现形式，往往成为企业经营者追求的直接目标。但是，企业在某一特定阶段也会出现质与量矛盾的情况。“大而弱”即是一个常见现象。企业往往在量上获得高速成长的同时，忽视或限制了企业质的成长，这也是大多数企业不能获得长期、持续成长的一个重要原因。因此，“质”的成长是更为本质的成长。创新型企业质的成长是通过创造性的破坏，推动企业从低级向高级发展。在这

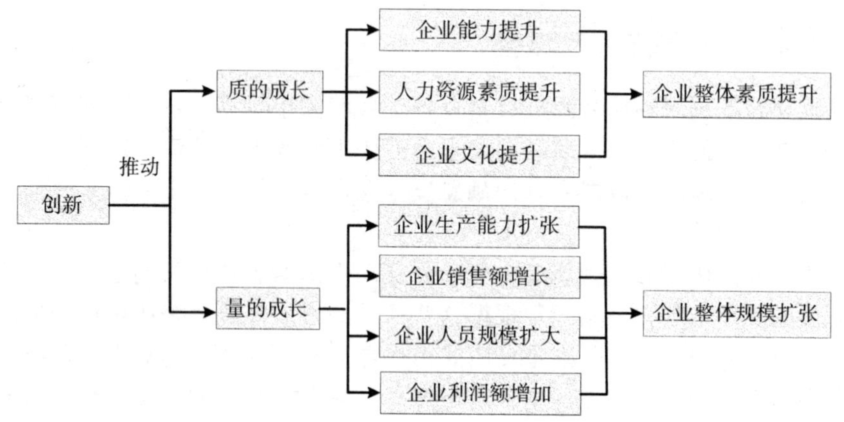

图 5－1　创新型企业成长的维度

里，创新型企业成长更深层面上体现在企业的创新性成长上，它反映创新型企业利用内外部资源，通过不断创新，实现企业从小到大、由弱到强的发展过程。

5.3.2　创业型企业持续成长的逻辑

创新是创新型企业生存与发展的前提，创新型企业在剧烈变化的环境中，基于各种资源的积累，通过创新来满足顾客需求，并协调社会发展和适应企业生态，从而完成价值创造，并实现企业成长。其持续成长的逻辑如图 5－2 所示。

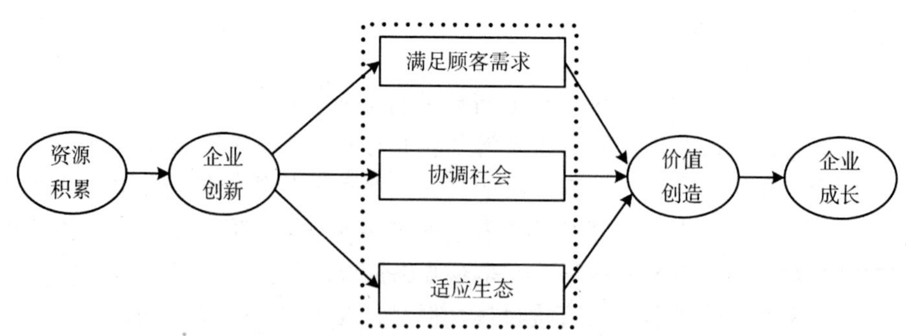

图 5－2　创新型企业成长的逻辑

推动创新型企业持续成长的创新需要满足如下几个条件。

（1）创新能够更好地满足顾客需求

企业的创新产品能够满足当前及不断变化理念下的消费者需求。经济的高速发展和社会的不断进步时刻影响着人们的生活，消费者对于各类创新产品的偏好也会随之快速改变，从而造成企业产品或服务的需求市场发生变化。因此，能够持续成长的创新型企业必然能满足不断变化的顾客需求。

（2）与社会发展相协调

创新型企业的成长必须注重企业存在的社会价值，实现企业与社会的持续协调发展。与社会文化不相容、违背传统道德的企业不可能实现持久的生存和发展。因此，企业行为以及企业的创新产品要符合社会发展的主题以及文化习惯的要求，体现人们的生活理念和价值观念。同时，创新型企业的一切创新行为和结果都应遵循公平、诚信的原则，即不损害同行业企业以及社会公众等其他组织或个体发展的机会。

（3）与生态环境相适应

创新型企业的成长能够与生态环境相适应。节能环保是新时代对企业提出的要求，很多企业在此取得的良好成效无疑证明了企业与生态和谐发展具有良好的前景。因此，即使能够获取很高的经济效益、满足人们不断变化的产品需求、适应社会文化，但高耗能和高污染的企业也是不会被环境所长期接受的。企业对环境的破坏不仅会影响其他个体的“生存”，同时还会限制企业自身的未来发展。因此，创新型企业的创新过程以及产品都应与自然环境相协调，即“不损害子孙、后代满足其自身需求的能力”。当前国外学者提出的“蓝色经济”模式就是强调向自然学习，利用自然规律进行创新。

5.3.3 创新型企业成长的特征

（1）高风险性

创新是对未知目标、事件的先行尝试与探索，失败的概率较高。无论是在思想观念上的变化，还是在管理模式、组织结构、技术、营销等方面的改进，每一项创新都存在较大程度的风险。

（2）高期望收益

从创新的性质上看，高风险的创新活动也意味着前所未有的机会和收益，取得意想不到的成效。同时，创新会带来成本的节约、资源的有效利用、市场的扩大、顾客的增多，从而使企业的收益增加并带来新的效益。因此，创新型企业的成长是伴随着不断取得超常收益的过程。

（3）自觉

创新型企业的成长具有更多的自主性，管理者和员工往往具有很高的工作热情和积极性，追求自我价值的实现，因而他们具有很强的创业、创新意愿。具体表现为：自主的创新能力，拥有自主知识产权或自主品牌，自觉地适应或改变环境，自觉地进行管理、组织上的革新，自觉地开辟新的市场。

（4）跳跃性

创新的内容时常具有突破性和超乎常规的特征，因此创新型企业的管理、人力资源、文化等因素也时常发生较大的变动，使企业整体成长呈现跳跃性的特征。表现在以下 5 个方面：①发展理念的跳跃性；②管理方式的跳跃性；③产品特征的跳跃性；④成长速度的跳跃性；⑤企业收益的跳跃性。

专栏：高增长企业的基因

找对阳光产业并不是企业能够实现高增长的主要因素。全球最大食用菌企业——上海雪榕生物副总裁王向东表示，“再差的行业也有优秀的企业，我认为成功最关键的是战略，因为技术和资本都可以从外部获得。”据其介绍，食用菌产业已是一片红海，年增速仅 13% 左右，但雪榕从事的食用菌工业化生产在中国却是方兴未艾，该细分产业每年都有 30% 以上的成长，雪榕更是取得优于行业的增长业绩。

李若山亦指出，选准行业是比较重要，但他更看重商业模式，“行业总是存在需求的，关键你能否（像苹果的乔布斯那样）做出让大家尖叫的东西，所以我特别强调商业模式”。他总结了高增长企业应具备的四个基因：商业模式、战略定位、公司治理结构，以及企业文化和创业团队。“如果这四个基因没有太大的欠缺，商业模式不错、战略定位比较准确、企业文化可以、治理结构和内控达到要求，我们就会认为这是一个比较具有发展潜力的企业，”他表示。

而独特的商业模式往往意味着创新和发掘新的细分市场。例如，格瓦拉从网上订电影票开始，在娱乐生活电子商务领域打下一片天地；而江苏汇通达公司从农村乡镇市场找到家电供应链服务的商机，2013 年营业收入可达 40 多亿元人民币。四川中自尾气净化公司市场总监陈浩表示，在经济减速的大环境下，该公司通过加大技术研发投入，增强企业创新能力，从而为企业的持续高增长奠定基础。中自尾气净化本次入选德勤 50 强，位列第 13 名，其近三年营业收入累计增速为行业均值的 10 倍。

5.4　高成长公司的动力源和经验

创新型企业可以跳跃性成长，增长速度快得出人意料。我们先通过一个案例来了解典型的快速成长企业。

案例：Facebook 的快速成长

Facebook 是一个社交网络服务网站，于 2004 年 2 月 4 日上线。自上线之日起，Facebook 用户就在不断飙升，创造了一个接一个的奇迹。Facebook 创始人马克·扎克伯格，这位世界上最年轻的亿万富翁，本身也是一个奇迹。2011 年 2 月 2 日，年仅 27 岁的扎克伯格终于选择向美国证监会递交了上市申请，50 亿美元的募资额创下了近年来科技公司 IPO 的融资纪录。

时年 23 岁的马克·扎克伯格是一名哈佛大学的辍学生，在上哈佛的第二年，他侵入了学校的一个数据库，将学生的照片拿来用在自己设计的网站上，供同班同学彼此评估自己的吸引力。黑客事件之后不久，扎克伯格就和两位室友一起，在 2004 年 2 月用一个星期写网站程序，建立了一个为哈佛同学提供互相联系平台的网站，命名为 Facebook。月底的时候，半数以上的哈佛本科生已经成为注册用户。

最初创业时，扎克伯格历经艰辛。扎克伯格和工程师们先后在帕洛阿尔一系列转租来的地方工作，在摇摇欲散的家具上编写程序，开会讨论。“我们的钱一直很紧张。”扎克伯格笑着回忆，“我们通过 Craigslist 买了一辆二手车。开那车根本不需要钥匙，直接点火就行。”

在 Facebook 创建后不久，扎克伯格的两位朋友加入进来，帮助推广网站，将 Facebook 扩展到麻省理工学院、波士顿大学和波士顿学院。Facebook 扩展一直持续到 2004 年 4 月，包括了所有长春藤院校和其他一些学校。之后的一个月，扎克伯格等人搬到加利福尼亚州（硅谷的发源地）继续 Facebook 的发展。同年，Facebook 获得了 PayPal 创始人 Peter Thiel 提供的约 50 万美元的天使投资。2004 年 12 月，Facebook 的用户数超过 100 万。2005 年 5 月，Facebook 获得 Accel Partners 公司（美国著名风险投资公司）的 1270 万美元风险投资。

虽然 Facebook 最初被定位为需要邀请才能加入的社区，仅 15 天以后，大部分高中的网络不需要密码也可以加入了（Facebook 账户还是需要的）。到 10 月，Facebook 已经扩展到大部分美国和加拿大的规模更小的大学和学院。除此之外，还扩展到英国的21所大学、墨西哥的ITESM、波多黎各大学及维尔京群岛大学。2006年2月27日，应用户要求，Facebook允许大学生把高中生加为朋友。同年4月，Peter Thiel、Greylock Partners和Meritech Capital Partners额外投资了2500万美元。Facebook增加了更多提高收入的功能，和苹果iTunes的合作推广活动中，加入“苹果学生小组”的用户可以在9月10日之前每周下载25首单曲。这个推广活动的目的是让学生们在秋季学期开学前对苹果和Facebook的服务更熟悉和喜爱。

2006年9月11日，Facebook对所有互联网用户开放。2007年5月10日，Facebook宣布了一个提供免费分类广告的计划，直接和其他分类广告站点，如Craigslist竞争。这个被称为“Facebook市场”的功能，于2007年5月14日上线。2007年5月24日，Facebook推出应用编程接口（API）。通过这个API，第三方软件开发者可以开发在Facebook网站运行的应用程序。这被称为Facebook开放平台。2007年7月，Facebook完成了第一次对其他公司的收购，从Blake Ross和Joe Hewitt手中收购了Parakey。

2009年，美国网络流量调查单位Compete公布的数据显示，Facebook一个月的美国国内用户访问数达到6850万，比起对手MySpace的5850万高出将近20%；而Facebook CEO马克·扎克伯格在官方博客上宣称，一个月该网站的全球用户人数已达1.5亿，其中近一半每天都在使用Facebook，扎克伯格称，Facebook的用户人数已经覆盖全球各大洲。Facebook的注册用户中有一半的人每天都会访问网站。ComScore统计了网站每天的访问量，结果是比注册用户的人数还多。Facebook的用户在网站停留的时长也超过了雅虎(1.16亿和1.01亿)，同样的，其用户在网站停留的平均时长也超过了雅虎(Facebook为每月274分钟)。

市场调查公司Compete的统计表明，2010年1月Facebook的独立IP访问量为1.34亿，而Yahoo则为1.32亿，Facebook已经超越Yahoo成为美国第二大网站，仅次于位于第一的Google。2012年5月18日，Facebook正式在美国纳斯达克证券交易所上市。2012年6月，Facebook称将涉足在线支付领域。

人们总是戏称扎克伯格为“哈佛的辍学生”，就像称呼比尔·盖茨一样。但他却说：“我非常尊敬比尔·盖茨，但我为什么一定要成为他呢？他靠的是Windows和Office，而我的平台是更广阔的互联网。”

“他就好像被编程过度的机器人一样。”这是扎克伯格在朋友心中的形象。有时候说话像是个从遥远星球来的人，声音充满了距离感。有时候他的语调又充满了傲慢和轻视，有种屈尊俯就的感觉。连扎克伯格自己都承认，自己就是个“怪人”。

扎克伯格经典语录如下：

1）开设一家像 Facebook 这样的公司，或是开发一款像 Facebook 这样的产品，需要决心和信念。所有值得做的事都是十分困难的。

2）专注于与所爱的人建立良好关系，没有人能够一臂擎天。伟大的友谊令生活富有乐趣和意义。

3）不能靠一时的灵感或才华，而是需要一年又一年的实践和努力。凡是了不起的事情都需要大量的努力。

4）如果做你所爱的事，在逆境中依然有力量。而当你从事喜爱的工作时，专注于挑战要容易得多。

5）我要做很多类似的决定，而且要靠直觉判断。我一直努力以最学术的态度去谨慎思考不同方式所能产生的不同结果，但多数时候，你必须先确定目标，知道你要什么，然后为了更好地实现这一目标而努力。

5.4.1　快速成长的动力源

（1）行业增速

快速成长的行业并不是必备条件，然而扎堆的成长企业似乎说明，在这些高速成长的行业里，实现企业快速成长更加理所当然。

（2）原动力：团队的企图心

团队的企图心是快速成长企业的原动力。对于那些连续创业者来说，快速成长是其企业经营管理的最重要目标。

（3）推动力：风险资本

如果一家企业被风险投资家选中，那么，企业将被推上一个快车道。有创业者曾言道：风险资本是天使，又像魔鬼。

专栏：高成长公司扎堆三行业　半数公司主业增四成

营业总收入是指企业在销售商品、提供劳务以及让渡资产使用权等日常活动中所形成的经济利益的总流入，能较好地反映公司的经营情况，持续的营业总收入增长可以较好地反映公司或行业的成长性。《证券日报》市场研究中心对已公布 2011 年年报的 605 家公司进行统计，结果显示上述公司去年合计实现营业总收入 28945.27 亿元，较 2010 年同比增长 28.10%，过去三年复合增长率达 79.16%。其中，有 236 家公司 2011 年实现营业总收入三年连续增长，占比 39.01%，统计显示，三类行业中营业总收入持续 3 年增长的公司占比最高，分别是信息服务、医药生物和金融服务，占比均在 50% 以上。信息服务行业逾七成公司主营收入连续 3 年增长，主营总收入三年复合增长率超过 200% 的有 6 家。医药生物行业近六成公司主营收入连续 3 年增长，主营总收入三年复合增长率超过 200% 的有 4 家。金融服务行业逾五成公司主营收入连续 3 年增长，主营总收入三年复合增长率超过 200% 的有：渤海租赁（350.77%）、安信信托（285.29%）。

5.4.2 快速成长公司的重要经验

美国考夫曼国家创业研究中心调查了 906 家高成长公司，总结出高成长公司的实践经验如下：

（1）市场营销经验

提供高品质的产品和服务以扩大细分市场。

开发和提供新型产品和服务，使之在同类产品市场中成为佼佼者。

提供高附加值的产品和服务，使其可以按市场平均价或高于市场价平均定价。

现有产品和服务产生的收入一般占目前收入的 90% 左右，新产品和新服务产生的收入一般每年增长 20% 左右。

现有客户实现的收入保持在持续收入的 80% 左右，新客户群创造的收入一般每年扩张 30% 左右。

开发有重大影响的、改良的新产品和服务，研发费用一般不超过年收入的 6%。

建立一支高收益的销售队伍，其费用一般占营销费用的 60%。

通过补充分销渠道，快速开发的产品和服务的广阔销售平台，以扩大公司营销的地理范围。

（2）财务经验

制订多回合的融资计划（平均每 2.5 年进行一次融资）。

确保有潜力来大量增加投资金额的融资源。

利用财务工具保持创业者的投票控制权。

选择性地发放职工股，以保持对公司的控制。

将创业者的长期目标与商业计划中规定的退出战略联系起来。

（3）管理经验

采用高层管理团队联合决策方式。

通过组建平衡型高层管理团队来加速组织发展，最高层管理团队中的成员可以是以前有过合作的，也可以是没有合作过的。

组建一个 3 ~6 人的高层管理团队，这些人具有成为企业中二次创业者的能力。根据高层团队的人数调整管理层级。

在财务、营销和营运这些职能部门建立创业竞争力。组建平衡型董事会，既包括内部董事，也包括外部董事。

定期召开董事会会议，不断调整战略。

让董事会积极参与制定具有战略转折意义的决策。

（4）计划经验

准备最近 12 ~24 个月的详细月计划和 3 年及 3 年以上的年度计划。

建立职能规划和控制系统。使之能够将公司的规划与实际表现结合起来，并相应地调整管理者的报酬。

定期与雇员分享与商业计划直接相关的计划数据和实际业绩数据。

将由管理层和雇员联合设定的工作绩效考评标准与商业计划联系起来。

根据超出行业标准、胜出竞争对手和行业领导者的标准预先制定公司运作模式。

5.5　公司：创新企业的组织形式

创新型企业承载着创业团队的梦想而生，创业者需要为企业确定一种组织形式，使其被赋予“法律人格”。公司是一种出资者按出资额承担有限责任的法人，可以承载团队的梦想。

5.5.1　公司的类别

公司包括两种：有限责任公司和股份有限公司。

有限责任公司指不通过发行股票，而由为数不多的股东集资组建的公司（一般由 2 人以上 50 人以下股东共同出资设立），其资本无须划分为等额股份，股东在出让股权时受到一定的限制。在有限责任公司中，董事和高层经理人员往往具有股东身份，使所有权和管理权的分离程度不如股份有限公司高。有限责任公司的财务状况不必向社会披露，公司的设立和解散程序比较简单，管理机构也比较简单，比较适合中小型企业。

股份有限公司全部注册资本由等额股份构成并通过发行股票（或股权证）筹集资本，公司以其全部资产对公司债务承担有限责任的企业法人。其主要特征是：公司的资本总额平分为金额相等的股份；股东以其认购股份对公司承担有限责任，公司以其全部资产对公司债务承担责任；每一股有一表决权，股东以其持有的股份，享受权利，承担义务。

初创的创新型企业大多采用有限责任公司的形式，待企业发展到一定的规模，经过一定的法律程序改组为股份有限公司。

5.5.2 公司作为组织形式的优点与缺点

选择公司而不是合伙企业作为创新型企业的组织形式，具有如下优点。

第一，理论上讲，公司可以具有无限寿命。企业所有者只凭借股票（股份）表明其对企业的所有权，不会因某个股东的去世、破产或抽资而影响企业的经营。具有无限寿命使公司能够独立进行战略规划，建立与外界的长期合作联系，减少了公司的经营风险，为公司在资本市场中融资和在产品市场中建立战略联盟打下了良好的基础，企业经营具有稳定性。

第二，股东的有限责任。公司股东只以其出资额为限承担责任，如果公司破产，股东最多亏损掉其对公司的全部出资额，而无须负担额外的债务。这种模式提高了股东的投资积极性，更有利于公司吸收投资。

第三，所有权的流动性强。在公司制制度下，所有者对企业的所有权被划分成股份（股票）。有限责任公司股东之间可以相互转让其全部出资或者部分出资，股东向股东以外的人转让其出资时，经全体股东过半数股权同意即可，不同意转让的股东应当购买该转让的出资，如果不购买该转让的出资，视为同意转让。企业所有者可以通过股份的转让实现所有权的转让，同时不影响公司经营。

第四，资本市场的优越地位。由于公司制企业的无限寿命和所有权的流动性，它对市场上的债权人和权益投资者都有较大的吸引力，在市场上发行证券筹集资本较容易。有限责任公司需要额外资本时，可以通过增发股份的方式筹资，这样便于接纳更多的成员，具有更大的开放性。同样，有限责任公司的全部或部分资产的转让，也比较容易。

相比合伙企业而言，公司组织形式具有如下缺点：

1）双重征税问题。由于公司是一个法人，在分配红利之前，需先缴纳企业所得税。股东分得红利时还需缴纳个人所得税。而合伙企业和独资企业就不存在这样的问题。

2）由于所有权和经营权分离，在所有者和经营者之间存在着“委托—代理”问题，企业所有者需要想办法激励经营者努力工作。

尽管有着些许缺点，但公司是适于创新型企业发展的组织形式，是创新创业者及其团队实现梦想的载体。

5.5.3　公司的注册流程

公司的注册有十个步骤，如图 5－3 所示。

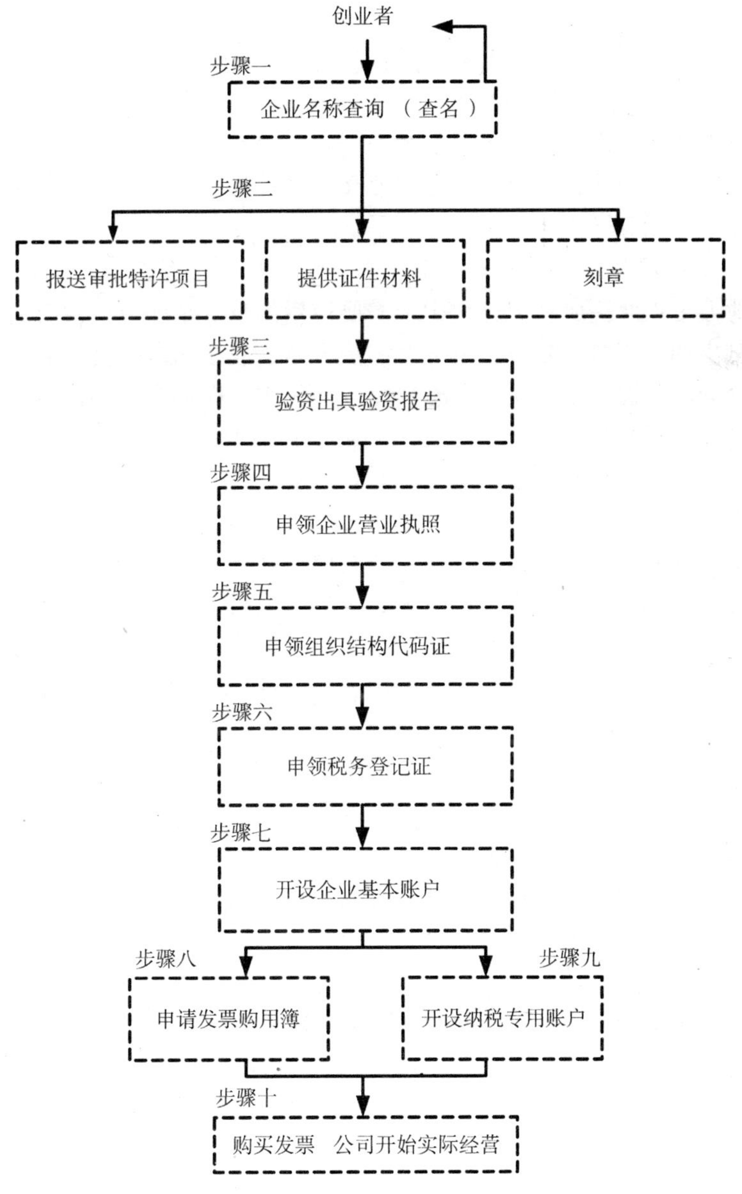

图 5－3　公司注册登记开办流程

步骤一：企业名称查询（三个工作日）。

申办人提供法人和股东的身份证复印件（或身份证上姓名）、公司名称，写明经营范围，出资比例。

步骤二：(时间根据实际情况而定)。

(1) 提供证件材料

申办人提供一个法人代表和全体股东的身份证各一份，以及相应的材料。

(2) 报送审批特许项目

如有特殊经营许可项目还需相关部门报审盖章，根据行业情况及相应部门规定不同，分为前置审批和后置审批（特种许可项目涉及卫防、消防、治安、环保、科委等)。

(3) 刻章并编写“公司章程”

企业办理工商注册登记过程中，需要使用图章，企业可以在具有资质的刻章店刻出如下印章：公章、财务章、法人章、股东名章、公司名称章以及必要的合同章，发票章等。“公司章程”的样本可以在工商局网站下载，根据自己拟办公司实际情况修改并由所有股东签名后交工商局。

步骤三：去银行开立公司验资户，由会计师事务所验资并出具验资报告。

带上公司章程、工商局发的名称核准通知、法人代表的私章、身份证、用于验资的钱、会计师事务所已盖章的空白询征函，到银行开立公司验资账户，各股东按出资比例向此账户中缴足钱款。银行会发给每个股东缴款单并在询征函上盖章。拿着银行出具的股东缴款单、银行盖章后的询征函，以及公司章程、核名通知、房租合同、房产证复印件，到会计师事务所办理验资报告。

步骤四：申领公司营业执照（三个工作日）。

填写公司设立登记的各种表格，包括设立登记申请表、股东（发起人）名单、董事经理监理情况、法人代表登记表、指定代表或委托代理人登记表，连同名称核准通知、公司章程、房租合同、房产证复印件、验资报告一起交给工商局，工商局经过企业提交材料进行审查，确定符合企业登记申请，经工商行政管理局核定，即发放工商企业营业执照。

步骤五：申办组织机构代码证（两个工作日）。

公司提出申请，由中华人民工和国国家质量监督检验检疫总局审定签发。技术监督局会首先发一个预先受理代码证明文件，凭这个文件可以办理后面的税务登记证、银行基本户开户手续。

步骤六：申领税务登记证（三个工作日）。

办理税务应提供的材料：经营场所租房协复印件；所租房屋的房产证复

印件；固定电话；通信地址。如新公司需领取增值税发票的还应准备以下材料：①经营场所的租房合同复印件一份；②经营场所的产权证复印件一份；③租金发票复印件一份；（在自有房产内办公的，只需提供自有房产的产权证复印件即可）；④财务人员会计上岗证复印件一份；⑤财务人员身份证复印件一份；⑥企业法定代表人照片一张；⑦另需企业购买发票人员照片一张，身份证复印件一份，办理发票准购证件。

步骤七：开设企业基本账户（五个工作日）。

在开设银行基本账户时，可根据企业的具体情况选择银行，企业设立基本账户应提供给银行下列材料：①营业执照正本原件、复印件 3 张；②组织机构代码证正本原件，复印件 3 张；③公司公章、法人章、财务专用章；④法人身份证原件，复印件 3 张；⑤国税税务登记证、地税税务登记证正本原件，复印件 3 张；⑥企业撤消原开户行的开户许可证、撤销账户结算清单、账户管理卡。

步骤八：申领发票购用簿（两个工作日）。

由企业向所在税务局申请，领取由国家税务局和地方税务局共同监制的发票购用印制簿，企业申领发票时，必须向税务机关出具发票购用印制簿。

步骤九：开设纳税专用账户。

步骤十：购买发票，开始实际经营。

至此，注册公司全部事宜结束，企业进入正常经营阶段。

专栏：办公司，你想好了吗？——一张费用单的启示

下面是某网站上列出的某地注册公司的费用单：

（1）工商局工商名称核准 40 元。

（2）公司办公室房租 6 个月 6000 元（以实际情况为准）。

（3）租房合同打印费 5 份 15 元，房产证复印件 5 张 2.5 元。

（4）租房的印花税 12 元。

（5）下载公司章程的上网费 2 元，公司章程打印费 15 元。

（6）刻法人私章 20 元。

（7）会计师事务所的银行询证函 10 元。

（8）银行开立公司验资户开户费 20 元。

（9）会计师事务所办理验资报告 500 元。

（10）工商局注册公司手续费 300 元，信息卡 120 元。

（11）公章 2 个 120 元，财务章 1 个 60 元。

（12）技术监督局办理组织机构代码证148元。

（13）银行开立公司基本账号开户费20元、密码器280元。

（14）国税税务登记证60元，地税税务登记证60元。

（15）兼职会计工资200元（以实际情况为准）。

（16）申请领购发票500元（以实际情况为准）。

合计：8504.5元。

如果不算房租、会计工资、发票，则合计1804.5元。

这张费用单告诉你：在开始经营前，手续费花掉了1800多元，租房、聘会计、购发票花掉了近7000元。换句话说，在你还在为合法经营做准备的时候，就有一笔不小的费用支出了。不仅如此，企业一旦注册，就必须聘用会计，按照记账公司记账的最低标准，每年要支出3000多元，另外，还需要承担社会义务，如缴纳残疾人保障金等。

因此，这里提醒你，理智些，确实想好了经营什么、怎样经营之后再去注册。一种更加稳妥的选择是先有了比较稳定的业务收入，再去注册公司。在此之前，业务收入和往来，都可以通过其他公司办理。你可能要支付一定的手续费，但相对于注册公司的风险而言，这笔手续费是值得的。

推荐材料：《公司的力量》

作为迄今为止最有效的经济组织形式，公司的出现被称作是“人类的成就”，尤其是股份公司惊人的崛起和当前无可争辩的统治性地位，被公认为现代历史最引人注目的现象之一。

公司能扩展一个经济单位所能掌握和支配的资源、分散商业活动的高风险。

公司凝聚了生命个体，让它变成强大于任何个人的经济动力。

公司使得血缘、地缘联系之外的陌生人之间的合作成为可能。

公司实现了人类经济生活的一个新篇章。

今天，公司的力量已渗透到人们工作和生活的方方面面。公司无处不在，公司让人爱恨交织。

《公司的力量》是中央电视台2009年启动摄制的一部大型电视纪录片。这是央视联手金蝶软件打造的中国第一部深刻探讨公司制度的电视纪录片。它以世界现代化进程为背景，梳理公司起源、发展、演变、创新的历史，讨论公司组织与经济制度、思想文化、科技创造、社会生活等诸多层面之间的相互推动和影响，旨在以公司为载体观察市场经济的演进，探寻中国公司的发展道路。在这部全球第一个电视形态的公司“编年史”中，联想、中海油、中国国航、阿里巴巴、吉利、比亚迪等国内公司被收录在册，成为对经济、思想等层面产生过深远影响的公司“样本”。

全球化日渐加速的今天，一个不争的事实是：数百家乃至数十家跨国公司正左右着世界的经济运行。这个组织已经显示了足以撼动世界的能量，人们不得不重新思考：公司到底是什么？对于国家的发展、社会的进步和个人的幸福，公司究竟意味着什么？公司的惊人力量源自哪里，有无边界？未来的公司将会如何影响未来的世界？

而在公司这个生命体孕育生长的背后，是全人类不断认识财富、认识市场、认识权力、认识人性的思想历程，是市场经济发展的清晰脉络。公司缘起和植根的背景、自身变迁的路径及其日渐扩增的力量，是我们观察世界经济发展历程的一个极好切入点。同时，由于历史原因，中国公司的成熟尚需时日。了解各国公司的历程，无疑将有助于中国公司的健康、壮大，有助于社会主义市场经济的进一步完善。

作为最具代表性公司背后的“领航员”，柳传志、傅成玉、孔栋、马云、李书福、王传福等国内知名企业家出现在该片中，讲述了企业在不同历史阶段的发展历程并发表了感言。对于这些共同经历了全球金融风暴的企业家而言，如何带领企业在“后危机”时代继续保持良好态势，成为大佬们共同关注并议论最多的话题。

行动学习指引

A　团队讨论

观看纪录片《公司的力量》，讨论：创新型创业企业有效的组织形式是什么？创新型企业采用公司组织形式有哪些好处？你认为哪些好处是最为关键和最具有吸引力的？

创新型企业从快速成长到衰退面临着哪些挑战？能否说“死亡”就是企业发展的最终归宿？

B　案例分析

选择一家与“友好企业”同一行业的快速成长的公司，分析其快速成长的驱动因素，讨论其是否存在成长“瓶颈”。

C 反思和执行

对“友好企业”而言，企业的成长主要由哪些因素驱动？其经验与教训是什么？未来企业需要哪些突破方可使得企业继续成长？将讨论结果反馈给该企业的创业团队。

第 6 章　商　机

在一个自由的企业系统中，当行业和市场存在变化着的环境、混乱、矛盾、落后与领先、知识和信息的鸿沟以及各种各样的其他真空的时候，商机就产生了。

——摘自蒂蒙斯《创业学》

不要为了躲避就业压力而创业，而是要选择一个你真正热爱的领域，同时是有市场需求的领域。热爱、愿意为之彻底的投入，这才是真正可能成功的创业。

——天使投资人　薛蛮子

学习目标：

☞ 理解商机的含义
☞ 了解商机识别过程及其影响因素
☞ 掌握发现商机的方法
☞ 掌握商机评估的一般原则
☞ 理解商机与团队和资源的匹配

6.1　商机的含义

在中国共产党十八大开幕的第二天，电视剧《温州一家人》开始在中央电视台 1 套黄金时间开播。男主人公周万顺最常说的一个词就是商机，那么究竟何为商机？

老百姓对商机最为普通的理解就是赚钱的机会。对创业者而言，商机就是创业机会。创意与现实世界发生交互作用，新企业被创造出来。

6.1.1 商机的要素

本书将商机看作是问题和创意（Idea）的结合物，问题和创意是商机的两个要素。

在一个商业系统中，总会有着这样那样的问题，使得需求没有被很好地满足，或者由于某种原因，出现了一种新的需求。新需求出现，意味着存在潜在商机。

然而，商机能否出现，还要有能够解决该问题以满足需求并切实可行的创意。没有创意，问题仍是问题，还不是商机。创意使得问题的解决有了方向，但如果创意不可行，仍然解决不了问题。可行的创意使得梦想变成了可以实现的事情，商机由此产生。

人类在远古时期就想像鸟一样能够翱翔蓝天，“飞天”是人类对“行”的需求，然而，在能够帮助人类飞天的创意出现之前，飞天只是人类的梦想，还不是商机。当人们创造性地解决了飞天的技术问题之后，“飞天”成了巨大的商机，飞行器制造业、航空业甚至空间旅行，都已经或者即将成为一个新的巨大的行业。

对于一个问题，可能有数个创意。创意不同，解决问题的方案也不同，这就产生了能够解决同一个问题的不同的产品或者服务。

当行业和市场存在变化着的环境、混乱、矛盾、落后与领先、知识和信息的鸿沟以及各种各样的其他真空的时候，商机就开始酝酿并即将产生。由于商业环境的变化和对这些变化的预测对创业过程至关重要，所以创业者要对变化保持警觉。

一个创业者朝思暮想的事情就是找到一个巨大的商机。寻找潜在的商机其实就是发现尚未被满足的需求。

对于未满足的需求，第一种情况是明确的未满足需求，消费者对这种需求很明确，由于受技术手段等的限制，目前无法满足。第二种情况是模糊的未满足需求，消费者虽然感觉到某种不便，但需要什么产品或服务来解决这种问题，自己也不明确，一旦有了这种供应，就会觉得这是心仪已久的产品（或服务），正是自己需要的。第三种情况是可以以某种替代的方式满足一些需求，不仅如此，经过这种替代，需求被更好地满足，例如替代方式提供了更低的成本、更好的体验、更多的功能、更快的速度等。

6.1.2 商机之窗

创业依赖商机。特定的机会是否能为创业者带来期望的利润，既取决于这个机会有多大的前景和利己性，又取决于创业者是否有足够长的时间抓住这个机会。国外学者认为，特定的机会仅存在一定的时期。有些机会是昙花一现，有些则有较长的利用时机。蒂蒙斯将之称为创业的“商机窗口”，如图 6－1 所示。

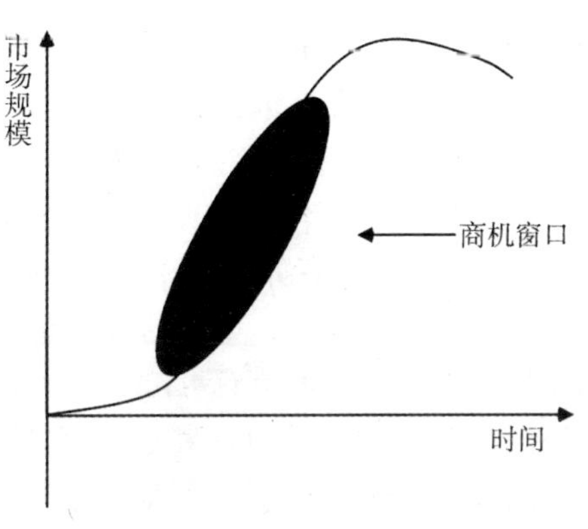

图 6－1　商机窗口

蒂蒙斯认为，一般而言，随着时间的变化，市场规模会以不同的速度增长，并且随着市场规模增长的速度扩大，往往会出现越来越多的机会。当市场趋于稳定时，市场条件就不那么有利了。因而，当一个市场开始变得足够大，并显示出较强的增长势头时，机会窗口就打开了；而当市场趋于成熟时，机会窗口就开始关闭了。

不难看到，图 6－1 中的曲线是一条典型的“产品或产业市场生命周期曲线”，它可以用来描述众多行业的增长模式。微型计算机和软件、移动电话和生物工程等新兴产业的增长均显示出这种趋势。

“机会”仅存在于特定的“窗口”，机会窗口敞开的时间长短对于创业者能否成功至关重要。期盼成功的创业者必须在别人还没有醒悟过来时就努力抓住机会。如果等到机会窗口接近关闭的时候再去创业，留给创业者的余地将十分有限，创业企业也将很难盈利。当然，即便抓住了机会，也不一定必然成功。商机只是创业成功的必要条件而非充分条件。

6.2 商机识别过程与影响因素

6.2.1 商机识别过程

前面讲到，商机有两个要素：问题和创意，因此，识别商机至少包括三个步骤：发现问题（潜在商机），发展创意以解决问题，对商机做商业潜力和可行性论证。

发现问题是具有挑战性的第一个环节，而红杉资本对于创业者创意的要求就是解决客户的“切肤之痛”。唯有如此，未来的产品推广才会一帆风顺，快速见效。这个问题一定是真实存在的，如果这个问题来自于对客户的调查，而非个人的主观臆断，那么这个问题就最有可能发展成为商机。

发展创意是具有挑战性的第二个环节，创意的好坏主要取决于创业者的专业背景和创新能力。创业者的个人经历和其他因素可能会影响到创意的发展。很多情况下，创业者由于暂时缺少发展创意能力，很多潜在的商机被搁置。也有一些创业神话，一个创业者基于某种潜意识提出了一种解决问题的方法，但这些例子有时表述得并不真实，对创业者可能会起到误导作用。关于创业者发现、开发和利用商机必须具备的条件，6.4 节有进一步的论述。

商业潜力及可行性论证是最难的一个环节，不仅如此，还经常被创业者忽视。忽略商业潜力与可行性论证的结果是，一些创业者自以为有着非常伟大的创意，却在寻找资金时四处碰壁。一个可能是风险投资家尚不具备识别“千里马”的眼睛；另一个可能是创业者还未对创意做好论证，使得在风险投资家看来，创业者的创业行动缺少必要的准备。6.5 节对商业可行性论证做具体的论述。

6.2.2 影响因素

已经有很多学者研究过商机识别过程的影响因素，其中工作经验和社会经验是商机识别过程最重要的影响因素。

工作经验是商机识别的最重要的影响因素。大多数创业者是从先前的工作中发现客户未被满足的需求而产生创意并实现创业的。为什么他们的创意没有被其所在的企业采纳？一方面可能是因为企业层级过多，沟通困难；另一方面可能是在位企业的惰性和自大，忽略了客户的细微需求。这种惰性逼迫新企业产生并可能成长为在位企业的颠覆者。

社会经验也称为“阅历”，也是商机识别过程的重要影响因素，它有利于创业者把握社会发展的大趋势，帮助创业者判断创意的商业可行性。此外，社会经验对于那些将一些新产品（服务）引入到一个新市场这种类型的创新具有重要作用。我国大量涌现的海归创业，大多是受益于海外背景所带来的特殊经历。

专栏：李开复对高科技创业的三点建议

有关毕业生高科技创业，我的建议：①创业需要理解趋势、汇集精英、实践经验，因此，大学毕业不要主导创业，只能参加创业公司；②最好远在毕业前就寻找创业公司实习机会（无偿亦可），因为也许创业并不适合你或不是你想象的那样；③毕业时若想学习创业，最好到创业公司，到大公司学习虽然能学到技术，但针对性不够。

6.3　发现潜在商机的方法

寻找潜在商机是创业者走向创业道路的第一步。通过系统的训练，创业者可以更好地发现潜在商机。至少有以下 3 种方法可以供创业者选择以寻找潜在商机使用。

6.3.1　专家调查

对创业者来说，最重要但又经常被忽视的资源就是身边的专家和前辈，他们可以弥补创业者在社会经验和工作经验方面的欠缺，而社会经验和工作经验正是影响商机识别过程的两个重要因素。因此，创业者在寻找潜在的商机时，可以虚心地请教前辈，创业前辈一般也会乐意给创业者一些参考意见。站在巨人肩膀上可以帮助创业者更好地识别商机，站得高方能看得远。

找到专家是专家调查法的第一步，在特定的创业领域，创业者一定要知道谁是“天外之天”。创业者要争做第一，但永远不要认为自己就是这个领域的第一。要知道，先行者往往会成为先烈。很多幼稚的“创业者”自认为自己的创意就是最新的，殊不知，他的创意可能已经被验证过是不可行的。

专家调查法又称德尔斐（Delphi）法。Delphi 是古希腊传说中阿波罗神殿所在地，美国兰德（Land）公司于 1964 年首先把德尔斐法用于技术预测。它是在专家个人判断和专家会议方法的基础上发展起来的一种直观预测方法，特别适用于客观资料或数据缺乏下的长期预测，或其他方法难以进行的技术预测。

在下列3种典型情况下，利用专家的知识和经验是非常有效的。

数据缺乏：数据是各种定量研究的基础。然而，有时数据不足，或数据不能反映真实情况，或采集数据的时间过长，或者付出的代价过高，因而无法采用定量方法。

新技术评估：对于一些新科学技术而言，在没有数据或缺乏数据的条件下，专家的判断往往是唯一的评价根据。

非技术因素起主要作用：当决策的问题超出了技术和经济范围而涉及到生态环境、公众舆论，甚至政治因素时，这些非技术因素的重要性往往超过技术本身的发展因素，因而过去的数据和技术因素就处于次要地位，在这种情况下，只有依靠专家才能做出判断。

专家调查法有一套严格的操作体系，但创业者出于搜寻商机的需要所做的专家调查未必需要遵循这套体系。

经过专家调查程序，创业者尽管可能会受到来自专家的打击，但一定要正确对待此事。正确的态度是：要找专家，但不能尽信专家。找专家调查并不意味着要完全听从专家的意见。对于是否要开发以及如何开发潜在的商机问题，创业者要自己拿主意。

6.3.2 文献分析

对现有文献进行透彻的分析可以帮助创业者了解所要从事的领域。创业者可以尝试分析一个产业的形成历史，判断该领域的未来趋势。创业者也可以借助公开资料来绘制产业链图，将一些潜在创业机会标注在图中。

未来创业者的一个核心能力是搜集资料的能力。利用互联网获取文献已经非常方便，在某些领域，利用公众互联网获取的资料足以将一个门外汉培养成为一个专家。然而，除此之外，创业者应该借助大学图书馆的数字资源，这些资源提供了大量公众网络不能提供的文献。一些大学还购买了专门的数据库，可以为创业者提供分析商机的基础数据。

文献分析法的优点在于分析成本较低，工作效率高；能够为进一步工作分析提供基础资料、信息。其缺点在于收集到的信息不够全面，时效性也较差。

6.3.3 头脑风暴

创业者可以利用头脑风暴来识别潜在的商业机会。参加头脑风暴活动的可以是潜在客户、技术专家、同行竞争者等。创业团队为使与会者畅所欲言，互相启发和激励，必须严格遵守下列原则。

禁止批评和评论，也不要自谦。对别人提出的任何想法都不能批判、不得阻拦。即使自己认为是幼稚的、错误的，甚至是荒诞离奇的设想，亦不得予以驳斥。在心理上调动每一个与会者的积极性，彻底防止出现一些"扼杀性语句"和"自我扼杀语句"。诸如"这根本行不通"、"你这想法太陈旧了"、"这是不可能的"、"这不符合某某定律"以及"我提一个不成熟的看法"、"我有一个不一定行得通的想法"等。

鼓励巧妙利用和改善他人的设想，这是激励的关键所在。每个与会者都要从他人的设想中激励自己，从中得到启示，或补充他人的设想，或将他人的若干设想综合起来提出新的设想等。

与会人员一律平等，将各种设想全部记录下来。与会人员，不论是该方面的专家、员工，还是其他领域的学者，以及该领域的外行，一律平等；各种设想，不论大小，甚至是最荒诞的设想，记录人员也要认真地将其完整地记录下来。

提倡自由发言，畅所欲言，任意思考。会议提倡自由奔放、随便思考、任意想象、尽量发挥，主意越新、越怪越好，因为它能启发人推导出好的观念。

专栏：IBM的跨边界创新

2006年7月25日一早，冯晖自己驾车赶往IBM的上海办公室，他是上海神州数码有限公司（以下简称"神码"）AAP厂的厂长，几天前被选为代表，来参加老合作伙伴IBM的一个"特别活动"：在线"即兴创新大讨论"，有四类大话题，他可以随意参与讨论：四方通达、金融与商业、医疗与保健，及为了一个更美好的地球。他感觉这是与IBM沟通最轻松的一次，他所在的厂是IBM服务器海外工厂与合作伙伴关系的一种延伸，平时和IBM讨论最多的就是"如何进行商业合作"、"如何争取客户"等，都是生意上的话题。而这次的讨论，显然可以超出这个范围，自由度更大。

冯晖的经历算得上是IBM这个英文名字为"InnovationJam"（即兴创新大讨论）的一个侧影，也是这项IBM全球范围大讨论的第一阶段。也就是在7月24~27日之间的72个小时，来探讨企业、社会以及新兴技术的关键部分，并借助新兴技术激发和形成针对产品、服务、业务流程和商业模式的创新。

IBM全球服务部亚太地区的人力资源管理负责人Wayne Peat解释，四方通达、医疗与保健等四个关键主题是讨论的范围，每个主题下面还有次主题，然后再细分为具体谈论的话题。每个主题下都会有一个监督和管理人员，他们会看一下人们的反应如何，还有他们做出的评论如何，最后推动整个讨论的进行。

来自世界各地的反馈都会按照当地的语言去贴帖子。如一个中国的参与者会用中文来发帖子，但是每个论坛和话题的管理者会用一种共通的语言去反馈，告诉大家进展情况。参与的人员包括IBM内部员工和家属、IBM的合作伙伴还有客户，全球总参与人数大约超过5万。

IBM的这次Jam是有历史背景的，2003年IBM“轰动一时”的“价值观大讨论”是这次Jam的前身。当时IBM全球CEO彭明盛发现老沃森确立的价值观被歪曲地理解了，而IBM正面临着卖产品向卖服务转型的压力，IBM的价值观急需重塑。于是那次的“价值观大讨论”也是采取72小时在线即兴发言的方式进行，开始员工的抱怨不断，帖子多是些冷嘲热讽，一位高层经理甚至要求终止这项活动。但彭明盛的坚持使活动得以保持，论坛的核心内容集中到什么该保留，什么需要改变的企业文化和价值观上。并在2003年11月，将形成的“成就客户”、“创新为要”和“诚信责任”作为IBM新的价值观，那次的ValueJam算是IBM新价值观形成的主要通道。

Wayne Peat表示，这次以创新为主题的Jam受到之前他们所进行的CEO大调查的启发。在CEO调查中涉及到创新的来源，有83%认为是企业合作伙伴，36%认为是客户。这些企业和组织都有研发部门，但只有15%认为创新来自他们的研发部门。不仅如此，与外部合作的创新绩效优于纯粹来自内部的创新绩效。于是不同于上次仅仅局限于公司内部的大讨论，这次的创新大讨论把合作伙伴、客户和员工家属也添加进来，因而出现了帖子回复率很高的现象。

9月12~15日是大讨论的第二阶段，也是72个小时，这个阶段讨论如何改善和验证第一阶段的想法，然后评估出最具影响力和短期可能取得成功的想法。Wayne Peat说，因为这次Jam的第一阶段刚结束，还不清楚哪些提议可能被选中，但是会按照帖子的点击率和认同率等指标排出先后位置，同时考虑商业价值和创意程度等多项指标。此外，还需要讨论如“哪些用户可能会购买此类产品或服务?”“这些产品或服务可能通过什么渠道提供?”“需要将现有技术结合起来考虑该想法，此外还需要什么发明?”“这项发明会给社会带来什么影响?”

最后被选为最佳创意的方案将有1亿美元的基金帮助具体实施，“这些钱可以用于投资，实施新的创意，或者进行进一步的研究，研发新的产品，还有创造新的服务。比如说一个有效的、好的创意，最终因此转化为一个非常有效的项目，这个项目就需要资金的注入。所以这些钱会注入到这些项目当中，比如说资助人员和团队开展这个项目”。

第二阶段显然是思维向成果转化的重要阶段，在 2003 年的那次“价值观大讨论”后，彭明盛为了避免价值观的“虚无化”，在第二阶段采访了一系列体现价值观变革的管理改革，例如，原本 IBM 虽然能够提供整套的解决方案，但却不能提供一个整体报价；因为每个部门都是独立核算成本和收益的，而整套解决方案里涉及各部门的不同服务和产品，因而每项都要独立核算。彭明盛说这等于放弃整体优势，在每个单项上跟别人竞争。最终这个“老大难”的问题在彭明盛和 CFO 的推动下被解决了。

6.4　创业者识别商机的必备素质

6.4.1　敏锐的洞察力

洞察力指对信息的感知及解读能力。在当今信息泛滥的时代，缺乏的往往不是信息，而是深层次分析信息并解决问题的能力。敏锐的洞察力就是对市场信息保持高度的警觉性，并能解读出信息所反映的内在联系。有敏锐的洞察力才能走在趋势的前面，占尽先机。

创业者的洞察力包括对趋势的洞察、对客户心理的洞察和对其他各种利益相关者的洞察。创业者不仅需要把握趋势，还需要充分了解自己提出的创新性解决方案给客户和其他利益相关者带来的利益和损失。

6.4.2　商机敏感性

面对同样的信息，有的人发现了商机，有的人却发现不了。商机敏感性本质上是个体的禀赋，是对信息的把握和解读的敏锐性，它反映了创业者对外部变化的反应速度。商机敏感性高的人，更容易把握先机。

市场导向和对客户需求的关注，有利于技术创业者提高商机敏感性。

6.4.3　创造力

创造力是创意产生的基础。创业者发现了潜在的商业机会之后，需要开发创意以满足需求。创意是否高明，取决于创业者的创造力。创业者可以借用团队的力量，甚至外部的创造力来开发创意。

6.4.4 专注

专注是最容易被忽视的一个素质。实践中发现，越聪明的人，越难以做到专注。因为聪明人可以轻易地发现众多的潜在机会，“这山还望那山高”，挖了很多井，但都挖不深，结果并没有找到水。

专栏：美团网王兴：摔倒也是前进的方式

王兴可谓是国内最著名的创业者之一了。他未毕业即创业，没有正式的工作经验，博士未读完就一头扎回国内，和王慧文、赖斌强一起，组成创业的“三驾马车”。

他们先是捣鼓一个叫“多多友”的社交网站，败于无定位。接着弄了一个叫“游子图”的照片冲印网站，败于无市场。然后做了“校内网”，最终贬值卖给了陈一舟，败于无资金。“校内网”之后，王兴另起炉灶，推出小众微博“饭否”，因未能控制风险，败于政策。在做“饭否”的同时，王兴还推出白领SNS“海内网”，被后起者“开心网”抢走用户，死于与“饭否”同一服务器关停。

事实上，之前的王兴也不能算是失败，他有他领先独到眼光：做“多多友”之时，扎克伯格的Facebook也不过初露端倪；做“饭否”之时，新浪微博还未出现；美团网是国内第一家……要知道，在中国的互联网上，至少有数以万计的创业者至今还没做出一款对用户有价值的产品。

再次起步“美团网”，面对乱象丛生、波谲云诡的市场乱局，他会不会再次摔倒？王兴笑言：“摔倒也是一种前进的方式，只要你往前摔，别往后摔。不久前，我曾转发过别人的一条微博，这条微博的大意是：如果，几年前的我是未被降服又无所适从的孙悟空，今天的我，已经成了没有七十二般变化、只剩一念执着的唐僧。唐僧没本事，大家都这么看。面对八十一难，他哭过，哀求过，但从没说过一次：‘我们不取经了，大家散伙吧’。”

案例：打破魔咒的农民

赫广武是山东省菏泽市的一个水产养殖基地的主人。赫广武不仅成了当地人眼中的致富能人，他的养殖基地也成了方圆几百里有名的“聚宝盆”。而赫广武的创业，却是从破解一个多年来笼罩在村里的魔咒开始的。

这片占地150亩的水产养殖基地，在桑堂村的东北角，1980年以前是一片废弃的窑厂。在当地，关于这片地势低洼、荒草丛生的废窑地的传闻一直没有间断过。村民们都说这片地“风水不好”、“地方太背”，从 1980 年起，先后有五六个胆大的村民承包过这片荒地，但结果却都只有一个——失败。

1989 年春季，19 岁的赫广武不信这个邪，以每亩 30 元的价格承包下这片 150 亩废窑地。可谁成想，从此以后，他也像中了魔咒一样，卷进了一个又一个失败的漩涡。截止到 2004 年，10 多年的时间里，赫广武在这里养过兔，种过食用菌，前前后后搞过 10 多个项目，奇怪的是，养羊羊赔，养鸡鸡死，养兔兔丢，养猪猪病，折腾来折腾去，不仅没赚到钱，还欠下了 10 多万元外债。大家本以为，十五年的连续失败该让赫广武就此收手认命了，可 2004 年夏天，他却要在这片废窑地干一件村里从来没人干过的事儿——挖塘养甲鱼。这次赫广武的计划遭到了家人的强烈反对，在与家人闹僵后，他一个人苦苦坚持，仅用两个月的时间就将 150 亩地挖成了 7 个池塘。

赫广武为什么这么坚决地要养甲鱼呢？距赫广武承包的废窑场四公里远的地方就是黄河。废窑厂地势低洼，每年黄河涨水的时候，流进低洼地里的黄河水带来了一些野生的黄河甲鱼。到 2004 年的时候，废窑场的低洼地里，居然存活下了 1000 多只长势喜人的野生甲鱼，最大的有六七斤。这个时候，市场上一只两斤多的野生甲鱼，能卖到两百多元钱。

赫广武兴奋不已，他要抓住这个商机，他决定养殖仿野生甲鱼。2004 年 9 月，赫广武购买了 8000 斤黄河甲鱼苗，投进了挖好的养殖塘里。赫广武仿野生养出来的甲鱼，不仅比普通温室养殖的甲鱼凶猛，肉质好，而且卖价是温室甲鱼的三倍多。当时，赫广武仿野生养殖甲鱼，在当地还是独一家。赫广武用夜间灯光引虫养甲鱼，这不仅让赫广武的饲料成本减少了一大半，而且甲鱼的品质还得到了提高。2005 年底，赫广武把长到两斤多重的甲鱼拿到当地水产市场上销售，很受欢迎，当年就赚到 20 多万元。2006 年，赫广武又稳赚了 50 多万元。

赫广武想要让自己的甲鱼更出名，他已不满足于当地的水产市场，他要扩展甲鱼的销路。赫广武想把养殖的甲鱼直接销售到市里的一些酒店，打开甲鱼的另一个销售渠道，可结果却让他很失望。

正在赫广武为扩大销路发愁的时候，有一个人看重他坚持不懈的创业精神主动找到了他，这个人叫吴生，是菏泽市牡丹区畜牧水产局技术站的副站长。在吴生的帮助下，甲鱼销路虽有提升却因名声太小不尽如人意。2010 年 7 月，赫广武跟菏泽市水产局联合，在自己的水产养殖基地举办了第一届逮甲鱼比赛，这样的比赛有效地起到了媒体宣传的作用，让他尝到了甜头。赫广武养殖的甲鱼名声越叫越响，全国各地找上门来买甲鱼的人也越来越多。

现在，赫广武的黄河甲鱼苗卖到了120元一斤，两斤多的甲鱼卖240元一斤，而三斤以上的甲鱼更是卖到了400元一斤的高价。甲鱼养殖基地发展到两百20多亩，年销售额达到四百多万元。赫广武在总结自己十几年艰辛的创业历程时感慨道："现在回想起来，特别后悔的就是坚持不下来。现在才知道，原来干这么多事，不如坚持干一样。"坚持自己的创业道路，不断学习，善于进取，成了赫广武人生道路上的一笔宝贵财富。

6.5 商机评价的视角

有些创业者具有强大的发散思维能力，能够找到众多潜在的商机，并且能够开发出一系列的创意。然而受限于各种稀缺资源，创业者必须对商机进行取舍。此时，创业者不仅要考虑商机的行业和市场特性、获利能力、竞争优势的构建，而且要考虑初始投资、创业团队的资源禀赋等团队和资源与商机的匹配问题。

6.5.1 行业和市场特性

商机潜力评价的最重要的行业和市场特性有四个：行业发展潜力、市场规模、市场增长速度、市场结构。

行业发展潜力。理论上讲，任何行业都有可能产生明星企业，所谓"三百六十行，行行出状元"。然而，在历史发展的某一时期，总会把一些行业推向风口浪尖，使其具有其他行业不可比拟的魅力。一个衡量标准是创意改变人们生活和工作方式的程度。改变人们生活和工作方式的程度越大，为人们带来的价值就越大，其设计的产品或者服务就越容易被用户接受，该商机的商业化潜力也越大。

市场规模。在规模较大的市场中创业更有可能成长为大公司，这意味着只需要获得很小的一块市场份额，就可以产生极大、持续增长的销售收入，同时不会引起在位企业的愤怒。然而，一个成熟的大市场并非适宜创业者进入市场，因为，在成熟市场中创业可能意味着要和一些巨大的公司竞争。如果在这个规模巨大的市场上能够划分出一个尚未被满足的细分市场，那么对于创业者而言，将是一件非常好的事情，创业者成为此细分市场中的头号企业，而且创业企业的成长过程不至于招来在位企业的封杀。在规模较小的市场中创业，企业将会遇到市场天花板问题，难以成长为大企业。

市场增长速度。真正有吸引力的市场是容量大而且持续成长的市场。从市场增长中获得部分份额不会对其他竞争者构成明显的威胁，不仅如此，市场快速增长的结果可能是在位企业无法满足快速增长的市场中的客户需求，此时正是新企业进入的绝佳时机。

市场结构。高度集中的市场和完全竞争的市场对于创业者是没有吸引力的。细分的、不完善的市场由于信息鸿沟的存在可能存在一些夹缝市场，这些市场中的需求尚未被满足，创业者可以在此夹缝市场中寻找机会。

6.5.2　获利能力

衡量一个商机潜力的重要标准之一是借此创建的新企业的预期获利能力。其中最为关键的 4 个指标是毛利率、税后利润率、经营活动现金流和投资回报潜力。

高而且能够持续的毛利率对于新创企业非常重要，它显示出了客户对其产品和服务所创造价值的认可程度。超过 40% 的毛利率为企业提供巨大的利润空间和适应性，也意味着企业可以较早达到盈亏平衡点。

税后利润率显示出企业经营成果的好坏，税后利润率越高，同样的销售收入带来的可分配利润就越多，股东可能得到的红利也就越多。有吸引力的商机要求至少有 10% ~15% 的税后利润率。

正的经营活动现金流意味着企业无须外来血液就可以自给自足。企业越早获得正的经营活动现金流，说明商机越好。

投资回报潜力对于投资者而言是至关重要的。如果一个创业企业能在5 ~ 7 年达到公开上市出售股票，或者被强大的竞争对手溢价兼并，那么将为投资者带来数倍甚至数十倍的投资回报。具有吸引力的商机应该拥有 30% 以上的年投资回报率。

6.5.3　竞争优势的构建

有吸引力的商机方便新企业建立竞争优势。竞争优势可以依赖低成本、差异化或者知识产权等资源的专有权构建。

创新型企业大多可以依赖知识产权或者专有技术构建独特的竞争优势。

6.5.4　商机与团队、资源的匹配

在做出上述判断之后，对于那些最有吸引力的商机，创业者还需要考虑与团队和资源的匹配问题。

创业团队的资源禀赋是首要考虑的因素。创业团队中应该拥有行业内的超级明星式的人物，团队成员在技术、市场等方面互补，团队成员正直可靠并且相互信任。

初始投资应该在团队的承受范围之内，或者通过天使投资以及关注早期的风险投资。在中国，天使投资和早期风险投资的投资额度从几十万到500万元人民币，也有少数早期风险投资会对初创企业投入1000万元人民币以上，但对创业企业的要求会更高。对于需要启动资金过高的商机，如超过3000万元人民币的投资，并不适合没有多少资金积累的创业者。

专栏：创意要大气

我们一开始就试图鼓励有志向的创业者“尽可能大气地思考”。一次又一次地看到传统的小企业主，就像奶牛场主一样被生意束缚和困扰。他们的工作时间每个星期长达七八十个小时，甚至100个小时，很少出去旅游，生活单调，没有什么新鲜感。这些艰苦劳作的企业主除了用于经营的不动产外，很少拥有自己的私人财产。与这些传统的小企业主相比，着眼于发展与积累财富的创业者的创意更大气。帕特里·克洛赫蒂（Patricia Cloherty）是这样说的：“创意大气是至关重要的。如果你要创建一家公司，就要准备好为此奔波一生。所以你就应该想着建立一个大公司。这样至少你可以辛苦而富有，而不单单只有辛苦。”帕特里有着丰富的风险投资的经验，她是位于纽约城的帕特里福公司（Patrioff & Company）的前任总裁，她还是美国风险资本协会（National Venture Capital Association）的首位女主席，是多家极为成功的高科技与生物公司的缔造者。

推荐书目

麻省理工《科技创业》编：《网络催生的无限商机》，上海科学技术文献出版社，2012年版。

冈特·鲍利著：《蓝色经济》，复旦大学出版社，2012年版。

行动学习指引

A　案例分析

请阅读如下案例，评价文中主要主人公（或企业）对商机的认识和各方观点。

为什么他们都养猪？

就在猪肉价格起起伏伏之际，一场争夺现代农业高附加值的大规模“养猪战争”呼之欲出。郭广昌、刘永好、丁磊等“首富级”民营企业家加入猪倌行列；中粮、双汇等国内知名企业纷纷斥巨资投入养猪业；高盛、德意志银行等投行及国际机构继续通过曲线途径跑马圈地，本土的大中型养殖企业亦无一不想借机咸鱼翻身，更有众多的年轻创业者大学毕业后放弃城市优厚的工作待遇回乡养猪。非养殖业巨头纷纷大张旗鼓地加入养猪业，原因不外乎以下五个：①利润空间的诱惑，其实养猪也存在很大风险；②政府支持，税收优惠及补贴政策的相持；③消费者对绿色猪肉的需求，资本市场的进入有利于打造这个品牌；④其他传统行业如钢铁、房产等面临着经济危机，养猪是在谋求生存之路；⑤中国生猪期货市场还未广泛应用，生猪价还存在暴涨暴跌的风险，加剧了行业的规模经营和行业间的纵向整合，同时也给资本市场带来契机。

钢铁行业——武钢养猪

钢铁行业遭遇寒冬，钢企寻求多元化发展早已不是什么新鲜事，但武钢集团宣布养猪的计划在市场上一经披露，就引起了轩然大波。武钢集团总经理邓崎林表示，因钢铁业的寒冬估计要持续5年以上，武钢正准备在武汉周边买地数千亩，“养猪、养鸡、种菜”。实际上，从2011年开始，武钢就已经开始在非钢业务上大力布局。而进军养猪养殖产业，更是其多元化发展的一步棋。

本来养猪、种菜、做盒饭等第三产业都是辅助和服务性质，如今把这样的辅助产业做大、当成一个发展方向也是无奈之举。受铁矿石资源短缺、物流成本抬高等影响，中国钢铁生产行业年销售利润率连续两年已不到3%，远低于全国工业行业6%的平均利润水平。与此同时，我国钢铁产能严重过剩，按粗钢表观消费量在6.88亿吨左右计算，产能过剩率已达约122%，故钢铁产业现在十分困难。

但值得注意的是，对于钢企来说，在此特殊时期，适度发展非钢业务来保证利润过寒冬无可厚非，但所谓适可而止，如果过度发展非钢业务，其中的风险也不容忽视。将很大一部分资金和精力用于发展非钢业务，尤其是与钢铁主业毫不相关的业务时，将会导致钢铁主业后续发展乏力，这是比较危险的做法。一方面，国内的钢铁企业与国际先进企业仍存在较大差距；另一方面，国内的钢铁企业将资金投入到与主业毫不相关且竞争激烈的产业，这并非明智之举。此外，多元化并非不可行，风险也是可以掌控的，关键在于钢铁企业不能过于偏离主业。实际上，钢铁行业目前所遭遇的困境需要钢企进行结构调整、技术创新、并着力向上下游产业拓展。如果钢企把精力都放在非钢业务上，钢铁行业回暖的日子恐怕还会更远。金银岛钢铁分析师刘晓晨也指出，我国的城市化水平还将继续提高，钢铁行业前景还是好的，应该合理调整产业结构，提升企业抗风险能力，提升产品质量，而不可颠倒主次。

化工行业——德美化工进军养猪业

化工行业的难以提升促使德美化工瞄上生态猪。2012 年 2 月公司公告，公司控股子公司绿元农牧拟建设年产 36 万头（存栏 18 万头）肉猪养殖规模的“草本酶生态养殖项目”，预计 3 年内投入 5.76 亿元。公司预计 2012 年末第一批生态养殖的成品猪将小规模出栏投入市场，2013 年初步具备规模化养殖能力，2014 年存栏产能基本达产。这家以化工制造业为主业的公司去年实现营业收入 10.4 亿元，净利润 1.4 亿元，同比下滑近六成。公司欲押“宝”养猪业开辟新的利润增长点。对于该项目的盈利预期，德美化工董秘朱闽翀认为，德美化工是半路出家，此前对于进军这个行业的盈利有个测算，但现在是“先做后说”。盈利的可能性则来自集约生产、规模养殖，这也符合国家的扶贫政策和科技奖励政策，是国家支持的产业方向。

安信证券一名分析师表示，公告称在 2014 年存栏产能基本达产，这意味着项目盈利会以先投入后产出来体现，在提升股价上短期内不会有太快的利好体现。该分析师还称，制造业利润低迷的情况下，进军养殖业不失为制造业企业的一个出路，目前养殖业盈利水平很高。因为养殖行业不受国家宏观调控影响，更多的是受 CPI 影响，比如 CPI 高企时，肉价也会上涨，而把握好出栏时机的养猪户在肉价上涨过程中将有所盈利。但养殖业也存在一定周期，盈利会有滞后效应。

IT 行业——网易养猪

在得知网易“养猪”一事后，从华尔街分析师到中外媒体记者，从国家部委到地方政府部门，都开始给网易打电话关注丁磊“养猪”一事。面对社会各界的种种猜测，网易公司 CEO 丁磊称“养猪不是网易的一项投资”，网易养猪不是为了赚多少钱，网易养猪是希望带动更多的人去关注民生，关注食品安全，帮助和带动农民就业。而面对部分媒体的质疑，丁磊坦陈：“没错，我就是在作秀。关键是要看为了什么作秀。我是想通过养猪来探索农业生产新模式；同时，为解决食品安全问题做一些尝试，为此作秀来唤起大家对这些问题的关注，有什么不好?”而在网易宣布养猪场落地后，其倡导的“第三代养猪模式”也备受舆论关注。所谓“第三代养猪模式”，就是要倡导福利养猪，品质优先，生产安全、健康、美味的猪肉。按照丁磊的说法，网易将会免费将养猪模式、过程放在网上，呈现的是一套安全的、科学的、有资本投入的生产模式，这个模式是公开的、可以复制的，在国内绝对有推广的可能。中国畜牧业协会猪业分会常务副会长刘云生指出这种养猪模式其实也是存在不少硬伤的。网易说要自己育种，但育种流程没有5年根本做不下来，更何况是没有任何专业背景的企业。而且，恐怕很少有人关心自己吃的猪肉来自哪头猪。即便是在目前畜牧业追溯体系最发达的北欧国家，也做不到对每头猪进行产品追溯，真要这么做，成本太高。另外，关于请清华大学人居设计的顶尖团队来设计养殖场也值得商榷，因为养猪跟养人是两码事，从养猪场设计来讲，是工艺设计决定专业设计，之后再交给工程设计，首先必须从养猪的工艺流程入手。

投资机构——高盛和德意志银行等PE投资养猪业

2005年，雨润食品三次融资共融得7000万美元，其中高盛3000万美元、鼎晖2200万美元、PVP 1800万美元。以2006年9月19日，雨润食品在香港上市一年后的收盘价6.43港元来计算，三家外资股东持有雨润食品的总市值约为12.5亿港元（约合1.6亿美元）。短短的一年时间，雨润食品的投资回报率竟达到129%，高盛从中净获利3870万美元。2006年4月29日，高盛和鼎晖中国成长基金Ⅱ共同以20.1亿元人民币控股双汇发展（其中高盛出资约51%，即10.25亿元人民币）。以2007年最后一个交易日的收盘价58.99元来计算，2007年底高盛持有双汇发展的总市值为34.8亿元，高盛在一年半时间内的投资回报率为240%。

深入分析“PE养猪”的原因，首先，从投机的角度出发，所谓“投机”就是在最合理的时间提供别人最需要的东西，以此获取最大的利益。综观整个产业链，目前整合的要求极其迫切，双汇发展将其控股子公司进行增资，以建设年出栏20万头商品猪的养殖，从打通其饲料、养殖、屠宰、深加工至销售的产业链的行动为产业链整合打响了第一炮。行业龙头的行动方向必然昭示着行业中其他企业的一体化之路。而在整个产业链洗牌中，首先完成“变身”的企业必然占据更加有利的地位。由于专门做养猪企业的技术和管理门槛都很高，且土地、人才等资源稀缺，下游环节对产业链上游的整合最经济、快速、有效的方法无疑就是收购规模化、高品质的养猪场。规模化养猪场将会由于“稀缺”而卖个好价钱。投资者争先恐后进入养猪业应该不乏这方面的原因。

其次，未雨绸缪生猪期货。2008年7月21日，韩国交易所瘦肉猪期货正式上市交易，开创了亚洲农畜产品期货交易的先河。生猪期货可避免生猪价格的大幅波动，并加剧行业内的规模经营和行业间的纵向整合。中国作为世界最大的生猪生产和消费国，却迟迟未推出生猪期货，PE大举进军养猪业有利于其在日后的期货市场上有更大的空间。

最后，控制生猪产业定价权。如果你认为中国有6亿头的生猪规模，PE们掌握的仅仅是九牛一毛的话，那就大错特错了。中国的生猪多以散养为主，如果这些资本大佬们所养的猪占总量的5%，而其他的养猪户仅占0.001%，那么PE就占有了绝对的定价权。绝对的定价权就产生绝对的垄断地位，可以通过降价的方式使小的养猪企业退出，最终形成垄断。而定价权要依附于健全的产业链，所以一体化的企业成了控制定价权的“金钥匙”。

房地产商——美林基业1.5亿元建养猪场

猪肉价格最近连连飙升，让房地产开发商刘远德确信养猪是不错的选择。刘远德是广州知名房地产企业美林基业集团副总裁。对于房地产商投身养猪业的原因，刘远德对外界的解释是，现在房地产受政策调控，而养猪是政府鼓励支持的行业。他们目前已经建成了30栋猪舍，共有10万头存栏母猪，每天能够出栏约200头成品猪，并且这一数据还会继续增加。这座被称为广州市最大的单体养猪场位于广州市花都区，由刘远德投资1.5亿元建成。该项目占地800亩，猪场设计规模为年出栏15万头。早在2008年底全球处于经济危机的漩涡，房地产行业亦遭受重创时，刘远德便已经看中猪肉价格低位徘徊的时机，投身养猪行业。

在外界看来，刘远德的养猪场充满了“高科技”。猪舍建设采用美国全封闭现代化养猪场的建造模式，猪舍墙体、屋顶和养猪设备全都从美国引进。李文峰表示，猪舍还配备有全程饲养管理监控视频系统，每个环节都在监控之中。在他看来，自己的企业采用的是一种全新的养殖模式，这与散养户和其他普通养殖场有根本区别，能够为公司带来更大的经济效益。

刘远德在接受媒体采访时称，目前房地产行业受到很多政策调控，而养猪行业受到政府的支持，且是日常消费必需品，因此很看好该行业。李文峰也表示，公司在养猪业方面的频频发力，确实同目前猪肉价格以及楼市低迷有一些关系。而地产行业专家韩世同认为，刘远德在养猪行业的投资或许跟目前的楼市大环境没有直接的关系，因为美林基业集团实力雄厚，并有地域和资源的优势。资料显示，美林基业集团曾经4年蝉联广东房地产综合实力10强，在广州以开发知名大盘“中国美林湖”闻名。不过他表示，随着房地产行业不断受到调控，资金从该领域流向其他行业完全有可能。目前猪肉价格高涨，而资本的本性是趋利的，既然丁磊能够养猪，房地产商也可以。

总之，在市场经济面前，不管谁进入养猪行业都是公平的，资本市场的进入势必会加速养猪业的规模化进程，对提升整个养猪产业有结构性的帮助。当然对散养户会有一定的冲击力与压力，总体来说，非养殖业巨头的纷纷加入将会加快整个养猪产业链的形成。

B　反思和执行

从商机评价的四个视角客观评价“友好企业”现在所开发的商机。讨论如下问题：

该商机的行业和市场特性是什么？

该商机的期望获利能力如何？

创业团队能否以及该如何构建竞争优势？

当前的团队与该商机是否匹配？如何获得与该商机相匹配的团队和资源？

将讨论结果反馈给“友好企业”创业团队。

第 7 章　商业模式

好的商业模式可以举重若轻，化繁为简，在赢得顾客、吸引投资和创造利润等方面形成良性循环，使企业经营达到事半功倍的效果。

——摘自魏炜、朱武祥《发现商业模式》

学习目标：

- ☞ 理解商业模式的含义和要素
- ☞ 掌握商业模式设计的基本方法
- ☞ 理解成功商业模式的特征
- ☞ 了解互联网环境对商业模式的挑战
- ☞ 了解商业模式验证和调整的基本方法

商业模式已经成为挂在创业者和风险投资者嘴边的一个名词，几乎每一个人都确信，有了一个好的商业模式，成功就有了一半的保证。那么，到底什么是商业模式?

7.1　什么是商业模式

7.1.1　商业模式的定义

商业模式是指通过实现客户价值最大化，把能使企业运行的内外各要素整合起来，形成一个完整的、效率的、具有独特核心竞争力的运行系统，并通过最优实现形式满足客户需求，同时使系统达成持续盈利目标，最终创造股东价值的整体解决方案。

人们在使用商业模式这一名词的时候，往往模糊了两种不同的含义：一种是简单地用它来指公司从事商业活动的具体方法和途径；另一种则更强调模型方面的意义。这两者在实质上有所不同：前者泛指一个公司从事商业活动的方式，而后者指的是这种方式的概念化。后一观点的支持者们提出了一些由要素及其之间关系构成的参考模型，用以描述公司的商业模式。

7.1.2 哈佛三维度商业模式模型

共同撰写了《商业模式创新白皮书》的哈佛大学教授约翰逊、克里斯坦森和SAP公司的CEO孔翰宁认为，任何一个商业模式都是一个由客户价值、企业资源和能力、盈利方式构成的三维立体模式。

“客户价值主张”，指在一个既定价格上企业向其客户或消费者提供服务或产品时所需要完成的任务。它回答的是企业到底能为客户增加什么价值以及增加多大价值。“提供与众不同的产品或服务”当然是一种答案，但这个答案常常不那么管用，因为在技术更新加速度发展的时候，产品和服务货品化和同质化的速度也越来越快。以产品袖珍化为核心能力的索尼生产出了随身听，但在MP3技术出现后，苹果公司生产的iPod让索尼的随身听相形见绌。

戴尔的客户价值主张很清楚：向那些无力或不愿意购买高价格、无个性化配置的“正牌”电脑的人提供电脑。当戴尔的电脑吞噬IBM、HP的市场份额时，IBM和HP也很想提供这样的PC，然而其公司的业务架构和流程决定了它们无法实现产品的低成本和个性化配置。戴尔的客户价值主张一听就明白，但戴尔与生俱来的虚拟经营整合能力（无偿利用客户和供应商的资源来降低成本的能力）是结构性的和整体性的，传统电脑厂商的组织架构和流程与之无法兼容和吸收，就像食草动物无法消化和吸收肉食的营养一样。

“资源和生产过程”，即支持客户价值主张和盈利模式的具体经营模式。它解决的问题是“企业凭什么来实现客户价值”。客户价值主张如果没有相应的资源（客户资源、产品渠道）和能力作为支撑，就难以形成商业模式，尤其是难以实现可持续、可盈利的收入流。

“盈利方式”，是对企业经营要素进行价值识别和管理，在经营要素中找到盈利机会，即探求企业利润来源、生成过程以及产出方式的系统方法。盈利模式是企业用以为股东实现经济价值的过程。它回答的是怎样向客户收费以弥补成本和费用，从而实现股东价值。众多的企业以销售产品和服务获得收入，一些企业以交易佣金获得收入，还有的企业干脆提供免费的服务，依赖广告费获得收入。

7.1.3 “魏朱”六维度商业模式

在大多数关于商业模式，尤其是与网络经济相关的探讨时，商业模式被直观、狭义地等同于盈利模式，即企业如何盈利。实际上盈利模式仅仅是企业商业模式中的一个构成部分。魏炜和朱武祥在其《发现商业模式》一书中指出，商业模式本质上就是利益相关者的交易结构。企业的利益相关者包括外部利益相关者和内部利益相关者两类，外部利益相关者指企业的顾客、供应商、其他各种合作伙伴等；内部利益相关者指企业的股东、企业家、员工等。商业模式解决的是企业战略制定前的战略问题，同时也是链接客户价值和企业价值的桥梁。一个好的商业模式最终总能够体现为获得资本和产品市场认同的独特企业价值。

完整的商业模式体系包括定位、业务系统、关键资源能力、盈利模式、自由现金流结构和企业价值六个维度。

（1）定位

一个企业要想在市场中赢得胜利，首先必须明确自身的定位。定位就是企业应该做什么，它决定了企业应该提供什么样的产品和服务来实现客户的价值。定位是企业战略选择的结果，也是商业模式体系中其他有机部分的起点。

（2）业务系统

业务系统是指企业达成定位所需要的业务环节、各合作伙伴扮演的角色以及利益相关者合作与交易的方式和内容，业务系统是商业模式的核心。高效运营的业务系统不仅仅是赢得企业竞争优势的必要条件，同时也有可能成为企业的竞争优势。

比较常见的业务系统：自己负责研发和生产，而由经销商负责销售、融资和技术支持。

（3）关键资源能力

业务系统决定了企业所要进行的活动，而要完成这些活动，企业需要掌握和使用一整套复杂的有形和无形资产、技术和能力，我们称之为“关键技术和能力”。

对于创新型企业来说，核心团队所拥有的关键技术和能力是让业务系统运转所需要的重要资源和能力。

（4）盈利模式

盈利模式指企业如何获得收入、分配成本、赚取利润。盈利模式是在给定业务系统中各价值链所有权和价值链结构已确定的前提下，企业利益相关者之间利益分配格局中企业利益的表现。

一种企业可以使用多种收益和成本分配机制。例如，同样是媒体，电视台、报纸和互联网的收费方式不完全一样。

（5）自由现金流结构

自由现金流结构是企业经营过程中产生的现金收入扣除现金投资后的状况，其贴现值反映了采用该商业模式的企业投资价值。不同的现金流结构反映企业在定位、业务系统、关键资源能力以及盈利模式等方面的差异，体现出企业商业模式的不同特征，并影响企业成长速度的快慢，决定企业投资价值的高低、企业投资价值递增速度以及受资本市场青睐的程度。

（6）企业价值

企业价值，即企业的投资价值，是企业预期未来可以产生的自由现金流的贴现值。如果说定位是商业模式的起点，那么企业的投资价值就是商业模式的归宿，是评价商业模式优劣的标准。企业的投资价值由成长空间、成长能力、成长效率和成长速度决定的。好的商业模式可以做到事半功倍，即投入产出效率高、效果好，包括投资少、运营成本低、收入的持续成长能力强等。

企业的定位影响企业的成长空间，业务系统和关键资源能力影响企业的成长能力、效率以及盈利模式，并最终影响企业的自由现金流结构和企业价值。

7.2 商业模式设计的基本问题

商业模式是新企业盈利的核心逻辑，新企业只有开发出有效的商业模式，才能吸引足够多的顾客、供应商等参与合作，创建成功的新企业才真正可行。按照魏炜、朱武祥的商业模式，创业者的商业模式设计开始于定位，落脚于企业价值。这个过程中包括 8 个核心问题，要求创业者在设计商业模式时进行回答。这 8 个问题如下所示：

- 为谁提供产品或者服务？
- 提供什么样的产品或服务，为客户创造的独特价值是什么？
- 怎样组织资源进行生产？包括选址、团队、初始投资和必要的设备、生产工人。
- 怎样利用外部资源构建合作伙伴系统？哪些环节可以外包？
- 产品或者服务的成本结构如何？单位边际成本如何？
- 怎样构建销售网络并实现销售？包括：怎样定价？怎样包装？怎样促销？怎样建立销售渠道？怎样回收货款？
- 什么是企业的核心竞争力？是知识产权，还是实现低成本或者差异化的能力？
- 企业怎样实现快速扩张？

专栏：成功的商业模式的三个特征

著名咨询公司埃森哲指出成功的商业模式有如下三个特征：

第一，成功的商业模式要能提供独特价值。有时候这个独特价值可能是新的思想；而更多的时候，它往往是产品和独特服务的组合。这种组合要么向客户提供额外的价值；要么使得客户能用更低的价格获得同样的利益，或者用同样的价格获得更多的利益。

第二，商业模式是难以模仿的。企业通过确立自己的与众不同，如对客户的悉心照顾、无与伦比的实施能力等，来提高行业的进入门槛，从而保证利润来源不受侵犯。例如，人人都知道直销模式如何运作，也都知道戴尔公司是直销的标杆（“直销”只是戴尔公司完整商业模式的代表性词汇，而非其模式的全部），但很难复制戴尔的模式，原因在于“直销”的背后，是一整套完整的、极难复制的资源和生产流程。

第三，成功的商业模式是脚踏实地的。企业要做到量入为出、收支平衡。这个看似不言而喻的道理，要想年复一年、日复一日地做到，却并不容易。现实当中的很多企业，不管是传统企业还是新型企业，对于自己的钱从何处赚来，为什么客户看中自己企业的产品和服务，乃至有多少客户实际上不能为企业带来利润、反而在侵蚀企业的收入等关键问题，都不甚了解。

创业者对商业模式的设计是一个渐进的过程，从模糊的商业模式到清晰的商业模式，有些创业者及其团队要探索数年之久。著名电视人王利芬创建的优米网开始时定位为“与年轻人一起成长”的专业视频网站模式，但一直没有清晰的盈利模式，后来转型为“创业智慧提供商”，走在线创业培训课程模式，这一转变就花了数年的时间。

案例：周鸿祎——360免费商业模式

周鸿祎是中国互联网战场上出了名的“斗士”。从创办3721到创立奇虎360，周鸿祎一路与无数大公司及大佬过招，无论是雅虎还是金山抑或是腾讯，都领教过他的犀利。尤其是2006年7月问世的360，以颠覆式的免费模式，彻底搅动了互联网安全产业的市场格局。

360安全卫士系列安全软件获得海量用户，以浏览器导流量和网址导航为主要收入，这显然还不是奇虎最终的商业模式。从创业到上市，奇虎的商业逻辑在一环又一环地演进……奇虎360（以下简称奇虎、360）的招股说明书挑选了一些可以煽动美国投资者的数据：中国第3大互联网公司、第2大浏览器提供商、第1大互联网/移动安全公司，80%以上的渗透率，每月超过3亿的活跃用户。这些数据未来会变成什么？这是周鸿祎留给投资者的想象空间。从亚洲到美国，周鸿祎的上市路演不得不多费些口舌，因为奇虎在美国没有参照物，在中国也没有一个成形的榜样。

"周本人是实践型的创业者，不像布道者，"奇虎的一位员工这样评价自己的老板，"他认为商业模式不是想出来的，做一步看一步，是不断地试出来的"。在早年创办3721时曾使用过一些小手段，使得周鸿祎被冠以"中国流氓软件之父"的恶名。抱着"洗白"的念头，周鸿祎顶住董事会的反对，坚持要做360安全卫士。2006年，各种恶意软件肆虐互联网，而当时的安全厂商都统一将其归为杀毒范畴。与杀毒软件直面竞争不是最好的手段，周鸿祎通过各种舆论手段，把用户对病毒和木马的需求做了一个区分，硬生生地从杀毒软件厂商手里抢出一块市场。避重就轻，强化用户的潜在需求，人为地定位一个新市场，不与杀毒软件厂商直面冲突，顺利跻身安全市场。360安全卫士成为奇虎切入安全市场的先头部队，接下来的360家族越来越庞大。

360与QQ一样，都是免费的客户端，不同的是QQ具有很强的用户黏性，而360只是一个安全工具软件，用户可以轻易地将之抛弃。奇虎需要做的就是找到用户使用互联网时方方面面的安全需求，并用相应的方案满足用户：上网有"安全浏览器"，网购有"网购保镖"，玩游戏有"360保险箱"等。在路演时，周鸿祎给奇虎的定位是"互联网可信赖平台"。以安全的名誉，以安全软件为核心，推荐安全的软件和应用，对用户进行立体的、全方位的保护，这是黏住客户会员的关键所在。"360是以安全的名义'占领'你的电脑，包括一切与互联网相关的应用入口。"一位业内人士分析道，换掉一个产品很容易，如果是一整套方案，用户就不会轻易去换了。

当周鸿祎提出并实践了"免费安全"理念的五年内，360通过免费的商业模式及不断地升级产品与技术，迅速成长为中国最大的互联网安全服务提供商。自此以后，各安全厂商被迫走上了免费之路，而安全软件就像即时通信、搜索、电子邮箱一样，成为互联网的基础设施。

"360的安全产品会永远免费"，周鸿祎承诺，"所有那些著名的互联网公司，给网民提供的基础服务，都是免费的。所以360提供的基础服务，就是安全服务也会坚持免费。这和上不上市没有关系。360的安全服务做得越好，用户会越多，那么在这之上的浏览器用户也就越多，360自然可以在保障用户利益的前提下合理地赚钱"。

据360招股书显示，奇虎360于2009年实现盈利，收入419万美元，

2010 年这一数字上升至 850 万美元，增长超过 100%，可见周鸿祎已经找到了基于免费模式的盈利方式。

而在被问及 360 上市后，如何处理股东对免费服务提出异议的情况时，周鸿祎表示，免费是 360 商业模式的基础，也是 360 的核心价值所在，360 的投资者恰恰是因为理解并认同 360 的免费模式，才会投资 360，所以不会存在这种情况，360 的免费策略永远不会改变。

免费的商业模式才是王道。一种商业模式既可以统摄未来的市场，也可以挤垮当前的市场——在我们这个现代经济社会里，这并不是一件不可能的事情。在《长尾理论》作者克里斯·安德森——这位站在世界商业模式最前沿的时代巨擘眼里，“免费”就是这样的一种商业模式，它所代表的正是数字化网络时代的商业未来。

7.3　互联网对传统商业模式的挑战

工业时代的特点是集中化、机械化、标准化、流水线、大规模，企业内部的管理方式、生产方式、上下游合作方式都具有垂直线性的特点。以互联网为代表的新经济模式则反其道而行，强调网状协同、生态化、个性化、弹性、去中心化。

互联网给传统商业的批发和零售业务带来日益激烈的竞争压力。如果传统商业不改变其销售经营方式，使用电子商务技术的网上商业就会逐步蚕食传统商业的市场。首先，如果不考虑商品配送因素，网上企业没有北京、纽约的区别。每个企业都可以成为真正意义上的跨国企业——面向全球市场销售，与来自全世界的竞争者竞争、在全世界范围内招聘，与全球范围内的伙伴合作。对于有竞争优势的企业，这将大大拓展其市场机会。同时，通过互联网，企业可以 24 小时不分时区地提供客户支持服务，任何人在任何时刻都可以到企业的网站查找信息，订购商品，在线商店可以一年 365 天，一天 24 小时经营。而且商品的选购、下单以及支付都可由顾客在网上自行完成，企业可以在不增加销售人员的情况下增加业务量。

其次，随着社会产品的日益丰富，全球市场已从卖方市场向买方市场转移，消费者越来越挑剔，他们需要的是个性化服务。利用互联网的交互特性，企业和消费者可以进行双向交流，企业可以有针对性地为客户提供咨询与服务，以较低的成本给顾客提供产品定制服务，满足客户的个性化需求。例如，在著名的“戴尔电脑公司”主页上，顾客可以选择“定制”电脑，选择自己需要的配置，然后机器才从生产线上下来，真正做到了零库存。

最后，由于网上购物和在线销售的出现，消费者可以从互联网上直接选购自己需要的商品，生产者、批发商、零售商和网上零售商都可以建立自己的网站并营销商品，一部分商品的流通不再遵循传统商品的购进、储运、销售配送的业务流程，使传统的生产者—中间商—消费者的物流方式发生变化。物流配送开始向消费者末端延伸，这不仅涉及商品配送体系的结构调整，也涉及中间商职能的变化。

案例：美国80后夫妻中国创业记

一对美国年轻人因为破产，被逼出一个创业点子：他们在中国成立了一家电商公司，试图整合全世界特别是欧美小零售商的购买需求，直接从中国工厂买东西。29岁的美国得州小伙江文森（Jonathon Jenkins）和24岁的太太这对中文水平只停留在数字和最基本词汇水平的“80后”小夫妻，在中国杭州创业不到半年，就获得了300多万美元的融资，他们信心十足，甚至不把“邻居”阿里巴巴放在眼里。他们的“利器”是一家名叫OrderWithMe的外贸团购网站，CEO江文森管它叫“在线外贸2.0”。他把外贸团购网站的办公室设在了杭州，而采购地则主要是义乌等地。OrderWithMe上线四个月，先后挂出五百多种商品，主打时尚饰品和家具装饰，交易量12.5万美元。

2006年，大学毕业后的第三年，江文森在上海教英文，不用教课时他就去周边城市转悠。“当我到了义乌，我发现这边有各种各样的时尚首饰。”他看到了商机，辞掉上海的工作，回美国开了一家首饰店。此后的三年里，这个20多岁的美国小伙子几乎不到两个月就来中国采购一次。价格虽然便宜，但因为是外贸单，像耳环类的饰品他至少得进10打（120件）。因此，即便后来他又开了两家分店，存库还是非常大，加上饰品必须常更新式样，他陷入了一个恶性循环。避免破产的办法并不是没有，其中一种是从美国大的饰品经销商手里进货，可是这样一来，虽然省了事，但进货价很高，利润极为微薄。对中国甚为熟悉的江文森不甘心选择这一路径。

第一次创业失败后，他思考的一个问题便是：小的零售商能否联合起来？中国工厂的小商品外贸单起订门槛通常为50~100件，欧美小的零售商往往达不到这个标准。OrderWithMe的模式是，将小订单“打包”成一个大订单，达到外贸单批发量底限，以远低于海外批发商的价格拿货。说白了，普通的欧美零售商可以“拼团”购买中国工厂的产品。

传统的外贸流程至少涉及六个主体：工厂、出口商、进口商、批发商、零售商、消费者。一款中高档女式手提包从福建人蔡一贞的工厂生产出来时，价格大概是 60 元人民币，不到 10 美元。到达美国零售市场的时候，售价依地区不同在 40 ~ 70 美元；以往，美国小零售商苔丝·罗德里奎兹从美国批发商那里进货的价格大约为 18 ~ 22 美元，而 OrderWithMe 提供的团购价是 12 美元。OrderWithMe 虽然也是赚取团购价与产品出厂价的差价，但这个幅度显然要小得多。

OrderWithMe 的客户大多是来自美国、欧洲、东南亚一带的小零售商，他们的需求光怪陆离——“任何用真的竹纤维制成的东西”、“仿制的法国古董家具”、“质量像 LV、价格像沃尔玛的手提包”。他们中也有想要成为供货商的中国工厂主，还有来自迪拜、肯尼亚或是巴西的商人，想要在当地开设一个 OrderWithMe 的分支。

江文森觉得自己现在做的事“特别有意义”，从采购的角度来说，他认为也是在帮助那些中国的小工厂主们开拓海外市场、打造自己的品牌。“中国有那么多的工厂，他们生产的产品都无名无姓，或者好一点，就叫‘张氏’、‘高氏’或‘王氏’，”江文森说，“他们需要给产品一些‘人格’——就像你有个孩子，希望他有自己的个性一样。”

虽然常在杭州办公，但江文森并不把这座城市里的全球电商巨头——阿里巴巴放在眼里，这是因为他的阿里巴巴体验之旅并不愉快。“在阿里巴巴网站上，如果你输入‘手提包’，可能会出来 30 万种结果。中间环节是省去了，但这些美国个体户们依然不知道接下来该怎么做——他们不知道该打电话给谁，不知他们是否值得信任。”阿里巴巴虽然也推出了小额批发平台——全球速卖通（Aliexpress），但仍然存在海量信息和难以验真的困境。

“如果一家中国工厂说，我给你 1000 元，你把我的产品放到 OrderWithMe 上，”江文森说，“我会说，不，我挑选货物是因为它质量很好，而不是因为别人付了推广费用。”江文森采取这种模式与他的性格有关。他讨厌将简单事物复杂化，讨厌“暗箱操作”。他用“肮脏”来形容外贸行业，“因为里面太多欺诈，即使是我可称为朋友的人，也可能为了利益欺骗我”。

OrderWithMe 准确来说是“跨国拼单团购模式”。一般的消费类团购网站上介绍的产品或服务，哪怕只有一个人下单，也必须兑现。而 OrderWithMe 是先展示，然后拼单，最后看总购买量是否达到厂家的最低要求。如果 7 天后达不到最低采购量，那团购宣告失败。

现在江文森团队中的一部分在积极寻找国外的零售客户，另一部分则是从成千上万的中国商品中遴选出符合国外市场审美的商品，然后寻找合适的厂家并确认订单起订量、订单完成时间，以及商品是否能达到无铅、无镍、无镉的出口环保标准。江文森最得意的设计是把社交网络的元素杂糅进去，让美国的个体户们决定买什么，还是不买什么——你可以参与投票，决定网站初步遴选的上百件商品中哪些可以进入团购序列，你也可以留言偏爱哪种颜色，或是想更换某种零件。甚至你想下单的东西过了团购期，你也可以从历史记录里把它翻出来，投票决定它是否可以重新进入团购序列。

2011 年 11 月，这家帮助美国中小零售商以批发价格采购中国商品的网站获得“TechCrunch Disrupt 北京”创业竞技场的冠军称号。

7.4 商业模式的验证和调整

商业模式的验证有两种方式：一种是咨询专家意见；另一种是由市场验证。前者能为创业者完善商业模式提供参考意见；后者才是商业模式的真正试金石，试验的大多数结果是需要继续改进和完善，很多时候需要完全放弃然后重新设计，几乎没有一种新商业模式不经过改进就能获得成功。

当尝试过一系列的营销方式仍不能成功时，创业者无须固执坚守自己所设计的商业模式，而应该适时调整。伟大的公司大多经历过此过程，只有动态和变化才是商业模式设计的不变真理。

专栏：创业公司成功转型商业模式的秘密

或许大部分人都知道，Google 当年并不被人看好，甚至布林和佩奇曾想以 100 万美元的价格卖给雅虎，但被雅虎拒绝。后来 Google 花了四年的时间才找到一个有效的商业模式，终于成就了今天的 Google。但下面的事情可能就没多少人知道了，例如现在炙手可热的 Groupon，当年并不叫 Groupon，而是“thePoint. com”。他们的工作主要是为慈善机构募捐，但当时慈善真的很难做，所以他们顺带着向别人兜售一些其他的东西。结果，成就了现在这个市值近百亿的团购公司。

像这样的例子还有更多，Yelp 在成为点评网站之前是提供邮件推荐服务的。Twitter 刚开始是一个将电话转成播客的网站，后来又经营短信转发和传播，再后来才是现在的 Twitter。

以上创业公司都经过了成功的模式转换，在这种“转变”背后可能是迫不得已、意外，当然也有可能是顺理成章。但无论如何，这不是随便就能实现的。当你在创业过程中出现困境、诱惑或分歧，如何辨别哪些是玻璃而哪些是钻石，或者如何寻求有效的转变，这就需要创业者进行一些准备和习惯转变了。

习惯放弃自己的东西。在“改变世界”之前，你需要不断地努力。而最重要的是，那些努力真的是“不断的”。当看不到希望的时候，你就会发现你做的东西简直一文不值。所以，你要习惯改变，把你做的那些没人要的东西扔掉，即使它花费了你大量的心血。

你并不知道未来什么会成功。当你做一个有趣的语音播客时，或许人们并不感兴趣，他们可能对那个可以转发短信的功能异常感兴趣。因此不要尝试抱怨用户不识货，而应当去掉那个无用的语音播客，围绕短信分享功能做一些尝试。或许有一天你就成了下一个 Jack Dorsey。

你必须承受不断的辱骂。在你创业成功之前，你想象不到会有多少侮辱和讽刺。每一个用户都想对你指指点点，甚至会经常把你骂得狗血喷头。习惯吧，这是创业中必不可缺的洗礼，但你要学会从大量的辱骂言辞中寻找出一些真诚的建议。

要想从你的客户那里追回应得的报酬，有时必须用点狠招甚至撕破脸面。真正赢得一个客户是把他们的钱安全地放进自己的口袋，否则不要说你有多少客户。

最后记住：失败很正常。我们都犯过错误，我们对朋友、投资人、爱人的希望都曾破灭过。如果你坦然接受了，这其实没什么。但是要准备好东山再起。不要感到羞愧，不断地尝试，直到你已经无法再从这样的失败中获得经验。如果经历了以上所有情况之后，你还能保持一个健康的身体和清醒的头脑，那就意味着你已经准备好开始你的事业了。

案例：用友的商业模式创新

用友软件股份有限公司（以下简称“用友”）成立于 1988 年，顺应时代发展潮流，不断调整企业创新方向。由最初的财务软件不断创新，最终在该领域中一枝独秀。20 世纪 90 年代末期，随着 ERP 软件引入中国以及国内企业对于管理类软件的大量需求，用友又开发出以 U8 为代表的管理软件，独揽国内软件行业半壁江山。进入信息化时代，随着人力成本的提升和用户对信息越来越高的需求，用友 2010 年施行“云计算战略”，借助开发者社区聚合广泛的生态链伙伴为企业提供各种各样的云应用服务，实现多种互动服务手段，高效响应客户需求。2013 年，用友制定了“平台化发展，产业链共赢”的业务策略，调动产业链的力量共同为企业提供服务，用友则做好软件开发这一核心工作并对伙伴提供支持。

回顾 20 世纪 80 年代，计算机还只是 286 档次，使用的操作系统一般为

DOS，大多数数据库为 DBASEⅡ、DBASEⅢ，这时的计算机使用水平很低。绝大多数用户为了满足会计核算和报表统计的需要，自行开发成为惯例，造成低水平重复、对个人的依赖性强等痼疾。而一些大用户通过委托开发方式解决较大规模使用的问题，但由于修改、增加、维护工作不掌握在自己手中，给使用带来了诸多不便。同时由于财务处理的规范性，这些都为通用会计核算软件提供了市场契机。

当时还在国家机关从事会计电算化工作的王文京下定决心和好友苏启强研制通用的会计核算软件。经过几个月的努力，使用编译 DBASEⅢ数据库语言开发的用友财务处理软件于 1989 年 3 月在北京软件交易会上正式亮相，得到了用户首肯。1990 年，用友新增用户 650 家，销售额达 200 万元，在财务软件领域站住了脚。

1993 年新会计制度的执行极大地促进了国内会计核算软件市场发展，在国内掀起了使用财务软件的热潮。外企涌入中国，为中国的管理软件行业带来了 ERP 的概念。各公司由于采用的平台、使用的工具都差不多，功能的优劣、使用的简便、运行的稳定就成了用户选择财务软件的主要参考指标，用友公司根据用户的反映，集中人力、物力走规范化开发道路，推出了第一款 ERP 软件——U8。

U8 拥有集成、精准、高效的企业运作平台，成熟应用，不断创新，而且总体成本低，能够帮助企业实现业务运作的全程管理与信息共享，同时拥有规范的业务流程，操作严格。重大、关键、意外事件的上通下达、经营评价的科学透明和及时可由关键业绩指标的多维度来反映，明确与统一部门与员工的职责权利，也能与供应商、渠道及客户上下游协同运作。

2011 年用友积极推进和实施云战略，结合自身的优势，通过云计算技术和服务商业模式的创新，为企业和机构提供丰富的企业云服务、行业云服务，为企业信息化创造更好的应用体验，给客户提供更多的价值，更多的选择。用友 U8 + 率先实现了从 ERP 到“软件 + 云服务”的跨越，用先进技术为成长型企业构建出集“精细管理、产业链协同、云服务”为一体的管理与电子商务平台。通过“软件 + 云服务”的模式，U8 + 可以让企业管理者管理更轻松、经营更敏捷、决策更智慧、协同更紧密、应用更时尚。基于强大的 UAP 平台，U8 + 不仅提供了覆盖数十个行业应用的 U8 All - in - One 全面信息化管理方案，还支持应用商店模式，通过 UAP 开发平台集成了大量成熟的客户化开发成果，借助开发者社区聚合广泛的生态链伙伴为企业提供各种各样的云应用服务，并利用 U8 + 的服务社区，实现多种互动服务手段，高效响应客户需求。

2012年用友财务报表显示，用友2012年总收入为42.35亿元，净利润为4.17亿元，同比降低了27.2%，业绩情况不容乐观，深层次分析有以下几个原因，首先是高端市场缺乏核心支撑，目前国内很多企业正实施国际化战略，IT系统必须支撑企业的全球化运作，原有的国产系统在扩展性方面面临很大难题，使得企业进退两难。其次是用户产生了新需求，一些新兴的国内在线管理软件服务提供商以更低的价格和更快更新的服务抢占了用友的低端市场。最后是人力成本的增加吞噬了一大部分利润。

2013年用友确定了"平台化发展，产业链共赢"的战略，对商业模式做了巨大的改动，它包括两个转变。其一是业务聚焦、平台化转型。软件行业和很多行业一样，有三个核心环节：研发、营销、交付。在软件和解决方案方面，用友将主要精力聚集在平台、标准应用产品及少数核心行业解决方案上，通过合作伙伴进行社会化和集约化的交付完成。其二是调动产业链的力量共同为客户服务。用友把合作伙伴大体分成三类：一是产品开发，二是营销，三是服务合作伙伴。用友会用2~3年的时间实现中端业务全伙伴的经营，与此同时，高端业务80%的咨询实施也将通过伙伴交付。

对于创新，用友创始人王文京有自己的理解，"创新实际上就是企业不断适应市场和客户需要的过程。持续创新是企业发展的必然要求，一次创新是远远不够的"。他认为，市场、产业、技术都在不断发展变化，而且这种变化是波浪式的。通过一次创新，企业会获得一定发展，但在企业发展的过程中，新浪潮会不断涌现。这个浪潮可能来自技术，也可能来自产业本身，还可能来自市场的变化。这种情况下企业必须不断创新，否则就可能被新的浪潮淹没。

推荐书目

魏炜、朱武祥著：《发现商业模式》，机械工业出版社，2009年版。

行动学习指引

A 案例分析

根据商业模式设计的八大问题，描绘出"友好企业"的商业模式。

找到"友好企业"的竞争对手，分析比较"友好企业"竞争对手的商业模式，找到值得"友好企业"借鉴的地方。

B　反思和执行

考虑互联网的影响，分析“友好企业”商业模式可以加以改进的地方。

找到行业专家和创业导师，倾听他们对“友好企业”商业模式及其改进方案的看法。

请将上述结果反馈给“友好企业”创业团队。

第 8 章　环境、行业与竞争分析

三百六十十行，行行出状元。

——中国古谚

知彼知己者，百战不殆。

——《孙子·谋攻》

学习目标：

☞ 掌握 PEST 分析
☞ 了解行业的基本属性和分类
☞ 掌握行业五力模型分析方法
☞ 掌握产业链分析方法
☞ 掌握竞争对手分析方法
☞ 了解数据和情报的可能来源

环境、行业和竞争分析的目的是找出那些有吸引力的细分行业，并为企业定位提供基本情报。如果企业所处行业不是非常具有吸引力，企业可以跳出该行业并重新作出行业定位。企业可能处在一个平均利润较低的衰退行业中，但是如果它恰好占据了优势地位，其业绩也会非常好。

8.1　宏观环境分析（PEST）

宏观环境又称总体环境，是指影响一切行业和企业的各种宏观力量。对宏观环境因素作分析，不同行业和企业根据自身特点和经营需要，分析的具体内容会有差异，但一般都应对政治（Political）、经济（Economic）、技术（Technological）和社会（Social）这四大类主要外部环境因素进行分析。简单地，称之为 PEST 分析法。这种方法相对简单，可以通过头脑风暴的方法来具体实施。下面分别进行详细介绍四个方面的分析。

8.1.1 政治与法律环境

政治与法律环境对企业经营活动具有重要影响。不同的国家有着不同的社会性质，不同的社会制度对组织活动有着不同的限制和要求。即使在同一国家，社会制度不变，由于不同时期执政党的不同，政府的方针特点、政策倾向对组织活动的态度和影响也是不断变化的。

具体来说，政治因素分析包括国家和企业所在地区的政局稳定状况；执政党所要推行的基本政策以及这些政策的连续性和稳定性。这些基本政策包括产业政策、财政和税收政策、政府订货及补贴政策等。就产业政策而言，国家确定的重点产业总是处于优先发展地位。因此，处于重点行业的企业，其增长机会就多，发展空间大。那些非重点发展的行业，发展速度慢，甚至停滞不前，因而处于这种行业的企业大多很难取得进展。另外，政府的税收政策也会影响企业的财务结构和投资决策，资本持有者总是愿意将资金投向那些具有较高需求且税率较低的产业或部门。

政府因素对企业行为的影响包括限制性作用和指导性作用两种。政府有时以资源供给者的身份出现，例如，一方面，政府对自然资源（森林、矿山、土地等）和农产品国家储备的政策和立场，将对一些企业的战略选择产生重大影响；另一方面，政府有时以顾客的身份出现，扮演消费者，政府订货对军事、航空、航天等国防工业有重大影响。此外，政府贷款和补贴的增加对行业的发展也有着积极的影响。

8.1.2 经济环境

经济环境主要包括宏观和微观两个方面的内容。宏观经济环境主要指一个国家的人口数量及其增长趋势，国民收入、国民生产总值及其变化情况以及通过这些指标能够反映的国民经济发展水平和发展速度。微观经济环境主要指企业所在地区或所服务地区的消费者收入水平、消费偏好、储蓄情况、就业程度等因素。这些因素直接决定着企业目前及未来的市场大小。

一般而言，在经济大繁荣时，市场扩大，需求增加，企业发展机会多；相反的，如果宏观经济低速发展、停滞或倒退，市场需求增长很小甚至负增长，这样，企业的发展机会自然就很少。

在微观经济层面上，企业还要考虑消费结构、储蓄与信贷、城市化程度、劳动力供给、消费者收入水平、通货膨胀率等因素。这些因素都影响企业的经营和发展。

8.1.3 社会人文环境

社会文化环境和一个社会的态度和价值取向有关，包括一个国家或地区的居民教育程度和文化水平、宗教信仰、风俗习惯、价值观念、审美观点、人口统计特征等。文化、习俗和道德观念的差异造成人们不同的消费偏好，进而影响企业的经营。文化水平会影响居民的需求层次；宗教信仰和风俗习惯会禁止或抵制某些活动的进行；价值观念会影响居民对组织目标、组织活动以及组织存在本身的认可与否；审美观点则会影响人们对组织活动内容、活动方式以及活动成果的态度。

另外，人们的价值观念也对企业经营产生影响，比如人们对婚姻、工作方式、工作与娱乐的关系、公正、教育、退休等方面的态度影响企业的工作安排、管理行为以及报酬和激励制度等。

人口统计特征是社会环境的重要因素之一，包括人口数量、人口密度、年龄结构的分布及其增长、地区分布、民族构成、职业构成、宗教信仰构成、家庭规模、家庭寿命周期的构成及发展趋势、收入水平、教育程度等。人口结构的变动，人口老龄化的趋势导致老年人市场需求的增长和劳动力供应紧张。

此外，城镇化是中国社会发展正在发生的变化，未来仍将影响众多行业的发展，为创业者带来新的机会和挑战。

8.1.4 技术环境

技术的变革为企业的发展提供了机会并带来了威胁。新技术的出现会催生新的行业；技术的进步促使企业使用新材料并采用新的生产工艺和流程，以提高产品的质量和性能，降低生产的成本。创业者应及时了解相关技术领域的最新变化和未来趋势。

在企业技术创新过程中，同行企业不得不采取近乎一致的技术选择方法、产品主导设计模式、核心技术路线、技术整合方式、产品和工艺技术标准以及主流制造流程。这被称为产业技术轨道。企业要充分研究产业技术轨道向前延伸的技术可能性和市场需求。

8.1.5 其他环境

全球化是当今创业者需要考虑的一个新的因素。商业市场的全球化不仅为企业创造了机遇，也带来了挑战。企业可以选择进入有价值的全球市场，这是创业者的机会，同时创业者也要认识到这些市场中潜在的竞争威胁。例如，全球外部市场的发展为创业者带来了新的机会，通过为全球的制造商提供专业化的服务，可以为企业提供新的成长机会。

互联网（包括移动互联）技术的发展同样给定位于传统产业的创业者带来了挑战和机会。企业的产品更容易被消费者认知和获得，为创业者提供市场机会的同时，也带来了更多的竞争。信息传播速度和信息获取得更加便利，都需要创业者加以充分利用并构造自己的竞争优势。

以上是 PEST 分析的主要框架。需要指出的是，PEST 分析本身并不提供分析指标的选择和评估标准，具体的分析结果依赖于战略分析者的能力和水平，尤其是对于宏观经济形势的判断是非常困难的。有时候，宏观经济专家可能根据相同的证据对宏观经济发展做出相反的判断。

分析总体环境的一个关键目标是辨别外部因素中预期的变化和趋势。关注于未来，总体环境分析让企业抓住机会和识别威胁。

8.2 行业的含义与属性

行业是指从事国民经济中同性质的生产或其他经济活动的经营单位和个体等构成的组织结构体系。在生活中，行业经常与职业混淆，如从事导游职业经常被说成是干“导游”这一行的。在经济领域，行业经常与产业混用，尽管在汉语中，行业和产业有差异，但在英文中是一个词：industry。

8.2.1 行业生命周期

通常，每个行业都要经历一个由成长到衰退的发展演变过程，即行业的生命周期。行业的生命周期可以分为幼稚期、成长期、成熟期和衰退期。处于幼稚期和成长期的行业被称为朝阳行业，意为该行业具有较大的发展前景，而处于衰退期的行业被称为夕阳行业。

行业的幼稚期也叫引入期，此时行业中只有为数不多的企业。消费者对此行业中的产品和服务还缺乏了解，因此，市场需求较小。较高的产品成本和较小的市场需求使得在此类行业中创业面临较大的风险。

在行业的成长期，生产技术逐渐成熟，产品成本逐渐降低，产品的客户接受程度逐渐增强，开始有大量的竞争对手进入。随着竞争的加剧，企业所获得的超额利润越来越少，直到市场需求达到饱和，整个行业进入成熟期。

处于成熟期的行业被少数具有规模优势的大厂商控制，产业集中度高。厂商之间的竞争从价格竞争转向非价格竞争，在位企业靠规模和品牌筑起一道较高的进入障碍，新企业较难进入。

在行业的衰退期，由于大量替代品的出现，市场开始萎缩，行业陷入萧条，但这些行业最终未必消亡。

创业者可以从以下数据对行业生命周期所处阶段做出判断：行业规模的增速、产出增长率、利润率水平、开工率、从业人员的职业化水平和收入状况和风险资本的投资数量变化等。

8.2.2　行业的周期性

根据行业的变动和国民经济总体的周期变动关系，可以将行业分为增长型行业、周期型行业和防守型行业。

增长型行业的运动状态与经济活动总水平的周期及其振幅无关，这些行业主要依靠技术进步、新产品推出及更优质的服务实现增长。

周期型行业的运动状态与经济周期直接相关，可以是正相关，也可以是负相关。消费品业等产品需求弹性大的行业是典型的周期型行业。

防守型行业的产品需求相对稳定，不受经济周期的影响。这些行业的产品需求弹性比较小，例如，生活必需品和公共服务业。

8.2.3　行业的产业政策

产业政策是指国家根据国民经济发展的内在要求，调整产业结构和产业组织形式，从而提高供给总量的增长速度，并使供给结构能够有效地适应需求结构要求的政策措施。产业政策是国家对经济进行宏观调控的重要机制。包括产业结构政策、产业组织政策和产业布局政策。

产业结构政策是根据经济发展的内在联系，揭示一定时期内生产结构的变化趋势及过程，并按照生产结构的发展规律规定各产业部门在社会经济发展中的地位和作用，同时提出协调生产结构内部比例关系及保证生产结构顺利发展的政策措施。产业结构政策的核心是促进产业结构的合理化，提高产业结构的转换能力。从推动产业结构合乎规律的转换中求速度、求效益。

产业组织政策是国家根据国民经济运动规律调整产业组织形式和结构，从而提高供给总量的增长速度，使供给总量适应需求总量要求的所有政策措施及手段的总和。产业组织政策的任务是协调生产者之间的关系及组织结构、规模结构，使之合理化和高效化，促进资源的有效分配和产业效率的提高，最终促进供给的增加。产业组织政策的主要内容是通过利用规模经济、组织适度竞争秩序、提高产业技术等途径，实现产业组织的高效化和合理化。

产业区域布局政策即产业空间配置格局的政策。这一政策主要解决如何利用生产的相对集中所引起的“积聚效益”，尽可能缩小由于各区域间经济活动的密度和产业结构不同所引起的各区域间经济发展水平的差距。

研究国家产业政策，可以帮助创业者选择要进入的行业，使得创业活动与国家产业政策一致，从而获得国家的大力支持。

专栏：产业集群

产业集群是指同一产业积聚于一定地理区域的现象。产业集群的核心是在一定空间范围内产业的高集中度，有利于降低企业的成本、提高生产率，促进企业创新。对于创新型企业来讲，产业集群非常重要。

产业集群能够为企业提供一种良好的创新氛围，降低企业创新的成本。集群是培育企业学习与创新能力的温床。企业彼此接近，会受到隐形的竞争压力，迫使企业不断进行技术创新和组织管理创新。由于存在着竞争压力和挑战，集群内企业需要在产品设计、开发、包装、技术和管理等方面，不断进行创新和改进，以适应迅速变化的市场需要。一家企业的知识创新很容易外溢到区内的其他企业，因为这些企业通过实地参观访问和经常性的面对面交流，能够较快地学习到新的知识和技术。在产业集群中，由于地理接近，企业间密切合作。这有利于各种新思想、新观念、新技术和新知识的传播，增强企业的研究和创新能力。

8.2.4 行业的市场结构

市场结构是指一个行业内部买方和卖方的数量及其规模分布、产品差别的程度和新企业进入该行业难易程度的综合状态，也可以说是某一市场中各种要素之间的内在联系及其特征，包括市场供给者之间（包括替代品）、需求者之间、供给者和需求者之间，以及市场上现有的供给者、需求者与正在进入该市场的供给者、需求者之间的关系。

市场集中度，就是某产业市场前几名企业市场份额占整个市场的比例。市场集中程度越大，新企业越难进入。

划分一个行业属于什么类型的市场结构，主要有以下三个依据：

第一，本行业内部的生产者数目或企业数目。如果本行业只有一家企业，那就可以划分为完全垄断市场；如果只有少数几家大企业，那就属于寡头垄断市场；如果企业数目很多，则可以划入完全竞争市场或垄断竞争市场。一个行业内的企业数目越多，其竞争程度就越激烈；一个行业内企业数目越少，其垄断程度越高。

第二，本行业内各企业生产者的产品差别程度。这是区分垄断竞争市场和完全竞争市场的主要依据。

第三，进入障碍的大小。一个行业的进入障碍越小，其竞争程度越高；反之，其垄断程度就越高。

根据这三个划分依据，将市场划分为完全竞争市场、垄断竞争市场、寡头垄断市场和完全垄断市场四种市场类型。

完全竞争市场中，厂商数目众多、厂商所提供的产量相对于市场规模而言只占很小的份额，并且厂商进入和退出没有障碍。在完全竞争市场上，每个厂商均面对既定的市场价格，单个厂商的产量变化不会对市场价格造成影响。传统农产品市场较类似完全竞争市场。

垄断竞争市场存在许多卖方，厂商生产有差异的产品，企业通过产品差异产生垄断优势，此类市场存在进入壁垒，但进入壁垒较小。由于产品差异性的存在，生产者可以建立自己的品牌。现代农业（如有机品牌蔬菜）以及大部分消费品是垄断竞争市场。

寡头垄断指相对少量的生产者在某种产品的生产中占据很大的市场份额，该行业的进入壁垒较高，产品是标准化的或是稍有差异的。这类行业初始投入资本较大，大规模生产方能获得好的效益。我国的通信业、石油业就是寡头垄断。

完全垄断市场是只有一家厂商提供所有供给的市场结构。垄断厂商可以采取价格歧视定价策略。在分割的市场上，垄断厂商对需求价格弹性小的消费者或在需求价格弹性小的市场上索要较高的价格。我国的铁路运输业、电力供应、自来水等公用事业等都是完全垄断。

8.3　行业的分类标准

8.3.1　国际标准

联合国经济和社会事务统计局曾制定《全部经济活动国际标准行业分类》，并建议各国采用。该标准将行业分为 10 个大门类：

（1）农业、畜牧狩猎业，林业和渔业；

（2）采矿业及土石采掘业；

（3）制造业；

（4）电、煤气和水；

（5）建筑业；

（6）批发和零售业、饮食和旅游业；

（7）运输、仓储和邮电通信业；

（8）金融、保险、房地产和工商服务业；

（9）政府、社会和个人服务业；

（10）其他。

8.3.2 中国国家标准

1985 年，我国国家统计局明确划分三大产业：农林牧渔为第一产业，工业和建筑业为第二产业，除此之外的都是第三产业。为了适应市场经济发展的需要，1994 年，国家制定了行业分类标准，2002 年对其做了进一步的修订。《国民经济行业分类》国家标准（GB/T4745—2002）共有行业门类 20 个，行业大类 95 个，行业中类 396 个，行业小类 913 个，基本反映出我国目前的行业机构状况。大的门类从 A 到 T 如下所示：

A 农、林、牧、渔业

B 采矿业

C 制造业

D 电力、热力、燃气及水生产和供应业

E 建筑业

F 批发和零售业

G 交通运输、仓储和邮政业

H 住宿和餐饮业

I 信息传输、软件和信息技术服务业

J 金融业

K 房地产业

L 租赁和商务服务业

M 科学研究和技术服务业

N 水利、环境和公共设施管理业

O 居民服务、修理和其他服务业

P 教育

Q 卫生和社会工作

R 文化、体育和娱乐业

S 公共管理、社会保障和社会组织

T 国际组织

8.3.3　证监会分类办法

2012 年 11 月，证监会发布了《上市公司行业分类指引》修订版。该指引对上市公司分类的原则是：以上市公司营业收入等财务数据为主要分类标准和依据，所采用财务数据为经过会计师事务所审计并已公开披露的合并报表数据。当上市公司某类业务的营业收入比重大于或等于 50%，则将其划入该业务相对应的行业。当上市公司没有一类业务的营业收入比重大于或等于 50%，但某类业务的收入和利润均在所有业务中最高，而且均占到公司总收入和总利润的 30% 以上（包含本数），则该公司归属该业务对应的行业类别。不能按照上述分类方法确定行业归属的，由上市公司行业分类专家委员会根据公司实际经营状况判断公司行业归属；归属不明确的，划为综合类。

该《指引》将行业分为 19 个大门类。

A　农、林、牧、渔业

B　采矿业

C　制造业

D　电力、热力、燃气及水生产和供应业

E　建筑业

F　批发和零售业

G　交通运输、仓储和邮政业

H　住宿和餐饮业

I　信息传输、软件和信息技术服务业

J　金融业

K　房地产业

L　租赁和商务服务业

M　科学研究和技术服务业

N　水利、环境和公共设施管理业

O　居民服务、修理和其他服务业

P　教育

Q　卫生和社会工作

R　文化、体育和娱乐业

S　综合

8.4 行业的五种基本竞争力量

迈克尔·波特的五力模型是分析行业吸引力的重要模型，如图 8－1 所示。该模型包括五种基本竞争力量：购买者、供应商、潜在进入者、替代品和现有的竞争者。这五种力量决定着行业内的竞争强度和行业的整体获利能力。

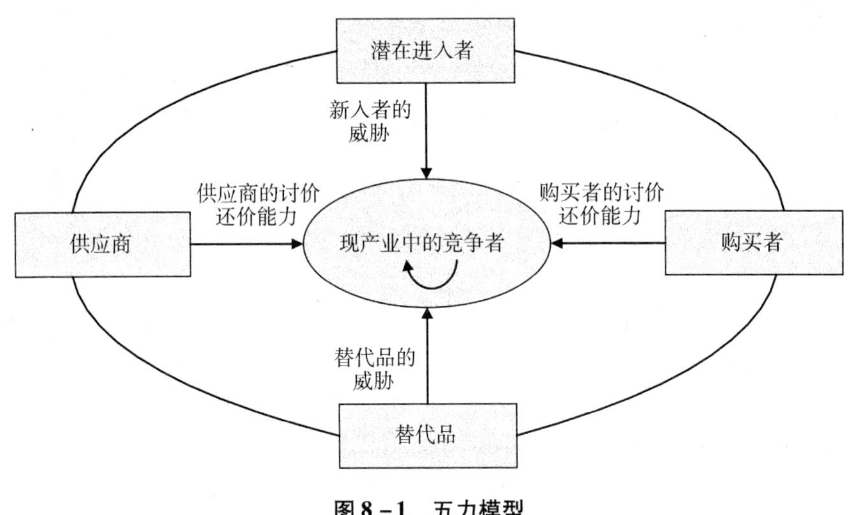

图 8－1 五力模型

8.4.1 购买者的讨价还价能力

购买者的讨价还价能力越弱，越有利于创业。一般来说，满足如下 4 个条件的购买者可能具有较强的讨价还价力量。

第一，购买者的总数较少，而每个购买者的购买量较大，占了卖方销售量的很大比例。

第二，卖方行业由大量相对来说规模较小的企业组成。

第三，购买者所购买的基本上是一种标准化产品，同时向多个卖主购买产品在经济上也完全可行。

第四，购买者有能力实现后向一体化，而卖主不可能前向一体化。

8.4.2　供应商的讨价还价能力

供方主要通过其提高投入要素价格与降低单位价值质量的能力，来影响行业中现有企业的盈利能力与产品竞争力。供方力量的强弱主要取决于他们所提供给买主的投入要素是什么，当供方所提供的投入要素价值构成了买主产品总成本的较大比例、对买主产品生产过程非常重要或者严重影响买主产品的质量时，供方对于买主的潜在讨价还价力量就大大增强。一般来说，满足如下 3 个条件的供方集团会具有较强的讨价还价力量。

第一，供方行业为一些具有比较稳固市场地位而不受市场激烈竞争困扰的企业所控制，其产品的买主很多，以至于每一单个买主都不可能成为供方的重要客户。

第二，供方各企业的产品各有特色，以至于买主难以转换或转换成本太高，或者很难找到可与供方企业产品相竞争的替代品。

第三，供方能够方便地实行前向联合或一体化，而买主难以进行后向联合或一体化。

8.4.3　替代者的威胁

两个处于不同行业的企业，由于所生产的产品是互为替代品，从而在它们之间产生相互竞争行为，这种源自替代品的竞争会以各种形式影响行业中现有企业的竞争战略。第一，现有企业产品售价以及获利潜力的提高，将由于存在着被用户接受的替代品而受到限制；第二，由于替代品生产者的侵入，现有企业必须提高产品质量，或者通过降低成本来降低售价，或者使其产品具有特色，否则其销量与利润增长的目标就有可能受挫；第三，源自替代品生产者的竞争强度，受产品买主转换成本高低的影响。总之，替代品价格越低、质量越好、用户转换成本越低，其产生的竞争压力就越强。来自替代品生产者的竞争压力的强度，具体可以通过考察替代品销售增长率、替代品厂家生产能力与盈利扩张情况来加以描述。

创业者必须考虑替代品对创业的影响。当创业者是市场中第一个经营某种商品或者商品类型者时，他们有时认为自己没有面临竞争的原因是“我们是第一家做这种生意的”。他们忽略了替代品在功能方面的竞争。替代品为定价限定了上限，如果某种产品要价过高，将迫使顾客转向其他产品。

8.4.4　新进入者的进入壁垒

新进入者在给行业带来新生产能力、新资源的同时，希望在已被现有企业瓜分完毕的市场中赢得一席之地，这就可能与现有企业发生原材料与市场份额的竞争，最终导致行业中现有企业盈利水平降低，严重的话还可能危及这些企业的生存。

进入障碍主要包括规模经济、产品差异、资本需要、转换成本、销售渠道开拓、政府行为与政策、商业秘密、产供销关系、学习与经验曲线效应、自然资源、地理环境等，其中有些障碍是很难借助复制或仿造的方式来突破的。

创业者必须跨越进入壁垒，之后还必须建立进入壁垒以阻止他人跟从或者减弱其发现的机遇。如果创业者发现了一个容易进入的产业，那么别人同样也比较容易进入。这使得机会转瞬即逝，因为低门槛是无利可图产业的典型特征。

8.4.5 现有企业的竞争

竞争是市场经济的本质，创业者应尽量避免在竞争激烈的行业中创业。

以下情形中，现有企业的竞争会非常激烈：行业进入障碍较低，势均力敌的竞争对手较多，竞争参与者的范围广泛；市场趋于成熟，产品需求增长缓慢；竞争者企图采用降价等手段促销；竞争者提供几乎相同的产品或服务，用户转换成本很低；退出障碍较高，即退出竞争要比继续参与竞争的代价更高。

8.5 产业链分析

随着行业内分工向纵深发展，传统产业内部不同类型的价值创造活动逐步由一个企业主导变为多个企业共同参与。这些企业构成上下游关系，形成一个产业链条，实现了从原材料到最终消费品的生产。产业链分析的目的是了解产业内价值创造的关键环节，并为创业者做企业定位提供参考。

产业链是基于产业内分工而形成的链状系统，产业内分工越细，产业链就越长，相应的环节越多，产业链也就越复杂。根据各环节对产业链发展的影响程度和作用的不同，将产业链划分为关键环节、主导环节和配套环节。

关键环节是产业链发展和运行不可缺少的环节，它往往控制和影响着产业链的发展壮大，在一定的环境下常常会成为产业链发展的“瓶颈”，具有垄断、可控以及不可替代等特点。其垄断特点可以表现为对资源、技术的垄断，以及行政指令造成的垄断。不同类型的产业链，其关键环节也往往不同。对于制造业和高技术产业而言，技术研发环节往往是关键环节。例如，计算机产业，芯片的研制和系统软件的开发是其发展的关键环节。可以说，关键环节是产业链发展的控制点，谁控制了关键环节谁就拥有了产业链发展的话语权。

主导环节是指能够带动并领导产业链发展的环节，主导环节的规模在很大程度上决定或影响产业链的整体规模。在汽车产业中，作为主导环节的整车生产制造涉及到了车型的设计、零部件的生产制造以及整车销售、服务等众多环节，对汽车产业的发展具有很强的带动作用，其规模也直接影响了汽车产业的整体规模。

配套环节对产业整体规模的影响非常小，但也是产业链不可缺少的组成部分。例如，在计算机产业中，生产制造鼠标和键盘的价值含量较低，但也不可缺少。

创业者应尝试绘制产业链图，找到产业链中的空白点或者弱点，实力较弱者可以从“拾遗补缺”做起，逐步成长。

专栏：锂离子电池产业链

锂离子电池上游是金属矿产资源，下游是各种数码产品、电动工具以及电动汽车行业。除此之外，一个完整的锂离子电池产业链还包括锂离子电池的回收利用。锂离子电池产业链结构图如图 8－2 所示。

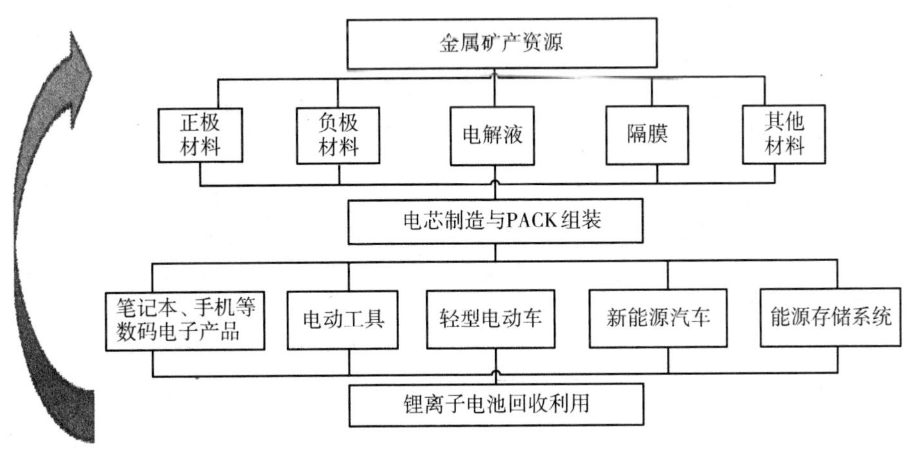

图 8－2　锂离子电池产业链结构图

在低碳经济、节能减排的大环境下，新能源汽车代表着未来汽车行业的发展方向，是中国汽车工业赶超世界汽车工业的新起点。锂离子电池是新能源汽车的主要动力之一，新能源汽车产业化将直接带动锂离子电池市场快速增长，再加上传统的消费电子、电动工具和电动自行车以及新能源储能系统对锂离子电池需求的增加，锂离子电池及其材料市场空间巨大。锂离子电池产业发展的关键在于上游的电池材料，特别是正极材料、电解液和隔膜等核心电池材料的性能是决定锂离子电池能否大规模应用的关键因素。

上游的电池材料环节制约着锂离子电池的产业化发展，特别是其中的正极材料、电解液以及隔膜中的关键原材料六氟磷酸锂更是该行业规模发展的“瓶颈”。另外，在发展低碳经济以及节能减排的大背景下，锂离子电池的回收利用环节显示出极大的投资价值，其投资机会不容忽视。

锂离子电池上游矿产资源主要是碳酸锂、铁、锰、钴、镍金属，其中钴和锂用量最大，而且自然界储量有限。2008 年全球碳酸锂产量为 9.3 万吨，需求约为 10 万吨，其中电池产品用锂占 28% 左右。随着动力电池的逐渐产业化，对碳酸锂的需求将迅速增加，上游的碳酸锂资源将出现供不应求的局面。目前在位厂商主要有中信国安、西藏矿业、天齐锂业等。

锂离子电池材料主要包括正极材料、负极材料、隔离膜、电解液，其他还有铝铂、铜箔、黏结剂等。其中正极材料占全部成本的 33% 左右；负极材料占比较低，为 10%；电解液和隔膜分别占成本的 12% 和 30% 左右。

正极材料很大程度上影响电池的性能，可以说正极材料的发展引领着锂离子电池的发展。目前已批量应用于锂离子电池的正极材料主要有钴酸锂、镍酸锂、锰酸锂、钴镍锰酸锂以及磷酸铁锂。随着技术的不断突破，动力锂离子电池应用范围的不断扩大，磷酸铁锂和三元材料由于其优异的综合性能，其市场份额将不断增加，成为未来锂离子电池正极材料的发展方向。目前在位企业有北京当升、北大先行、斯特兰、湖南杉杉和天骄科技等。

与正极材料相比，负极材料占锂离子电池成本比重较低，而且国内已经实现产业化。负极材料以石墨、固体碳粒为主，还包括少量的合金系材料。由于碳系负极材料的发展现已相当接近其理论电容量，所以矽、银、铝、锡、硫化物等合金系负极材料是锂离子电池厂商的必争之地。不过目前合金系材料由于其性能不稳定，应用比例相对较低，大规模产业化还需时日。

隔膜的重要功能是隔离正负极并阻止电子穿过，同时允许离子通过，从而完成在充放电过程中锂离子在正负极之间的快速传输。隔膜性能直接影响着电池内阻、放电容量、循环使用寿命以及安全性能，对提高电池的综合性能具有重要的作用。由于锂离子电池具有潜在的爆炸危险，并且在体积上越来越大，技术上要求效率更高、功率更强，因此隔膜的安全性相当重要。

电解液主要原材料为六氟磷酸锂（LiPF6），由于生产技术难度非常高，目前被关东电化学工业、SUTERAKEMIFA、森田化学等几家日本企业垄断。电解液是锂电产业链中盈利能力较强的环节之一。

由于电芯组装生产工艺和技术相对成熟，在原材料供应能够得到保证的情况下，国内大部分锂离子电池厂商均能生产出锂离子电池电芯。但由于制造动力电池涉及电芯组合，必须保证电芯的一致性，这样对电池的生产设备提出了更高、更专业的要求，所以设备资金投入很大。相对其他上游电池材料行业而言，这是劳动密集型产业，国内外涉足该领域的企业众多。目前在位企业主要有比亚迪等。

锂离子电池产销量的不断增加，报废的锂离子电池给环境造成了严重的污染。另外，锂离子电池中含有较多的金属元素，其中钴是一种稀有的贵重金属，在矿石的含量很低，资源稀少，其回收将具有巨大的经济价值。随着电池回收再生技术的不断发展，特别是微生物冶金技术在锂离子电池处理中成熟的运用，锂离子电池中的各种材料如钴、石墨、电解液以及其他金属材料也将凸显回收价值。目前专注于锂离子电池回收利用的企业还比较少，主要是因为锂离子电池回收处理的工艺复杂，从锂离子电池中提取锂的难度较大。较高的进入壁垒造成该领域的企业不多，且大部分只对其进行简单分类处理，并没有深度处理废弃物。在我国极力建设环境友好型社会、致力于发展低碳经济的大背景下，此环节更是凸显极高的投资价值。目前在位企业有广东邦普、深圳格林美和方圆科技等。

8.6　竞争分析

在筹备创业以及企业的发展过程中，创业者必须清晰地知道竞争对手的状况。所谓“知己知彼，方能百战不殆”。

8.6.1　竞争对手的界定

（1）现有的竞争对手

现有的竞争对手是和创业企业生产和销售同样的产品或者类似功能的产品的在位企业。

（2）潜在的竞争对手

潜在的竞争对手包括以下几种：有明显经验效应或协同性收益的企业、前向一体化或后向一体化企业、非相关产品收购者，进入将给其带来财务上的协同效应、具有潜在技术竞争优势的企业。

8.6.2 竞争对手的战略

创业者可以从以下几个方面来分析竞争对手的战略。

定位：可以从竞争对手的“愿景、目标和使命”系统入手搜集信息进行分析。

整体战略：低成本，差异化，还是聚焦？

营销策略：细分市场定位、定价、包装、促销、渠道、售后服务。

生产与运作策略：生产/作业单位的数量、规模和位置、生产能力、订货周期。

研究和开发策略：研发经费投入、研究团队、产学研合作、专利技术、新的研发方向和项目。

8.6.3 优势和劣势分析

对竞争对手的优势和劣势分析可以遵循如下分析框架。

产品和服务：包括功能、价格、服务等。

营销能力：包括品牌、渠道、客户忠诚度等。

研发和技术能力：包括生产技术先进性、团队能力等。

内部管理和运营：生产设备、工艺、组织制度、激励制度、成本和费用的控制能力、优质品率等。

社会资源：包括政府关系、特定行业的许可证、客户关系和供应商关系等。

专栏：竞争对手对竞争的反应

在寡头垄断行业中，创业者要考虑竞争对手的反应。竞争对手对竞争的反应无非以下三种：不采取反击行动、防御性反击和进攻性反击。具体可以分为6种反击模式。

(1) 坐观事变者，不立即采取反击行动。其原因可能是深信顾客的忠诚度，也可能是没有反击所需的资源，还可能是未达到应予反击的程度。

(2) 全面防御者，会对外在的威胁和挑战做出全面反应，以确保其地位不被侵犯。

(3) 死守阵地型反击。因为其反击范围集中，而且又有背水一战拼死一搏的信念，所以反应强度相当高。这类反击行动是比较有效的。又因为是集中在较小范围内的反击，所以其持久力也较强。

(4) 凶暴型反击者。这一类型的企业面对其所有领域的进攻都会做出迅速而强烈的反击。例如，宝洁公司决不会任由竞争者的某种洗涤剂投放市场。凶暴型反击者向竞争对手表明，最好不要碰他，老虎的屁股摸不得。

(5) 选择型反击者。可能只对某些类型的攻击做出反应，而对其他类型的攻击则不然。因此，必须了解这种类型反击者的敏感部位，避免不必要的冲突。

(6) 随机型反击者。它的反击最不确定，或者根本无法预测，它可能会采取任何一种可能的反击方式。

8.7　数据和情报来源

数据决定视野，情报影响决策的正确性。在环境、行业和竞争分析中，创业者最好能够收集到第一手材料，也就是本节讲的情报和数据。借助于互联网和专业数据库，除了少数极为特殊的行业外，创业者都可以找到足够多的数据来支撑自己的决策。

8.7.1　宏观经济数据

宏观经济数据指的是政府（包括国家、省、市等）给出的全局性数据，如人口、GDP、价格指数，利率、国际收支、全社会固定资产投资、社会消费品零售总额、企业景气指数、货币供给、财政收入和支出等数据。

政府部门是此类数据的重要来源，创业者可以从国家统计局网站和政府部门组织编写并发布的各种统计年鉴、公报、白皮书等获得此类数据。

8.7.2　行业相关数据

产业政策一般由国务院相关主管部门发布。国家发展与改革委员会、国家商务部、国家工业和信息化部、国家农业部、国家科技部等都会发布相关产业政策。此外，每年年底的中央经济工作会议和年初的政府工作报告都为创业者提供了政策导向。

行业发展状况和趋势方面的数据，可以从行业协会以及专业的研究机构获得。细分行业的分析报告一般价格不菲，市场报价一般在每份5000～10000元。创业者可以借助大学图书馆和大学专门的研究机构间接获得。证券公司所属的研究人员所做的行业分析报告可信度较好，但一般无法从互联网获得。创业者可以想办法与证券分析师和相关专家建立联系，以获得行业最新信息。

竞争对手的数据一般可以从竞争对手的宣传网页、广告或者年报获得。大公司一般较少在网站上披露重要信息，但如果该公司上市，则可以从交易所网站查找该公司公开的年报、季报以及各种临时报告。一些未上市的中小企业经常把重要的战略信息放在公众互联网上，创业者应避免泄露自己的重要信息。

8.7.3 技术变化趋势情报

想获得有关技术变化趋势的情报，最快捷的办法是咨询该领域内的技术专家。技术专家一般会热心地帮助创业者，给创业者指明方向。

创业者也可以自行查阅技术文献。如果创业者本身就具有技术专业背景，则可以亲自到大学图书馆查阅学校购买的专业学术文献。

另外一个比较好的办法是参加相关论坛或者其他活动，这种方法可以使创业者同时向众多技术专家学习，可以与行业内的知名专家面对面地讨论，锻炼自己的敏锐嗅觉，帮助创业者更准确地把握技术和行业发展趋势。

8.7.4 投融资情报

了解私募股权投融资数据，可以帮助创业者选择行业。一个细分行业投融资活动活跃程度反映了风险投资专家对该细分行业的判断。创业者需要注意的是投融资活跃程度的变化反映出来的投资趋势具有一定的滞后性。

一些专业咨询机构定期发布一些公开报告，供创业者参考。这类报告一般是投资机构重点关注的行业。创业者可以关注这些咨询机构的网站获得此类情报。

如果创业者想获得关于自己创业领域的专门的投资数据，可以访问这些机构的数据库，对相关领域做细致的检索。投中集团的 CVSource 私募股权与风险投资数据库和清科集团的数据库都是非常好的数据库，创业者可以就相关投资问题咨询创业导师。

8.7.5 竞争情报

竞争情报的主要来源包括以下几个：

第一，年度报告；竞争产品的文献资料；内部报纸和杂志。这些是非常有用的，因为它们记载了许多详细信息，如重大任命，员工背景，业务单位描述，理念和宗旨的陈述，新产品和服务以及重大战略行动等。

第二，竞争对手的历史。这有利于了解竞争对手文化、现有战略地位的基本原理以及内部系统和政策的详细信息。

第三，广告。借此可以了解主题、媒体选择、花费水平和特定战略的时间安排。

第四，行业出版物。这有利于了解财务和战略公告、产品数据等诸如此类的信息。

第五，公司官员的论文和演讲。这有利于获得内部程序细节、组织的高级管理理念和战略意图。

第六，销售人员的报告。虽然这些经常带有偏见，但地区经理的信息报告提供了有关竞争对手、消费者、价格、产品、服务、质量、配送等此类的第一手资料。

第七，顾客。来自顾客的报告可向内部积极索要获得，也可从外部市场调研专家处获得。

第八，供应商。来自供应商的报告对于评价诸如竞争对手投资计划、行动水平和效率等是非常有用的。

第九，证券分析师。行业研究也可能提供有关某一竞争对手在特定国家或地区的有用信息。

第十，雇用的高级顾问。可以雇用从竞争对手那里退休的管理人员或者管理咨询专家作为自己的顾问。

推荐书目

迈克尔·波特著：《竞争战略》，华夏出版社，2005 年版。

杰恩·巴尼著：《获得与保持竞争优势》，清华大学出版社，2003 年版。

行动学习指引

A　团队讨论

讨论以下语句的含义：择高处立，就平处坐，向宽处行。

B　案例分析

广泛收集数据，为“友好企业”做环境、行业和竞争分析。包括宏观环境分析报告、行业分析报告、产业链分析，请尝试绘制产业链图，并将主要在位企业标注在产业链图上。

对“友好企业”的竞争对手进行分析。

将竞争分析结果呈交给“友好企业”创始人，并倾听他及其团队的看法。

第 9 章　创业战略

资源是企业成长的依托，决定了企业的成长方向和极限。

——彭罗斯

能力是企业成长的内在动力。

——钱德勒

学习目标：

☞ 理解战略的含义
☞ 掌握“资源”和“能力”的相关理论
☞ 掌握 SWOT 分析方法
☞ 掌握 VRIO 分析方法
☞ 掌握 KSF 分析方法
☞ 理解企业战略体系的构成和含义
☞ 了解战略领导力及战略管理方法

环境、行业和竞争分析的目的是帮助创业者选择一个有吸引力的行业并了解竞争对手。通过环境分析，可以做到“知彼”。而要做到“知己”，还需要分析创业者所拥有的资源和能力。在“知己知彼”的基础上方可制定对企业成功具有决定意义的战略。

9.1　创业战略概述

企业战略是企业的目标、意图或目的，以及为达到这些目的而制定的主要方针和计划，其本质是要适应环境变化并保持企业长久生命力和盈利能力。

创业战略是创业者基于对目前资源和形势的分析结果对企业远景的规划和行动思路。创业战略决定了创业企业成长的方向，为创业者一步一步地实现创业目标提供行动思路和计划。

9.1.1 创业战略的内容和层次

创新型企业的创业战略决策包括以下六个方面：对创业地域的选择、对创业行业的选择、对细分市场的选择、组织研发、生产和营销活动的策略，以及关键资源获取策略。前三个方面取决于外部环境和创业者及其团队的专业背景和价值取向，后三个方面取决于企业的内部资源和条件。

创业战略包括三个层次：公司战略、业务战略和职能部门战略。公司战略是决定公司发展方向以及业务构成单位；业务战略是确定如何创立与维持独特的竞争优势以确保长期盈利，也就是所谓的竞争战略；职能部门战略是各个职能部门确保公司战略和业务战略有效实施的决策，其中最重要的是人力资源策略、融资策略、研发策略、生产策略和销售策略。

9.1.2 创业战略规划

创业战略规划的本质是资源和机会的匹配，它是一个动态的过程，创业者要时刻审视环境与内部的变化并迅速做出反应。创业战略规划主要有以下三个步骤。

第一，研究外部环境条件及趋势，识别外部机遇与风险。这个过程告诉创业者企业应该做什么。

第二，分析公司的独特能力和内部资源优势。这个过程告诉创业者企业能够做什么。

第三，评估和决定机遇与资源的最佳匹配，这个过程要考虑创业者的个人价值与抱负，创业者需要适当整合资源以匹配所要开发的“商机”。

在企业创建初期，资源迅速汇聚，优势逐步体现，创业团队要及时根据内部资源的变化制订新的行动计划。在企业进入稳步发展期之后，创业团队对战略的审视周期可以长一些。

9.1.3 创业战略过程

典型的创业战略过程如图 9 - 1 所示。

创业战略始于创业者的理想。创业者的理想与创业者所处环境和所受教育有直接的关系。

创业者在理想的指引下，结合创业环境和行业状况，形成创业企业（团队）的“愿景和使命”。除非重大事件发生，企业的“愿景和使命”不会轻易改变，并将成为企业持续发展的动力源泉。

创业者进而基于对环境、行业和竞争对手的深刻分析，对企业进行定位，

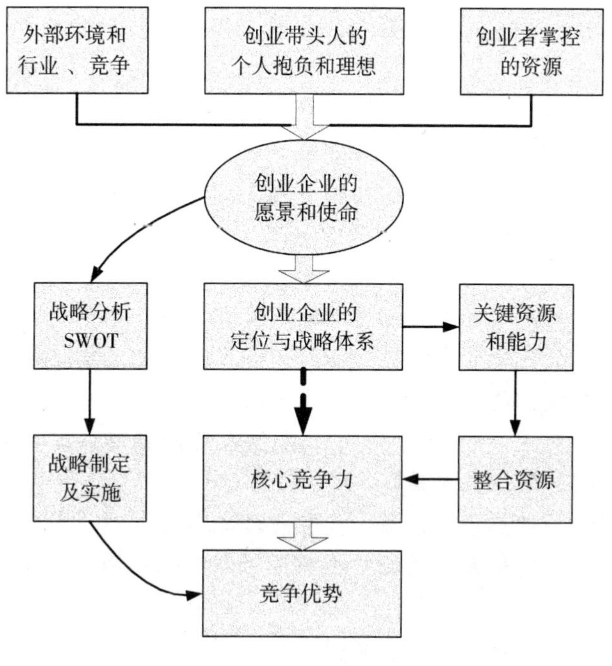

图 9－1　创业战略过程

同时考虑与“商机”匹配的“资源”缺口，并整合所需资源。创业者还需要辨别出关键资源和核心能力，并逐步依赖关键资源和核心能力建立竞争优势，实现企业的快速成长。

创业者在制定战略时，既要有远大的理想和足够的气魄，又要脚踏实地，立足现实，考虑现在拥有的和可能拥有的各种资源和条件。切实可行而又目标远大的战略就是创业者打出的一面旗帜，凭借这面旗帜，创业者得以召唤和汇聚各方人才为“企业愿景”努力奋斗。

专栏：企业的愿景和使命

愿景（Vision）是描绘企业期望成为什么样子的一幅图景，就是企业最终想实现什么。它是一幅充满激情的画面，帮助团队成员意识到自己应该做的事情。好的愿景积极而充满感情，给人压力和挑战。愿景反映了企业的价值观和渴望，企业希望借助愿景吸引每一位雇员，最好还能吸引其他利益相关者，如股东。愿景的表述最好是相对简短和精确，而且容易记忆。企业的核心团队和高层管理者必须与愿景保持一致。

使命（Mission）指明了一家企业意图参与竞争的一个或者多个业务，以及所要服务的顾客。使命基于愿景，又比愿景更具体。一家企业的愿景比较持久，而使命会根据不断变化的外部环境发生变化。与愿景一样，使命要使企业区别于其他企业，与所有利益相关者有关，并且能够鼓舞人心。当员工能够强烈感受到引导他们努力工作以帮助企业实现愿景的道德标准时，企业更有可能形成有效使命。

下面是一些著名企业的愿景和使命。

麦当劳公司的愿景：成为世界上服务最快、最好的餐厅。

麦当劳公司的使命：在世界上任何一个社区都成为我们员工的最好雇主，在每一家餐厅为我们的顾客提供专业优秀的服务。

福特汽车的愿景（使命）：让每个美国人都能拥有汽车（亨利·福特成立福特汽车公司时的企业愿景）。

苹果电脑公司的愿景：让每人拥有一台计算机。

苹果电脑公司的使命：借推广公平的资料使用惯例，建立用户对互联网的信任和信心。

通用电气的愿景：使世界更光明。

通用电气的使命：以科技及创新改善生活品质。

华为公司的愿景：丰富人们的沟通和生活。

华为公司的使命：聚焦客户关注的挑战和压力，提供有竞争力的通信解决方案和服务，持续为客户创造最大价值。

迪斯尼公司的愿景：成为全球的超级娱乐公司。

迪斯尼公司的使命：使人们过得快活。

戴尔公司的愿景：在市场份额、股东回报和客户满意度三个方面成为世界领先的、基于开放标准的计算机公司。

戴尔公司的使命：在我们服务的市场传递最佳顾客体验。

上述企业都没有提到获取超额利润，尽管这是企业的经营目标之一。财务方面的收获来源于企业正确地服务于特定的顾客。换言之，超额利润是企业努力实现其愿景和使命的过程所结出的果实。

9.1.4 创业者对战略的认识误区

（1）战略不重要，生存才是第一位

生存是第一位的，同时也是创业企业的战略规划要解决的最关键问题。切实可行的目标对企业发展起着积极的引导作用。

（2）总是改变战略就等于没有战略

有些创业者认为，战略应该具有稳定性，必须要实施 3 ~4 年，否则就不算是战略，如果每年都对战略进行改变，就等于没有战略，而是跟时髦。

战略规划最致命的弱点是它假设环境变化是可以预测的。实际上，创业者面临着快速变化的竞争环境，一项创新结果的高度不确定性导致创业者必须及时调整战略方向，“边走边看”是创业战略决策的常态。

（3）没有战略就是最好的战略

还有的创业者认为，既然竞争环境瞬息万变，那不如不考虑战略，专心做产品的生产和销售。战略是方向，方向错了，企业永远到不了成功的彼岸。创业者在“埋头拉车”的同时，必须学会“抬头看路”。

很多企业都把策略当成了战略，就是把做什么、怎么做当成战略了，把具体的操作步骤、流程当成了战略。我们的企业经常是先确定要做什么事情，在这个既定的前提下，将怎么组织人、怎么组织钱、怎么来打市场作为企业的战略。这么做实际上意味着企业没有战略，而是直接到了策略层面。

还有一些企业，比如已经投资布局了几个行业，他们的战略就是把这几个领域做强做大。这不是战略，这是把目标替代为战略了。

9.2　资源

9.2.1　资源理论

波特的“五力模型”给出了企业行业定位的方法，但却忽略了企业内部。因此，以 Barney 等为代表的资源理论学派对此进行了猛烈的回击。

资源基础理论（RBT）是以“资源（Resources）”为企业战略决策的思考逻辑中心和出发点，以“资源”连结企业的竞争优势与成长决策。RBT 的中心是从企业的“异质性”去观察企业内部的资源及能力，其重点在于识别、澄清、配置、发展企业独特的资源与能力，并能与企业的竞争优势和生存发展息息相关。企业竞争地位的差别要归结为企业拥有资源形态的差别，竞争优势是构建在企业所拥有的异质性资源上的。企业间的竞争就可以看作是异质性资源层面的竞争，如何独占某些资源或打破竞争对手对资源的独占成为竞争的焦点。

9.2.2　资源的类别

本书对资源的分类主要参考了 Galbreath（2005）的研究。他将公司资源分为两大类（在公司层面上）：有形资源和无形资源。其中有形资源是那些在公司资产负债表上显示的资源，包括金融资产和实物资产；而无形资源（包括无形资产资源和技能资源）是那些非实物也非金融的资产，基本上不在资产负债表上显示。无形资产资源主要表现为组织资产、声誉资产、知识资产。技能资源包括创业和管理团队的专业技能和专业知识（Know－how）。无形资产资源和能力资源的区别在于：无形资产资源是企业所“拥有”的，它是一项资产；而技能资源是企业所“做”的，它是一种技巧或者能力。

无论是有形资源还是无形资源，对于创新型企业而言，都是有价值的。创新型企业的资源可以分为如下5类。

技能资源（Skills and Capabilities）：包括创业团队的技术、创业和管理经历和能力；经理的经验和专业知识，研发人员的专业知识，以及整个管理及研发团队的合理性。

知识资产（Intellectual Property）：知识资产包括企业的专利、技术秘密、商标、专有设计、版权等。

声誉资产（Reputation Assets）：包括产品/服务的声誉、公司的声誉、创业团队的声誉。

组织资产（Organizational Assets）：包括企业的规章制度、运营结构、与政府的契约（许可牌照）、与其他成熟企业的契约（订单）、创新文化和人力资源政策。

有形资产（Tangible Assets）：指能够在公司资产负债表上显示的资源，包括固定资产，如场地、厂房、生产设备，以及金融资产，如流动资产、股票。

上述5种资源的关系如图9－2所示。

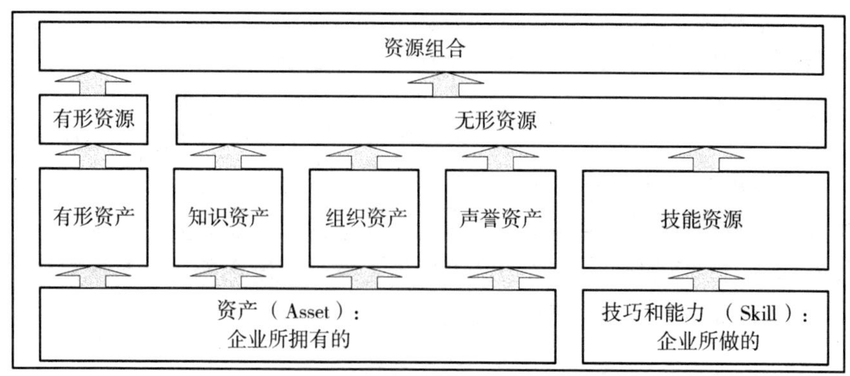

图9－2　创业企业的资源组合

9.2.3　核心能力

按照资源理论，能力是资源的一种，是存在于组织中的综合知识，例如，管理能力、组织学习能力、营销能力等，都是企业至关重要的能力。能力潜藏于创业团队成员并与团队成员融为一体，可以被传承和转化，因此是持久竞争优势的源泉。

核心能力又称为核心竞争力，是能够为企业带来长期竞争优势的能力，它表现为企业经营中的积累性知识。它能够为用户带来巨大的价值，竞争者难以复制或模仿。

核心能力是企业竞争力的一个构成部分，有核心能力的企业，一般都有较强的竞争力；有竞争力的企业，不一定具有核心能力。

专栏：VRIO 分析

所谓 VRIO，就是价值（Value）、稀有性（Rareness）、难以模仿性（Inimitability）和组织（Organization）。VRIO 模型最早由杰恩·巴尼提出，巴尼在《从内部寻求竞争优势》一文中概括了该模型的核心思想：可持续竞争优势不能通过简单地评估环境机会和威胁，然后仅在高机会、低威胁的环境中通过经营业务来创造。可持续竞争优势还依赖于独特的资源和能力，企业可把这些资源和能力应用于环境竞争。为了发现这些资源和能力，管理人员必须从企业内部寻求有价值的、稀缺的、模仿成本高的资源，然后经由他们所在的组织开发利用这些资源。

弗莱舍和本苏桑认为，只有那些通过 VRIO 测试的资源才能被认为是具有竞争力的、有价值的资源，进而使企业获得竞争优势。

VRIO 由以下四个问题构成：

（1）价值（Value）问题：企业的资源和能力能使企业对环境威胁和机会做出反应吗？

（2）稀有性（Rareness）问题：有多少竞争企业已拥有某种有价值的资源和能力？

（3）难以模仿性（Inimitability）问题：不具备这种资源和能力的企业在取得它时与已经拥有它的企业相比较处于成本劣势吗？

（4）组织化（Organization）问题：一个企业的组织有充分利用资源和能力的竞争潜力吗？

9.2.4 关键资源和核心能力的判断

资源理论认为，企业竞争优势来自该企业特有的异质性资源，而非与其他企业相近的同质性资源。企业的资源和能力如果满足如下四个方面，就将为企业带来持续竞争优势。

第一，有价值的。该资源和能力可以帮助企业减少威胁或利用机会。

第二，稀缺的。该资源和能力不被他人拥有。

第三，难以模仿的。该资源和能力不能被他人所模仿。

第四，不可替代的。不具有战略对等性的资源。

按照这四种属性，资源和能力对企业竞争优势的影响以及和企业绩效的关系可以总结如表 9 - 1 所示。

表 9 - 1 资源指标和竞争优势、公司绩效

价值	稀缺性	难以模仿性	不可替代性	竞争形势	公司绩效
无价值	不稀缺	可模仿	可替代	处于竞争劣势	低于平均水平
有价值	不稀缺	可模仿	可替代	处于平均位置	平均水平
有价值	稀缺	不可模仿	可替代	临时竞争优势	临时超过平均绩效
有价值	稀缺	不可模仿	不可替代	持续竞争优势	出众的绩效

资料来源：Carmeli，2002。

9.3 SWOT 分析与定位

按照企业竞争战略的完整概念，战略应是一个企业“能够做的”（即组织的强项和弱项）和“可能做的”（即环境的机会和威胁）之间的有机组合。SWOT 分析方法将外部环境分析、行业分析、竞争分析与企业内部分析相结合，帮助创业者认清外部的机会和威胁，内部的优势和劣势，并从中寻找战略组合。创业者可以从该分析所得到的战略组合中优选战略。S 代表 Strength（优势），W 代表 Weakness（弱势），O 代表 Opportunity（机会），T 代表 Threat（威胁），其中，S、W 是内部因素，O、T 是外部因素。

创业者可以将调查得出的各种因素根据轻重缓急或影响程度等排序，构造 SWOT 矩阵。典型的 SWOT 矩阵如表 9 - 2 所示。

表9－2　典型的SWOT分析矩阵

	内部优势（1、2、3…）	内部劣势（1、2、3…）
外部机会（1、2、3…）	SO战略选择（1、2、3…）	WO战略选择（1、2、3…）
外部威胁（1、2、3…）	ST战略选择（1、2、3…）	WT战略选择（1、2、3…）

在这个过程中，要将那些对企业发展有直接的、重要的、大量的、迫切的、久远的影响因素优先排列出来，而将那些间接的、次要的、少许的、不急的、短暂的影响因素排在后面。

优势—机会（SO）组合是企业的增长型战略组合，当企业具有特定方面的优势，而外部环境又为发挥这种优势提供有利机会时，可以采取该战略。例如，良好的产品市场前景、供应商规模扩大和竞争对手有财务危机等外部条件，配以企业市场份额提高等内在优势可成为企业收购竞争对手、扩大生产规模的有利条件。

弱点—机会（WO）组合是企业的扭转型战略组合。企业利用外部机会弥补内部弱点，例如，若企业弱点是原材料供应不足和生产能力不够，从成本角度看，前者会导致开工不足、生产能力闲置、单位成本上升，而加班加点会导致一些附加费用。在产品市场前景看好的前提下，企业可利用供应商扩大规模、新技术设备降价、竞争对手财务危机等机会，实现纵向整合战略，重构企业价值链，以保证原材料供应，同时考虑购置生产线来克服生产能力不足及设备老化等缺点。通过克服这些弱点，企业可能进一步利用各种外部机会，降低成本，取得成本优势，最终赢得竞争优势。

优势—威胁（ST）组合经常被认为是企业的多元化组合。企业利用自身充足的现金、熟练的技术工人和较强的产品开发能力，开发新技术产品，或者利用新技术、新材料和新工艺提高产品质量，从而回避外部威胁。

劣势—威胁（WT）组合是企业的防御性战略组合。当企业存在内忧外患时，往往面临生存危机。这时将迫使企业采取目标聚集战略或差异化战略，克服弱点，回避风险。价值链分析可为此类企业提供具体方法与途径。

创业者必须找到并确定自己在资源、能力和核心竞争力方面的优势和不足。在对自己的企业进行SWOT分析之后，经常发生的情况是，创业者发现企业的劣势很多，威胁严重。但创业者同时面临的机会很大，自身的优势多少也会有一些。创业者大可不必为此而气馁。创业者可以在WO战略组合中找到适合自己的机会，并创造性地组织和整合资源，从而构建企业的核心竞争力。创业者可以尝试外包的方式来构建企业价值链，学会“专注”并立志成为世界“隐形冠军”。

专栏：世界隐形冠军

“世界隐形冠军”之父——哈佛商学院教授赫尔曼·西蒙先生认为“隐形冠军”就是一些名不见经传、却在某个小行业里做到顶峰的中小企业。它们有无可动摇的行业地位，稳定的员工队伍，高度的创新精神和丰厚的利润回报。

西蒙认为，“世界隐形冠军”的成功之道在于以下八点。

第一，他们奋斗的目标就是在自己的领域内成为全球领袖，不作他想，并孜孜不倦地追逐这一梦想。

第二，隐形冠军公司把市场定义看作他们战略的一部分。通过自己观察顾客需求和相关的技术，把他们各自的市场定义得很窄。他们是高度专注的公司，强调深度而不是广度。

第三，隐形冠军们把自己在产品和专有技术方面的独到造诣与全球化营销结合起来。通过自己的子公司来服务全球的目标市场，不把客户关系交给第三方。

第四，隐形冠军都非常贴近客户，尤其是顶级客户。他们不是单靠技术或者市场取胜，而是通过技术与市场共同驱动取胜。

第五，隐形冠军公司无论产品还是生产流程都是高度创新的。他们的创新活动是全球导向的，是持续不断的。

第六，隐形冠军在产品质量和服务方面创造战略竞争优势。他们总是和最强大的对手“亲密接触”。为了保持企业的活力，他们会主动出击，不惜一切代价维护行业地位。

第七，隐形冠军依仗的是他们自己的力量。他们不相信什么战略联盟，也不像其他公司那样热衷于业务外包。他们认为，他们的竞争优势就在于有些事情只有他们才做得了。

第八，隐形冠军有着非常强大的企业文化，与之相联系的是卓越的员工认同感与积极性。对新员工的挑选非常苛刻，企业领导非常杰出，而且一般都掌舵几十年。

9.4 价值链分析

著名战略学者迈克尔·波特提出的“价值链分析法”，把企业价值活动分为主要活动和辅助活动，如图9－3所示。

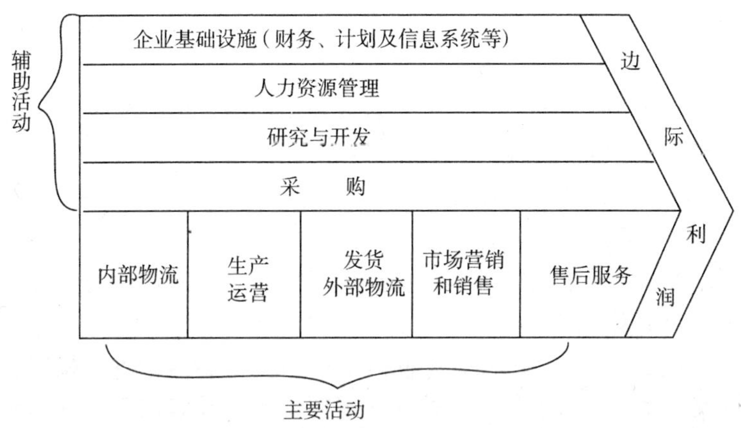

图9－3　企业价值链

价值链分析帮助创业者理解运营环节中，哪些是创造价值的活动，哪些是无法创造价值的活动。主要活动包括产品的生产、销售、配送以及售后服务。辅助活动为主要活动提供必要的支持。

创业企业创建之初应尽量减少辅助活动所需要的人员。通常情况下，老板同时也是销售员，而且是人力资源主管、研发组长和采购经理。企业内部除了生产人员就是营销人员，几乎没有辅助人员，从而将创业企业的成本控制在最低限度，由此获得比竞争对手更强的优势。随着企业的发展壮大，一些非业务部门才逐渐建立起来，并形成自己的辅助活动体系。

创业者要将竞争优势建立在主要活动的某个环节上。对于生产型的企业来说，较低的产品成本或者较高的产品质量都会帮助企业建立竞争优势。有时候，特殊的客户资源将成为竞争优势，但创业者需要警惕客户资源的流失。

如果企业的资源和能力不足以支撑某项主要活动或者辅助活动的相对优势，外包是创业者可以考虑的一种解决办法。作为企业获得零部件、成品或者服务的一种方式，外包是创业企业从外部供应商那里购买的一种可以创造价值的服务。事实上，极少有企业在所有主要和辅助活动中都拥有实现竞争优势的一切资源和能力。

一般来说，创业者通常外包的业务内容主要是信息技术，其次是人力资源、财务和会计、外部物流，以及零部件的生产。此外，销售和售后服务也可以外包出去，此时，企业需要专注于设计和（或）制造。

9.5 KSF——关键成功因素分析法

关键成功因素分析对创业者创建企业并走向成功非常重要。关键成功因素可以从其他企业的成功经验或者失败教训中总结出来，特别是失败企业的教训，对创业者更加有意义。

关键成功因素的确定步骤如下：

第一，确定企业或 MIS 的战略目标。

第二，识别所有的成功因素，主要是分析影响战略目标的各种因素和影响这些因素的子因素。

第三，确定关键成功因素，不同行业的关键成功因素各不相同。即使是同一个行业的组织，由于各自所处的外部环境的差异和内部条件的不同，其关键成功因素也不尽相同。

第四，明确各关键成功因素的性能、指标和评估标准。

创业者及其团队可以通过判别矩阵的方法来定性识别行业关键成功要素，如表 9－3 所示。创业者及其团队可以采用集中讨论的形式对矩阵中每一个格子进行打分。一般采用两两比较的方式，相对于企业实现既定战略目标，如果 A 因素比 B 因素重要则打 2 分，同样重要打 1 分，不重要打 0 分。在对矩阵中所有格子进行打分后，将分数横向加总得到该因素的得分，得分较高的那些因素就是创业成功的关键因素。需要注意的是，表 9－3 只提供了一个方法，其中的各因素未确指某种因素，创业者无须照搬。另外，所有相对重要性的打分要考虑的是两因素对实现企业战略目标的相对重要性。

表 9－3 关键成功因素判断矩阵

	A	B	C	D	E	F	G	H	I	J	K	L	M	合计
A 技术														
B 销售														
C 市场推广														
D 售后服务														
E 品牌														
F 物流														
G 采购														
H 人力资源														

续表

	A	B	C	D	E	F	G	H	I	J	K	L	M	合计
I 资金														
J 产品质量														
K 成本														
L 生产能力														
M 政府关系														

创业者要判断这些关键成功因素是否在自己的掌控之中。如果创业者对大多数关键成功因素都没有掌控能力，未来也没有掌控的可能性，那么创业者需要重新考虑创业项目的选择。

创业者若能掌握少数几项重要因素，便能确保相当的竞争力。如果企业想要持续成长，就必须对这些少数的关键因素加以管理，并找到所需要的资源。

9.6　战略体系

9.6.1　公司战略

创业企业在公司层的战略表现在行业和市场定位、进入战略和成长战略。如果创业企业专注经营一种业务，业务层的竞争战略经常被误认为是公司层的战略。

公司行业和市场定位战略关注两个问题：公司应该参与哪些产品市场和业务的竞争；公司应该怎样管理这些业务。行业和市场定位决定了公司的发展方向。

公司进入战略是指公司如何进入一个市场。理论上，一个公司，可以通过收购现有企业来进入一个市场，但个体创业者一般不会这样做。另外，如果创业企业开拓的是一个全新的市场，那么这个市场上也没有现成的企业可供收购。

公司的成长战略是指公司如何实现快速成长。这包括业务扩张方式和融资方式。一般来说，创新型企业可以先做好一个样板，然后通过复制的方式实现量的扩张，但需要融得大量资金以配合此战略。

专栏：蓝海战略

蓝海，指的是未知的市场空间。相对于蓝海，红海则指已知的市场空间，泛指竞争相当激烈的市场。在红海中，产业边界是明晰和确定的，游戏的竞争规则是已知的。身处红海的企业试图表现得超过竞争对手，以攫取已知需求下的市场份额。

企业要启动和保持获利性增长，就必须超越产业竞争，开创全新市场，这其中包括突破性增长业务（旧市场新产品或新模式）和战略性新业务开发（创造新市场、新细分行业，甚至全新行业）。

蓝海战略认为，聚焦红海等于接受了商战的限制性因素，即在有限的土地上求胜，却否认了商业世界开创新市场的可能。运用蓝海战略，视线将超越竞争对手移向买方需求，跨越现有竞争边界，将不同市场的买方价值元素筛选并重新排序，从给定结构下的定位选择向改变市场结构本身转变。

价值创新（Value Innovation）是蓝海战略的基石。价值创新挑战了基于竞争的传统教条，即价值和成本的权衡取舍关系，让企业将创新与效用、价格与成本整合一体，不是比照现有产业最佳实践去赶超对手，而是改变产业景框重新设定游戏规则；不是瞄准现有市场“高端”或“低端”顾客，而是面向潜在需求的买方大众；不是一味地细分市场满足顾客偏好，而是合并细分市场整合需求。

9.6.2 业务层战略

业务层战略也叫竞争战略，在一个多元化的公司中，某个独立业务所采取的竞争战略。对于业务单一的创业企业，业务层战略就是该企业的竞争战略。

迈克尔·波特论述了基本竞争战略有三种：成本领先战略、差异化战略、集中战略。企业必须从这三种战略中选择一种，作为主导战略。要么把成本控制到比竞争者更低的程度；要么在企业产品和服务中形成特色，让顾客感觉到你提供了比其他竞争者更多的价值；要么致力于服务于某一特定的细分市场、某一特定的产品种类或某一特定的地理范围。

一些创新型企业拥有基于企业专有知识产权的产品或服务，它们具有一定的垄断优势，可以在一定的价格区间内灵活定价，甚至可以采用歧视定价的方法对不同的客户群定不同的价格。此类企业需要在差异化战略上做足文章，聚焦差异化是一个适宜的战略。

若创新型企业没有垄断优势，则可以采用聚焦成本领先战略，因为初创企业的资源尚不足以支撑全面成本领先战略，需要聚焦在某些细分市场，成为“隐形冠军”。

9.6.3 职能战略

职能战略经常被误称为策略，如人力资源策略，研发策略等。策略更加细致，是战略落地的表现形式，也是创业者最关心的事情。职能战略可以用一句话甚至是一个词表达出来，但具体的策略却需要几段甚至几页内容来表述。对创业企业而言，最重要的职能战略是营销战略和财务战略，这关系到企业的生存。人力资源战略、生产与运作战略、研究与开发战略也是创业者核心团队要积极考虑的战略。创业者不仅要考虑职能部门的战略，要考虑具体的策略，让战略落地，方可为企业带来竞争优势。

营销战略是指一个企业为实现销售目标所指定的产品营销的总体方案。将其落到实地就是企业的营销策略。例如，营销战略可以这样表述：高定价并执行歧视性折扣，由代理商执行企业的销售职能。再如，公司采用网络营销的方式，建立口碑，并利用网络快速传播。这些战略很好，也很容易想到，创业者需要判断某一种营销战略是否适合企业产品，然后将合适的战略落实到策略层面，制订一个细致的营销策划方案。如果创业者不具备相应的市场营销知识就无法做出判断，可以咨询专业的市场营销人士，在外力帮助下，制定详细的营销策略。

创业企业的财务战略可以用简单的词来表示，例如，量入为出，这也是大多数创业者采用的战略。企业还可以采用积极融资战略。拥有大规模订单的企业可以采用保理贷款的方式获得流动资金，此外，企业还可以通过预收和预付的方式向客户和供应商融资。而对于烧钱的行业，企业要积极募集股权类投资。财务方面的具体策略也需要根据企业的实际情况来确定。很多创业者没有财务和金融背景，对此类问题可以咨询相关创业导师获得专业意见。

专栏：有效战略的五大特点

（1）要有一个独特的价值诉求。就是你做的事情和其他竞争者相比有很大差异。价值诉求主要有三个重要方面：你准备服务于什么类型的客户？满足这些客户什么样的需求？你们会寻求什么样的相应价格？这三点构成了你的价值诉求。你的选择要和对手有所不同。如果你想和跨国公司竞争就不太可能成功，因而必须制定一个战略，采取一种独特的视角，满足一种独特需求。

（2）要有一个不同的、为客户精心设计的价值链。营销、制造和物流都必须和对手不同，这样才能有特色，否则只能在运营效率上竞争。

（3）要做清晰的取舍，并且确定哪些事不去做。制定战略的时候要考虑取舍的问题，这样可以使你的竞争对手很难模仿你的战略。取舍非常重要，因为鱼和熊掌不能兼得，只能有所为，有所不为。企业常犯的一个错误就是他们想做的事情太多，不愿意舍弃。如果你有取舍，对手抄袭了就会伤害他自己，这就迫使对手做出取舍：或者彻底放弃已有的核心优势，或者放弃抄袭，或至少不会有效地抄袭你。

（4）价值链上的各项活动，必须是相互匹配并彼此促进的。西南航空的低成本模式、戴尔的直销和大规模定制模式为什么难以模仿？因为他们的优势不是某一项活动，而是整个价值链在一起起作用。竞争对手要想模仿你不能只模仿一件事情，而是要把整个战略都模仿进去才能有效。

（5）战略要有连续性。任何一个战略必须要实施3～4年，否则就不算是战略，如果每年都对战略进行改变，就等于是没有战略，而是跟时髦。这并不意味着你就永远一成不变，首先要不断寻找先进做法，然后要寻找更好的方式来实施你的战略。如果有了新的技术，那么就要问一下我这家公司如何用这个技术使我的战略变得更有效？如果你有一个很清晰的战略，实际上你变化速度更快，因为有战略你就会确定出优先顺序，确定出哪些是重要的。如果没有战略，你会觉得所有东西都重要，这样哪个先做、哪个后做反而搞不清楚。

9.7 战略领导力

9.7.1 战略领导力的含义

战略领导力是进行预测和想象、根据环境变化制定适合战略并有效实施的能力。有效的战略领导力是成功应用战略管理方法的基础。如果一个战略领导者能够用超前的眼光为公司量身定做一个长远的公司战略，将使公司获得长期竞争力。战略领导者不仅要制定适合公司发展的战略，还要考虑如何去实施这些宏伟的计划。在创业企业初创时期以及成长期，企业创始人都是战略领导者的不二人选。

吸引并管理人力资源的能力是战略领导者技能中最关键的能力。如果找不到有足够才能的人来胜任公司的关键岗位，势必限制公司的成长。

有能力的战略领导者还建立了所有利益相关者（包括雇员、客户和供应商）高效率运作的环境。

战略领导者还必须学会如何处理复杂多变的环境。不能对外部环境变化做出正确反应是众多战略管理者失败的原因之一。优秀的战略管理者有勇气承认错误，并为此承担责任，然后积极倾听公司内部的声音并纠正自己的错误。

变革领导力是最为有效的一种战略领导力，此类领导者能够激励员工不断超越公司对他们的期望，促使员工继续提升自己的能力，并且使他们将公司的利益置于个人利益之上。变革领导者勾画一幅美好的公司愿景，并相应地生成一套战略来逐步实现这一愿景。

9.7.2　关键战略领导行动

关键战略领导行动包括确定战略方向，有效管理企业的资源组合，维持一种有效的组织文化，强调伦理准则和建立平衡的组织控制。

确定战略方向是指随着时间的推移，公司想要建立的形象与特质。战略方向是在一定的机会和威胁背景下确定的，这些条件是战略领导者预期在接下来的 3 ~5 年内企业要面对的情况。理想的长期战略方向包括愿景和核心价值观。愿景鼓励雇员扩展他们对成就的预期，核心价值观通过意识形态激励雇员。

创业者通过有效管理企业的资源组合形成竞争力，依据这种竞争力来构建企业战略，然后通过发展和实施战略来平衡这些资源，借此最终形成企业的竞争优势，为客户创造独特价值。战略领导者必须探索和维持企业的核心竞争力，并且发展和维持企业的人力资本和社会资本。

组织文化是企业共有的一套思想体系、企业标志和制度系统，影响企业开展业务，并有助于管理和控制员工的行为，是竞争优势的一种重要来源。维持一种有效的组织文化，可以成为企业取得成功的最有价值的因素。创业导向型组织文化有利于企业的成长，战略领导者应该鼓励和推动企业内的创新行为。

当执行战略过程基于伦理准则时，其有效性会增加。遵守伦理的公司鼓励并使公司各个层次的员工做出正确的伦理判断。如果在组织中产生了不符合伦理的行为，它们就会像病毒一样快速传播。战略领导者需要建立符合伦理准则的组织文化，包括描述公司的道德标准，并树立正面典型；以全公司员工和利益相关者的信息和意见为基础，不断修改和更新公司的行为准则；正式发布这些准则；发展和实施评判以及鼓励道德标准相关的方法和程序；创造和适用明晰的薪酬系统来鼓励符合道德标准的行为。

建立平衡的组织控制。战略领导者要特别注意财务控制和战略控制的平衡。强调财务控制会导致短期效应和回避风险的管理决策，战略控制则鼓励管理者制定适度风险的决策。

9.7.3 平衡计分卡

平衡记分卡（Balanced Score Card，BSC）是由卡普兰和诺顿于1992年提出的一种先进的战略管理工具。该工具使绩效考核与战略目标联系起来，将绩效考核作为战略实施的工具，寓战略管理于绩效考核之中，使平衡计分卡不仅成为一项绩效考核工具，更是一项战略实施工具。因为BSC的广泛应用和实践，它入选哈佛商学院评选的“过去80年来最具影响力的十大管理思想”。

平衡记分卡最基本的功能是全面评价企业绩效，作为一项战略管理工具，其评价指标选择是从股东价值最大化的思想出发考虑设定指标，内含了价值管理的思想。BSC认为，市场和客户指标是绩效的先行指标，企业需要从客户的需求出发，先审视客户的看法，然后将客户的需求落实到提高运营效率上，进而提高企业财务绩效。BSC还认为，创新和学习能力是企业成长并获得卓越绩效的最终动力，通过创新和学习推动内部运营效率的提高和满足客户需求，从而提高企业的财务绩效，增加股东价值。BSC的基本思想体系如图9－4所示。

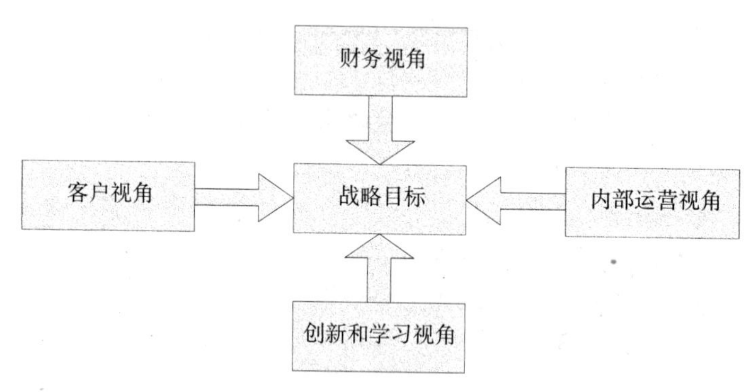

图9－4 平衡计分卡

平衡计分卡还是一个战略管理与执行的工具，是在对企业总体发展战略达成共识的基础上，通过设计实施，将其四个角度的目标以及初始行动方案有效地结合在一起的一个战略管理与实施体系。它的主要目的是将企业战略转化为具体的行动，以创造企业的竞争优势。

平衡计分卡作为一种沟通工具，清楚地描述指定的战略并使抽象的愿景与战略栩栩如生。据调查，实施平衡计分卡之前，不到 50% 的人说他们知道并理解企业组织的战略。而在平衡计分卡实施一年之后，该比例上升到 87% 。

平衡计分卡反映了财务、非财务衡量方法之间的平衡，长期目标与短期目标之间的平衡，外部和内部的平衡，结果和过程的平衡，管理业绩和经营业绩的平衡等。

9.7.4　战略地图

在对实行平衡计分卡的企业进行长期的指导和研究的过程中，卡普兰和诺顿发现，由于企业无法全面地描述战略，管理者之间及管理者与员工之间无法沟通，对战略无法达成共识。在平衡计分卡的基础上，他们发展了战略地图。战略地图以平衡计分卡的四个层面目标（财务层面、客户层面、内部层面、学习与增长层面）为核心，通过分析这四个层面目标的相互关系而绘制企业战略因果关系图，如图 9－5 所示。

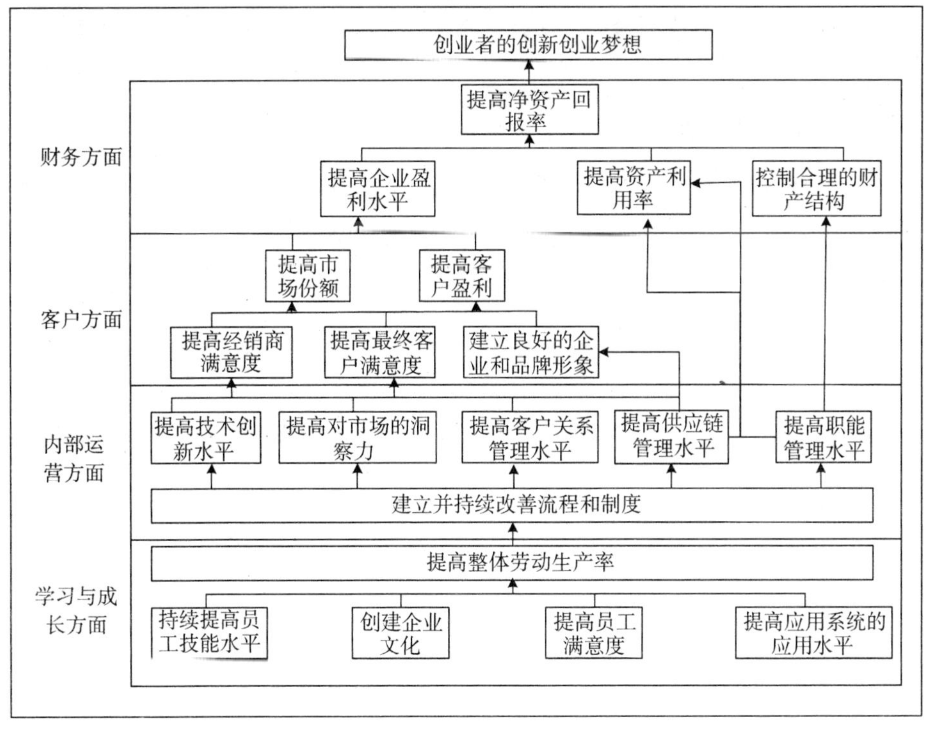

图 9－5　战略地图

战略地图的思想来源于价值链和平衡计分卡。战略地图的核心内容包括：企业通过运用人力资本、信息资本和组织资本等无形资产，才能建立战略优势和效率，进而为客户创造特定价值，从而实现股东价值。

推荐书目

杰恩·巴尼著：《获得与保持竞争优势》，清华大学出版社，2003 年版。

迈克尔·波特著：《竞争战略》，华夏出版社，2005 年版。

行动学习指引

A 案例分析

为“友好企业”做资源和能力分析，指出友好企业的竞争优势及其来源；利用 SWOT 分析为友好企业做战略定位；分析友好企业的价值链和关键成功因素；分析“友好企业”的战略体系，并对友好企业的“战略体系”提出修改意见。

B 反思和执行

分析“友好企业”所需的资源与团队掌控资源之间的缺口，讨论填补资源缺口的途径及可能性，制订获取这些资源的行动计划。

请注意，利用外包方式尽管可以绕开一些资源限制，但有可能影响“友好企业”核心竞争力的构建。

第 10 章　创业营销

现在有两种企业，一种企业把营销视为部门，另一种企业把营销视为灵魂。后者是未来绩效顶尖的公司，而前者还沉浸在过去的商业惯例中，将会很快消失。

——安东尼·布朗

学习目标：

☞ 理解创业营销的本质
☞ 掌握创业营销方案设计方法
☞ 了解关系营销方法

创新型企业可能处于不熟悉的市场或者未经清晰界定的行业。企业看中的市场可能并不存在，选中的行业可能正在经历不确定性带来的阵痛，目标市场不能明确界定，传统的营销调研可能还表明顾客并不需要此种产品。然而，一项创新可能具有创造顾客的力量。定价战略可能变成创业型而非传统型，分销可能要通过新渠道进行，标准化的大众媒体广告和传统的销售手段将让位于新兴的传播策略。

10.1　创业营销概述

营销的定义是对理念、产品以及服务进行设计、定价、促销和分销的计划和实施的过程。创业营销是指创新型企业通过创新型的资源利用和价值创造，主动识别、评价和利用机会，以获取和保留有价值的客户。营销人员主动寻求新手段为目标客户创造价值，从而建立客户忠诚。营销人员不受当前的资源限制，本质上是为了适应动态市场环境，应对多样化的顾客需求，创造性地利用资源实施的营销新模式。创业营销整合了市场营销和创业管理两方面的要素，在市场导向的基础上，更加强调机会驱动、理性冒险、持续创新、超前行动、资源整合。因此，它更具灵活性和环境适应性。

10.1.1 创业营销与传统营销的区别

创业营销的发展逻辑是“由外而内”，它通过创造性地有机整合机会、资源和顾客价值来驱动市场，其机会导向、超前行动、顾客强度、注重创新、理性冒险、资源的杠杆化利用和价值创造等元素相互联系、相互作用，共同构成了创业营销的功能“内核”，赋予营销职能更具“活性”的因子。

创业营销过程主要受外部市场环境以及企业战略、结构、文化和资源等关键因素的影响。在实施过程中，应该强调文化、战略和战术的三维度应用。许多实践证明，在目前不确定的环境条件下，企业采用创业营销模式，利用创业思维和方式来从事营销活动，能够在创业导向与市场导向之间找到最佳结合点，并有效提高营销活动的绩效水平。

如表 10－1 所示，创业型营销是为了适应动态市场环境，应对多样化的顾客需求，创造性地利用资源的营销新模式。它克服了传统营销在不确定市场环境中所暴露的缺陷，把勇于创新、承担风险、超前认知与行动、积极竞争等因素融入营销活动，通过主动驱动市场来创造顾客需求，而不是一味单纯地满足顾客需求。因此，它更具灵活性和适应性。

表 10－1 传统营销与创业营销的区别

	传统营销	创业营销
基本假设	市场控制与交易简单可行	通过价值创造获得持续竞争优势
情感导向	客观、中性	热情、热忱、持久和创造力
市场环境	相对稳定的市场环境	设想中的、新兴的、高度不确定的市场
营销者的角色	营销组合的协调者，品牌的建造者、被动适应市场	内外部变化的媒介，新品类的创立者
营销手段	通过调研识别并清晰地说明顾客需求	积极主动地通过动态创新引致顾客需求
顾客需求	较为确定，缺少个性化	通过领先用户发现并识别顾客需求
风险	最小化营销活动风险	减少、利用和分散风险
资源管理	有效利用现有的物质资源和匮乏的智力资源	不受当前资源的限制，创造性地使用他人资源
新产品和服务的开发	由研发部门和其他技术部门主导	营销是创新的主体，顾客是积极的共同创造者

续表

	传统营销	创业营销
客户的角色	提供知识和反馈的外在资源	是企业营销决策过程的积极参与者，共同议定产品设计方案，对价格、分销和传播策略有重要影响

10.1.2　创业营销的特征

创业营销有以下七个主要特征：

（1）先发制人

传统营销的作用是通过评估现存及可预期的环境对改变营销组合提出建议，使企业更高效地利用环境创造价值。而创业营销认为外界环境是不确定的，但这并不是说企业只能被动地响应或适应。先发制人是基于人们影响环境的程度来关注他们之间的差异需求，这被看作是“有目标的采取行动”。基于机会的视角，营销团队正努力通过降低不确定性、减少企业的依赖性和脆弱性来重新定义外部环境，这时的营销变量被用作创造变化和适应变化的手段。

（2）发现机会

对机会的认知和寻求是创新的基本面，也是创业营销的核心维度。营销团队主动探索和发现机会，然后在实际利用这些机会时不断学习和持续调整。在创业营销中，尽管外部环境分析同样关键，但机会识别被认为是创新过程的特殊环节。营销团队不遗余力地扩展着机会视野，试图挣脱当前由产品/顾客主宰的市场，换句话说，营销团队正在努力挣脱现有市场的束缚。

（3）亲近顾客

超越传统的顾客导向，创业营销强调营销活动要与顾客资产、内在联系和情感维度相关联。创业营销将新型手段应用于赢得顾客和维系顾客关系，评估顾客终生价值，并制订客户关系投资方案。关系营销关注现有关系，而创业营销则关注通过探索创新营销新手段来建立新关系，或应用现有关系开创新市场。

创业营销团队与企业的主要客户确立内在联系，挖掘员工的深层信仰、客户的深层体验以及二者的融合。创业营销活动融合了信念、激情、热忱和信仰，并在一定程度上努力改变企业。

（4）创新

创业营销部门在持续创新的过程中发挥着整合作用，营销团队的角色也有所增加，除了管理创新组合外，还包括机会识别、创意产生、技术支持和利用企业资源基础实现创新型增长。与传统营销强调的跟随客户、持续改进和延伸生产线类似，创业营销人员极力思索动态持续的创意以引致消费者需求。

（5）风险评估

创业意味着采取必要措施识别风险因素，进而减少或分散风险。为了实现这一目标，营销团队需要重新定义外部环境的各个因素，不断减少环境的不确定性，降低企业的依赖性和脆弱性，改善企业的运营环境。创业营销团队不断加强企业对其命运的控制力度，而传统营销还是通过广告、促销战术来增加现有市场中现有产品的销售量，进而实现风险最小化。

（6）整合资源

创业营销团队不受当前资源的限制，他们可以通过各种途径实现对资源的利用，包括将过去的资源延伸利用、挖掘他人忽视的资源用途、利用他人或其他企业资源实现自身利益、将另一种资源补充至其他资源中以创造出更高的组合价值、以某种资源换取资源并懂得如何以非常规的方式使用资源等。

（7）价值创造

价值创造是实现交易和建立关系的前提，创业营销聚焦于创新性的价值创造，营销团队的任务是发现未经开发的客户价值，帮助创业者实现价值创造。这要求营销团队必须以不同于其他竞争对手的眼光看待客户，尤其要与众不同地看待产品。

10.1.3 市场驱动与驱动市场

市场同时向创业者和营销团队提供种种信号：市场有何价值需求、何时有这种价值需求、如何实现价值传输等。市场不断变化，就需要企业高效运营并不断地适应市场变化，这被称为“市场驱动行为”。

然而，当市场尚未出现或未被明确定义时，挑战就来了。创业者需要重新定义市场以及改变竞争规则，这种情况被称为“行为驱动市场”，由企业塑造所有市场利益相关者的结构、偏好和行为。驱动市场型企业开创了全新的市场，促进了客户价值的持续飞跃，设计了独特的商业系统，并将服务质量提高到了前所未有的高度，进而改变了竞争规则。

虽然所有市场驱动型企业均以小规模起步，但它们驱动市场的潜力巨大。尽管市场驱动型企业在促进创新增长上表现卓越，却敌不过驱动市场型企业对产品、商业模式和价值创造网络进行的根本性变革。

表 10－2 总结了市场驱动型企业和驱动市场型企业的主要区别。

表 10－2　市场驱动型企业与驱动市场型企业

市场驱动型企业	驱动市场型企业
①响应市场需求 ②创新数量增加 ③重新定义客户需求 ④品牌＝识别者（名称、商标、标语） ⑤从产品/服务中获益，侧重功能性特点 ⑥交易和关系；完全的渠道合作 ⑦利用现有资源 ⑧领导市场 ⑨客户是提供知识和反馈的外在资源 ⑩定量分析	①创造新市场，建立新标准 ②侧重突破性，革命性创新 ③强调品牌忠诚，增加市场份额 ④品牌＝体验提供者（客户参与决策而不只是购买产品） ⑤从体验中有影响、可认知、可被感知的部分获益；侧重影响生活方式 ⑥整体和社区：深入到客户网络与合作关系中 ⑦建立联盟 ⑧拥有市场 ⑨在营销决策制定过程中，客户是合作伙伴 ⑩研究方法有多种选择

10.2　产品与创新

10.2.1　产品演变路径

社会是随着科技的发展而发展的，社会价值是科技的准则。

多数产品或服务的提供通常是基于工具创建的视角。然而，一旦新产品投放市场后融入社会，该产品在顾客的使用下有意无意地发生着改变。有意的进程是人们改变产品，无意的进程是产品改变客户。图 10－1 给出了产品演变的五种方式。

有意的进程可以细分为三大类：第一，进一步扩展最初发明者的产品，如不断升级的微机操作系统。第二，消费者颠覆。这是消费者故意改变产品社会角色的过程，消费者没有改变产品本身的物理属性，而是改变了产品的意义和用途。第三，转移。转移是第三方通过政治、社会或者法律的干预来改变产品的用途。例如，音乐、图书以及视频相关网站与版权所有者之间的纠纷。

无意的进程可分为两大类：启发性和副作用。启发性是新的产品使用方式被无意地使用，为人们带来更多的好处，例如，短消息和电子邮件的广泛应用。与此相反，副作用是产品的消费和使用所带来的意想不到的后果，如

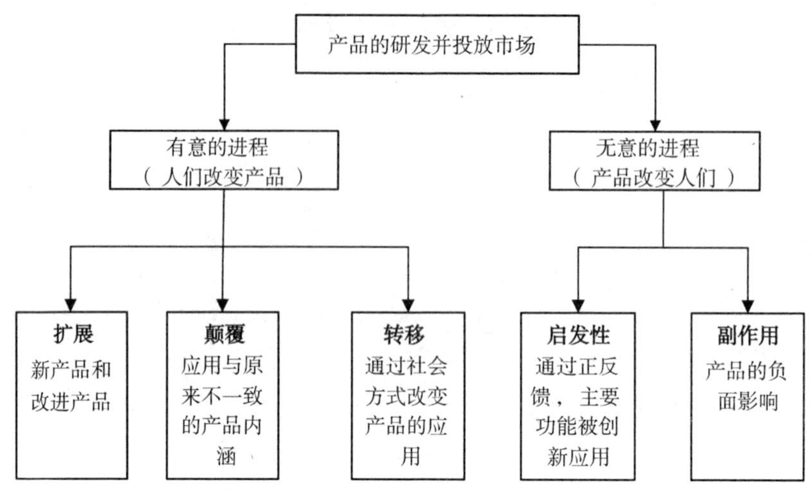

图 10-1　产品演变路径

长期敲击电脑键盘对使用者带来的伤害。

10.2.2　市场调研

创业企业面临的营销环境是：顾客的需求是复杂的、多变的。经济基本面变化无常，市场环境异常复杂，竞争对手深不可测，新技术不断涌现。在如此不确定的环境下，仍需要创业者迅速做出决策。可是最关键的一点是，几乎没有足够的信息能帮助创业者做出最优决策。

市场调研的作用就是在不确定的情况下帮助企业做出正确的决策，通过有效的方式把不确定的信息转变为有利于决策的准确信息。现实的不确定性越大，越需要实地的调查研究。对于营销决策过程来讲，没有可靠信息的支持，其决策过程就是在猜谜。于是，消费者调查、竞争者分析、销售数据挖掘、政府制定行业法规以及专家的访谈等活动的目标就是提高我们准确决策的能力。

营销团队还面临时间和成本的双重约束。因此，营销调研要在搜集多少信息、利用多少资源、使用多少方法、多长时间完成、需要多少成本之间做出权衡。

对创业者来说，时间和金钱的约束更加明显。于是，他们做出的许多决策都没有前期市场调研，也就是一直在猜谜或拍脑袋做决定。这样的决策成功几率很小。创业者常犯的错误是：定价过高、目标消费者选择错误、媒体选择失误等。

创业者需要认真地研究市场。通常的市场研究步骤如下：

- 定义要研究的问题，确定研究目标；
- 将研究目标中的问题细化为可以测量的问题；
- 搜索和使用二手数据；
- 问卷设计和调查方法的确定；
- 数据分析；
- 决策。

上述步骤中问卷设计和调查方法的确定是典型的技术性工作，创业者可以咨询相关专家，借助专家的力量来完成市场调研。

专栏：低成本高效率的市场研究方法

有很多低成本高效率的市场研究方法，网络调研是成本很低的定量研究方法，焦点小组是有效的定性研究方法，都可以帮助创业者实现低成本的市场研究。

（1）网络调研

网络调研也叫作在线调查，是一个应用越来越普遍的调查方法。它通过把在线问卷张贴到一个安全的网站上来实现调查。被调查者通过网络填写问卷，数据被标准化后导入电子表格，随后就可以用来分析。研究者就可以很轻松地得出调查结论。在线调查的成本是很低的，在很短的时间内就可以完成大量的调查。此外，该方法还相当灵活，可以进行适时的互动。同时，在调查中还能展示图像，能实现很高的调查响应率。

（2）焦点小组

与传统的调查方式相比，焦点小组是一种灵活性很强的，并能有效洞察消费者想法的调查方法。该方法具体是把顾客聚集在一个小组（通常 6 ~ 10 人），然后对研究者关心的问题进行深度讨论。焦点小组中的参与者可以畅所欲言，随意地谈论其对某一产品或服务的情感、信任、感知和经验。因此，该小组产生的一些想法、意见等宝贵的信息能够有效帮助管理者制定决策。

10.2.3　顾客导向与创新导向

传统的营销教科书都会强调关注顾客，以顾客为导向。因为大部分市场都是供过于求，生产已经不是问题，分销才是问题。对于新产品开发和产品管理，大部分营销教材认为成功的新产品就是那些消费者表示需要、想要，也会购买的产品。

顾客对价值和创新的感知并不都是对的。很多创新产品在问世之初都遭到了消费者的拒绝。

专栏：迷你汽车

苏伊士运河危机造成英国燃料短缺，促使设计师 Alee Issgoins 为 Lord Nuffield's 的公司（英国汽车公司）设计一款经济省油的车。开始有两条生产线来生产产品，但是市场调研发现了小型车的致命弱点，它根本就卖不出去。因为人们认为这种车看起来很"傻"，它没有合适的大轮子——轮子只有 10 英寸，于是英国汽车公司陷入困惑之中，应该把这款车扼杀在"摇篮"之中吗？最后公司做了妥协，这款车继续生产，不过只留下一条生产线。不久这款车在路上就随处可见。这一款"傻"车成为英国历史上销量最大的车，生产线一共生产了 530 万辆。

人们喜欢"迷你"的外观，喜欢"迷你"的价格，喜欢小轮子所带来的凹形空间。

那么是因为市场调研不准确吗？不是。市场调研调查了人们碎语这款车的感觉怎么样以及当时人们的认识和理解。但是，最终产品改变了人们对这款车的认识。

创新导向并不是简单的生产导向。创新导向认为，消费者喜欢的产品或服务是在特定价格下能够给他们带来最大乐趣，具备最好的性能、外观、质量和价值等特征。无论是创新导向还是顾客导向，都可能促进或者阻碍企业战略的成功。

顾客导向容易局限于眼前，无法看到根本性的创新对企业长远发展的重要性。而创新导向改变了传统营销理念的方向，产品改变消费者的行为并创造需求。传统的顾客导向趋向于遵循总体消费者的想法，抹杀了少数消费者对创新的贡献。

10.2.4 价值创新

价值创新包括两个要素，价值和创新。只提供价值而没有创新只能增加收益，而只有创新没有价值则过于理想化，导致消费者不愿意为此支付相应的价格。价值创新打破了传统的价值和成本必须权衡不可兼得的教条。

企业一直致力于开发出区别于其他企业的产品，最终实现产品差异化。图 10－2 是产品价值的层次框架。

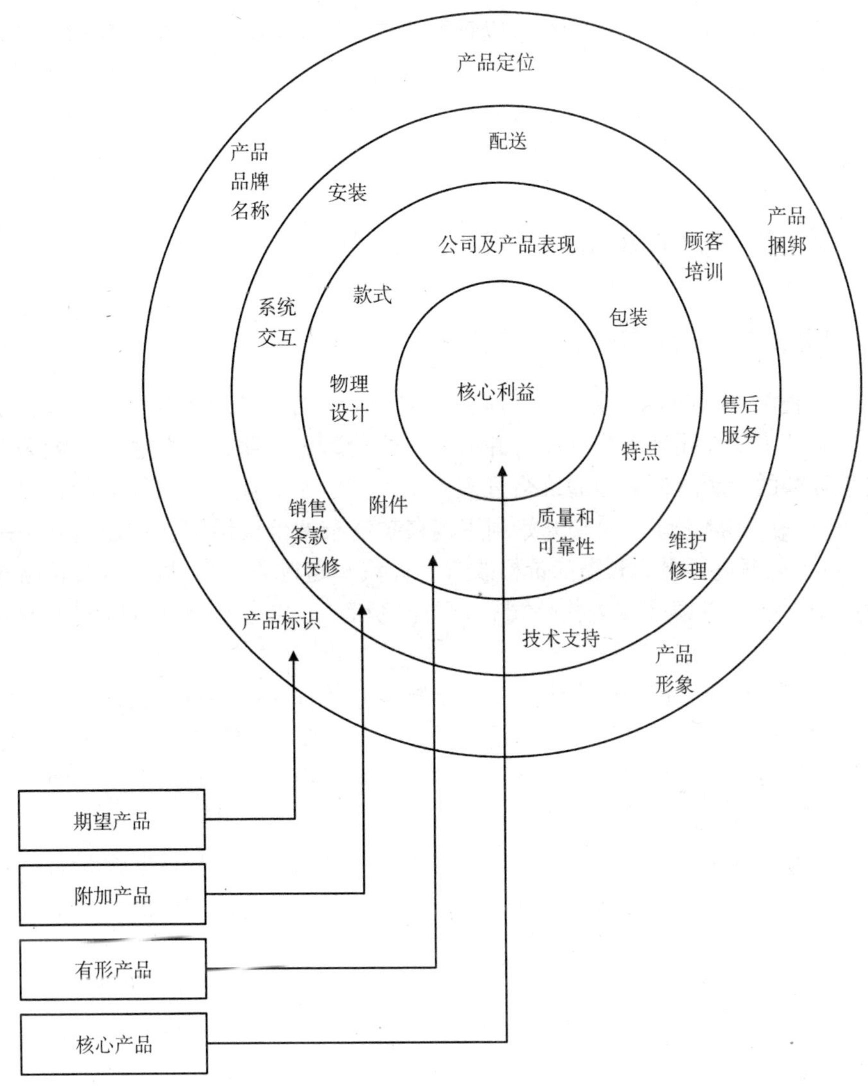

图 10－2　产品的可创新变量

核心产品是消费者通过企业的产品或者服务获得的核心价值。

有形产品涉及产品的质量水平、特征、大小、类型、色彩、包装等。

附加产品是一系列附加增值服务，包括安装、配送、信贷、保修、建议、培训以及售后服务。

期望产品包括制定产品名称、设计能传达产品认知的标志或商标、定位产品风格、明确产品与其他产品或服务搭售的方式。

事实上，同一种核心产品可以针对不同顾客群体设计风格迥异的产品包装以示区别。营销团队开始考虑把产品或服务作为一个变革的平台，为不同的目标消费者提供不同的产品或服务，同时也为企业打开了一扇全新的机会之门。

10.3 定价与客户化定制

10.3.1 企业定价方式的变化

一直以来，创业者或公司管理者都想当然地对产品或服务进行定价，认为价格的主要作用就是弥补成本并得到一个合理的回报。一些公司开始采取更为复杂的、更具创造力的价格管理模式，同时也更注重价格因素的重要战略地位。从整体来讲，公司开始利用越来越复杂的价格结构（如银行和金融机构），逐渐进行更为频繁的价格改造（如汽车租赁公司），以及调整价格来适应个别细分市场（如电信公司、杂志出版商）。以下是一些行业定价方式的变化。

- 软件业：传统的定价方式要求顾客对软件产品进行一次性支付，而现在的公司采取租赁、发放许可证以及基于使用情况的收费方式。另外，新颖的定价表现方式与点数系统有关。在这种系统中，价格与点数所在的范围相连，而点数可以根据软件管理的对象进行设定。
- 通信业：一些企业基于预期的顾客回报制定价格。根据顾客对网络输入端的期待以及此期待对企业经济的影响，企业对不同的通信系统制定了不同的价格。
- 化工业：它们的定价方式注重能给顾客带来的整体经济价值。例如，一种管道密封垫片的定价主要考虑购买者可能节省的清理费用以及可能避免的潜在责任。
- 公用事业：公用事业通过捆绑销售的方式提供不同价值的产品或服务组合。公用事业针对不同的顾客群体提供不同的物价清单，而且试图将注意力转移到顾客能源管理方面。
- 金融服务业：为不同借款人提供不同的按揭产品，由于贷款费用是基于借款人的情况单独制定的，所以金融机构开始采取风险型的定价方式。
- 建筑业：通过减少房屋设计的标准模版，将其他模版作为顾客进一步选择的对象，通常能得到高于其标准模板的利润。另外，在工程接近尾声的时候，改变原计划也可以提升整体价格。

- 旅游和航空服务业：采用基于时间的定价和预定折扣等。

以上定价方式的发展表明，基于成本和固定价格的定价方式也许会成为即将消失的工业时代的文物。这些变化并不是孤立的或者随机的，公司被迫改变定价方式，这种压力来自竞争者、顾客、社会、经济以及技术环境。随着企业外部环境变化越来越不可预测、难以控制，企业要想生存，要想更好地发展，就必须采取更为战略性的定价方式。

10.3.2　互联网对定价的影响

一方面，在互联网条件下，顾客可以更快地搜索更多商品及其价格，可以出价和议价，他们也可以在自己希望的任何时候进行交易。另一方面，企业根据购买者、购买物以及购买时间可以更方便地调整产品价格。企业也可以及时搜集有关购买方式和需求状况的数据，从而进行价格调整以实现收益最大化。互联网业可以记录交易历史，显著降低了交易成本。

表 10 -3 总结了互联网对创业定价带来的新机遇和新挑战。

表 10 -3　互联网对创业定价带来的新机遇与挑战

新机遇	新挑战
①每天、每周、每月根据不同的顾客进行差异化定价 ②根据顾客信息，通过设置顾客转移壁垒的方式优化定价 ③利用技术进行选择性定价 ④更便于查询网上记录的交易的差异性 ⑤寻找愿意支付比预期价格更高的顾客 ⑥建立电子交易 ⑦选择有效的议价方式	①技术让顾客能快速搜索到竞争产品 ②顾客定价而非择价 ③顾客对交易有更多的控制权 ④回到一对一谈判 ⑤产品或服务大宗商品化，市场更为有效 ⑥市场参与者定价时需要投入更多的时间和精力

10.3.3　创业定价的维度

创业定价有四个基本维度。

定价基本思路：基于成本还是基于市场？基于成本的定价模式更注重对自身成本的弥补。基于市场的定价方式则更倾向于以顾客为中心，价格的主要目的是反映顾客从企业提供的所有产品中得到的价值。这里有一种共识：

不同的顾客群体对相同购买经历会产生不同的感知价值。

定价方式倾向：保守型还是风险型？保守的定价者在价格必须变化时才做出调整，看重对成本的弥补，而价格结构则尽可能简单。在风险型的定价中，创业者会采取新颖的、考虑客户特点的定价方式，这种方式可能产生负面影响。

定价的主动程度：主动还是被动响应市场变化？被动定价是对竞争者定价行为的模仿，对顾客信息的反应，只有在规则发生改变或一项新技术的突破快影响产品成本的情况下，价格才会改变。主动定价是企业提出革新性的定价结构，具有侵略性，企图以更快的价格调整速度来抓住新的机会。

定价的灵活程度：标准化定价倾向于为某类产品或服务制定相同的价格，而不考虑顾客、购买情况或环境方面（包括竞争者）的突发事件等因素。相反，灵活性定价的企业会基于不同的市场和顾客、购买的时间和地点，以及产品和服务捆绑或非捆绑销售，以及竞争者行为等因素为产品制定不同的价格。

10.3.4　定价的战略视角

企业对产品定价就是决定以何种费用标准（何时、何地、支付多少和支付方式）向客户提供特定的产品和服务。

根据企业战略阶段的不同、企业可以有多重价格目标，例如，销售量和利润目标、市场形象目标，或者为竞争者设置进入壁垒目标等。

企业的价格战略是指定价格的主要思想和方向。可供选择的战略包括撇脂战略、平价战略、渗透战略等。

价格结构是公司的价格组合及其架构。价格结构解释了产品价格如何随着产品或者服务的捆绑销售、顾客群细分以及支付时间和手段进行折扣等方面的差别而有所差异。

价格水平是为各种产品或者服务实际制定的价格和不同等级产品之间的价格差距。

价格促销是在不同的情况下使用不同的打折优惠或者其他优惠方式。

上述五个方面反映了公司整体营销战略、竞争定位和目标市场。创业者可以按照上述顺序确定公司产品的定价策略。

10.4　渠道与互联网提供的选择便利性

企业要在激烈的市场竞争中脱颖而出，必须做好两件事：一是把产品或服务铺到消费者的头脑中（定位）；二是把产品或服务铺到消费者的身边（渠道）。渠道就是产品使用权转移过程中所经过的各个环节连接起来形成的通道。销售渠道如果管理有效，可以成为企业重要的外部资源。如果原有的渠道运作良好，营销者就不愿打破惯例。

互联网改变了传统的渠道模式，甚至迫使企业摒弃了传统渠道。互联网解决了距离问题，使地理位置变得无关紧要，全球变成一个“村落”。企业通过互联网可以全天 24 小时响应全球各地的客户。购买者只需访问企业网站，或者通过搜索引擎以及各种电子商务网站，方便地找到所需产品，比较其性能和价格，并下订单，之后就是等待收货。消费者还可以在网站评论所购买的商品，可以在虚拟社区向朋友推荐。

传统的中介被挤出渠道，新型中介有了巨大的市场机会。创业者需要依赖互联网构建高效率的渠道。构建方法可以是建立独立的电子商务和物流系统，也可以依赖电子商务网站，如阿里巴巴、京东或者壹号店等新型中介。

关于如何构建电子商务系统，创业者可以咨询电子商务专家，他们为企业构建高效渠道提供技术支持。

10.5　促销与传播方式的变革

企业的营销沟通方式有五种基本类型：广告、销售促进、人员推销、公共关系和体验。

电视渠道和传统媒体是过去时代广告媒体的主要选择。如今消费者已经不再信任传统媒体中的静态消息，他们喜欢谈论和听别人谈论感兴趣的东西。同类消费者对于某一产品的信息沟通可以瞬间完成，使得传统的一对多模式受到巨大的冲击。随着大众媒体地位的衰落，新媒体正在异军突起。门户网站、聊天室、电子游戏、网上商店、博客、百科、社交网络、微博等成为营销的主要手段。特别是随着通信技术的发展，移动电话成了第三屏幕。

借助于新技术，一些新的营销方式得以出现或者越来越有力。以下是一些新营销方式的介绍。

病毒式营销：像病毒一样自我复制后在社区网络之间快速传播，在志趣相投的人群里扩散，病毒式营销利用的是用户口碑传播的原理，在互联网上，这种“口碑传播”可以像病毒一样迅速蔓延。由于这种传播是用户之间自发进行的，因此是几乎不需要费用的网络营销手段。利用公众的积极性和人际网络，让营销信息像病毒一样传播和扩散，营销信息被快速复制传向数以万计、数以百万计的受众。

许可营销：企业在推广其产品或服务时，事先征得顾客的“许可”。收到潜在顾客许可之后，通过 E－mail 的方式向顾客发送产品/服务信息。许可营销的主要方法是通过邮件列表、新闻邮件、电子刊物等形式，在向用户提供有价值信息的同时附带一定数量的商业广告。例如，一些公司要求你注册为会员或者填写在线表单时，会询问你“是否希望收到本公司不定期发送的最新产品信息”，或者给出一个列表让你选择自己希望收到的信息。在传统营销方式中，许可营销很难行得通，但是互联网的交互性使得许可营销成为可能。

搜索营销：利用搜索引擎的信息处理技术实现的、对目标用户进行推广信息展示的营销活动。

付费评论：又叫话题营销，属于口碑营销的一种。付费评论主要是运用媒体的力量以及消费者的口碑，让广告主的产品或服务成为消费者谈论的话题，以达到营销的效果。

微博营销：以微博作为营销平台，每一个听众（粉丝）都是潜在的营销对象，企业更新自己的微博向网友传播企业信息、产品信息，树立良好的企业形象和产品形象。每天更新内容就可以跟大家交流互动，或者发布大家感兴趣的话题，以此来达到营销的目的，这就是新兴推出的微博营销。

10.6 关系营销

10.6.1 理解企业与顾客交易的方式

尽管企业可能拥有优质的产品、吸引人的价格和优质的员工，但是如果没有顾客的话，就等于什么都没有。只有向顾客销售，企业才能存活，这也是营销职能的基本任务。

客户可能会偶然购买，然后可能重复购买，进而建立对产品的忠诚。忠诚不仅仅意味着重复购买行为，不是因为买者没有别的选择，而是因为他们强烈的个人偏好。实际上，买者偏好于特定的卖者，而且随着这种偏好的不断发展，他们会努力向同一卖者买大多数或所有需要的东西。尽管顾客会听到其他厂商的叫卖声，但是要想改变买者的购买习惯，这些“其他厂商”就必须提供更优质的产品和服务，或足够低的价格。

企业与客户之间的交换包括产品、金钱、知识、信息和社会活动，随着时间的推移，双向关系不断发展，变得更加个性化。他们从正式讨论，转向非正式的社会互动和个人友谊。在这个过程中，随着双方对彼此利益关系投资的不断增加，长期的买卖关系就建立了。

在某些情况下，企业与客户之间形成了战略伙伴关系。伙伴关系包括买者和卖者共同致力于某项主要活动。比起 B2C 市场，这种关系在 B2B 市场更容易发生。例如，卖方公司和买方公司可能共同制造一个新产品或是开发一项新技术，也可能一起开发一个双方都未曾进入过的新市场。

10.6.2　顾客满意和顾客忠诚

顾客满意“是指一个人通过对一个产品的可感知效果与他的期望值相比较后，所形成的愉悦或失望的感觉状态”。当商品的实际消费效果达到消费者的预期时，就导致了满意，否则，会导致顾客不满意。

顾客忠诚是指客户对企业产品或服务的依赖和认可、坚持长期购买和使用该企业产品或服务所表现出的在思想和情感上的一种高度信任和忠诚，是客户对企业产品在长期竞争中所表现出的优势的综合评价。表现为对技术的忠诚、对制造商的忠诚、对品牌的忠诚、对零售商的忠诚和对销售员个人的忠诚。

顾客忠诚被划分成四个层次。第一层是顾客对企业没有丝毫忠诚感。他们对企业漠不关心，仅凭价格、方便等因素购买。第二层是顾客对企业的产品或服务感到满意或是习惯，他们的购买行为受到习惯力量的驱使。一方面，他怕没有时间和精力去选择其他企业的产品或服务；另一方面，转换企业可能会使他们付出转移成本。第三层是顾客对某一企业产生了偏好情绪，这种偏好是建立在与其他竞争企业相比较的基础上的。这种偏好的产生与企业形象、企业产品和服务体现的高质量以及顾客的消费经验等因素相关，从而使顾客与企业之间有了感情联系。第四层是顾客忠诚的最高级阶段。顾客对企业的产品或服务忠贞不贰，并持有强烈的偏好与情感寄托。顾客对企业的这种高度忠诚成为企业利润的真正源泉。

顾客忠诚使企业获得更强的长期盈利能力，有利于企业巩固现有市场和降低营销成本。顾客忠诚使企业在竞争中得到更好的保护。

提高顾客忠诚度的策略如下：

第一，建立顾客数据库，包括动态的、整合的顾客管理和查询系统，忠诚顾客识别系统，顾客流失显示系统和顾客购买行为参考系统。企业运用顾客数据库，可以使每一个服务人员在为顾客提供产品和服务的时候，明了顾客的偏好和习惯购买行为，从而提供更具针对性的个性化服务。

第二，识别企业的核心顾客。企业的实践证明，企业利润的 80% 来自 20% 的顾客。只有与核心顾客建立关系，企业稀缺的营销资源才会得到最有效的配置和利用，从而明显提高企业的获利能力。

第三，超越顾客期望，提高顾客满意度。顾客希望企业提供的产品和服务能满足需要，达到了这一期望，顾客会感到满意，否则，顾客就会不满。企业不仅能够达到顾客的期望，而且还能提供更完美、更关心顾客的产品和服务，超过顾客预期的要求，使之得到意想不到的，甚至感到惊喜的服务和好处，获得更高层次上的满足，从而对企业产生一种情感上的满意，发展成稳定的忠诚顾客群。

第四，正确对待顾客投诉。要与顾客建立长期的、相互信任的伙伴关系，就要善于处理顾客的抱怨。有些企业的员工在顾客投诉时常常表现出不耐烦、不欢迎，甚至流露出一种反感，其实这是一种非常危险的做法，往往会使企业丧失宝贵的顾客资源。

第五，提高顾客转换成本。对单个顾客而言，转换购买对象需要花费时间和精力重新寻找、了解和接触新产品，放弃原产品所能享受的折扣优惠，改变使用习惯，同时还可能面临一些经济、社会或精神上的风险；对机构购买者，更换使用另一种产品设备则意味着人员再培训和产品重置成本。

第六，提高内部服务质量，重视员工忠诚的培养。顾客保持率与员工保持率是相互促进的。企业为顾客提供的产品和服务都是由内部员工完成的，他们的行为及行为结果是顾客评价服务质量的直接来源。忠诚的员工会主动关心顾客，热心为顾客提供服务，并为顾客的问题得到解决感到高兴。

第七，加强顾客流失后的管理。及时做好顾客的退出管理工作，认真分析顾客退出的原因，总结经验教训，利用这些信息改进产品和服务，最终与这些顾客重新建立起正常的业务关系。

10.6.3 关系的类型和程度

营销团队的目标不是要和每一个顾客建立关系，并非所有的顾客都必须用同一规格来对待。一些顾客需要巨大的投资和专门的营销精力，另一些则需要少一些的投资。创业者可以给关系设定不同的程度，一些很深、很亲密，而另一些则很浅，且相对短期。

在试图建立一个长期关系之前，营销团队需要考查以下变量：营销团队需求的本质、与顾客做生意的难易程度、与某顾客做生意而能吸引其他顾客的可能性以及顾客会转向其他公司的障碍壁垒大小，然后还要评估顾客终身价值。这些都做好了之后，把公司客户群里的所有顾客进行分类或分组。通过彻底的分析，公司可以把顾客分为下面四类：一次性的或偶尔的交易；多次的或重复的交易；忠诚顾客；关系顾客。

第一，一次性的或偶尔的交易：这类顾客很少与该公司做生意，通常只是因为他有紧急需要，就找个价格最便宜的而且能最快送达的，或是因为卖家的东西买起来很方便。这种形式的关系里没有忠诚。营销团队也没有必要在这类顾客身上做出特殊的投资。

第二，多次的或重复的交易：顾客会重复购买，但在条件允许的情况下，他们也会转向另一个供应商。买者主要是因为价格或者便利而向卖者购买。营销团队可以对此类顾客进行激励。

第三，忠诚顾客：顾客对供应商有强烈的偏好，而且很忠诚。营销团队要更多地关注这类顾客。

第四，关系顾客：顾客和供应商共享信息，双方的合作使各自的利益最大化。双方都显示了很高的忠诚度，营销人员要对此类顾客定制营销组合策略，以独特的方式为他们创造价值。

推荐书目

米内特·辛德胡特等著：《创业营销：创造未来顾客》，机械工业出版社，2009 年版。

行动学习指引

A　案例分析

请分析“友好企业”的营销体系。利用创业营销思维方式，为“友好企业”提供营销方面的建议。

B　反思和执行

向“友好企业”创始人讲解创业营销的基本理念和方法，为“友好企业”做市场调研，设计营销策略与详细的执行方案。

如果“友好企业”尚未引入客户关系管理，请尝试帮助其建立基本的客户关系管理框架，包括对客户进行分类，并建立关系营销的基本架构。

第 11 章　创业融资

Like all investors, we want to believe. So help us believe.

——美国著名风险投资家　Paul Graham

创业融资就是销售梦想给潜在的投资者。

——天使投资人　徐小平

学习目标：

☞ 了解股权融资和债权融资的特点
☞ 了解创业企业最初的资金来源
☞ 了解天使投资
☞ 理解风险投资的特征
☞ 了解私募股权投资

很多创业者在评估自己的创业想法时，总会以为现在已经是“万事俱备只欠东风”了。所谓的东风就是“资金”。实际上，有很多途径可以获得资金，但创业者需要经历重重考验，最终才可以得到资金的青睐。创业者需要了解提供创业资金的机构及其特点，在对的时候找对的人，从而解决创业过程中的“资金欠缺”问题。

11.1　创业融资概述

融资即是一个企业筹集资金的行为与过程，也就是企业根据自身生产经营状况、资金拥有状况、未来经济发展的需要等，通过科学的预测和决策，采用一定的方式，从一定的渠道向投资者或债权人筹集资金，并组织资金的供应，以保证正常生产需要以及经营管理活动需要的理财行为。创业融资即是指新创企业获得初始创建资本以及后续运营资本的过程。

11.1.1 公司资产的来源

公司作为具有法人资格的经济组织，依法自主经营，自负盈亏，承担风险，独立核算。公司开展经营活动，必须有一定的资产作为其经营活动的基础。公司资产有两种，一种是公司股东投资所形成的财产，称为公司独立的法人财产权。当公司盈利时，向股东支付股息或红利。另一种是公司以承担债务为代价而获得的财产，也就是指公司发行债券或向银行贷款而获得的资金，需要按照约定方式偿还。

（1）债权融资

债权融资是指公司以发行债券、银行借贷方式向债权人筹集资金。通过债权融资所获得的资金，公司具有使用权和支配权，可以应用于公司的生产经营活动。债权融资是有偿使用公司外部资金的一种融资方式。无论盈利还是亏损，公司首先要承担债权融资带来的利息，另外，在借款到期后要向债权人偿还资金的本金。这种融资方式要求企业具备一定的资信，还要有足够的担保。

对于公司而言，债权融资既有优点，也有缺点。优点主要体现在：①债权融资不影响公司的所有权，公司可以保持对企业的重大决策和有效控制，并且独享未来可能的由企业成长带来的收益；②债权融资能够提高企业所有权资金的资金回报率，具有财务杠杆作用。缺点主要体现在：①公司要按时清偿贷款，如果不能保证经营收益高于资金成本，企业就会收不抵支或亏损；②债权融资提高了企业的负债率，如果负债率过高，企业经营不善就会面临破产风险。

（2）股权融资

股权融资是指公司以出让股份的方式向股东筹集资金，包括配股、增发新股等方式。资金提供者成为公司的股东，按照出资额比例拥有相应的公司股份，享有公司控制权和决策权，并且承担公司的经营风险，一般不能从公司抽回资金，其获得的报酬依据公司经营活动的状况而定。股权融资形成的所有权结构的分布特点，及股本额的大小和股东分散程度，决定一个公司控制权、监督权和剩余价值索取权的分配结构，反映的是一种产权关系。

股权融资的优点主要体现在：①投资者或资金提供者不要求债权融资中常见的担保、抵押等方式，而是要求按一定比例持有公司股权，并分享利润和资产处置收益，帮助公司分担可能的经营风险；②公司通过股权融资不仅能够获得资金，还能获得公司发展需要的各种资源，如社会关系、管理经验、技术诀窍等。缺点主要体现在：①控制权方面，由于股份被稀释，原公司股东对企业控制程度降低，在公司战略决策方面不得不考虑资金提供方的意见，如果有分歧，将会造成决策效率的低下，甚至改变原公司战略规划与投资方向；②信息披露。资金提供方成为公司股东，公司的财务报表、经营信息都会被要求提供；如果公司能够成功上市，在融资的同时，还要承担更为规范的信息披露责任，原公司股东可能会有所顾虑。

（3）股权融资与债权融资的对比

股权融资与债权融资的最根本区别在于所有权的区别，即股权融资是股份制企业有偿发放给投资人企业所有权的过程。而债权融资只是企业有偿发放给投资人企业债权的过程。

股权融资的本金具有长期性、永久性，不需要企业归还，但可以向第三方转让，有助于保证企业的长期稳定发展。而债权融资，企业必须到期归还本金并承担按期付息的义务。

股权融资的投资方通过企业成长、增值服务获取收益，主要体现在股利的支付，而股利的支付与否和支付多少根据公司的经营情况而定。债权融资的债权人无论企业盈亏，都按照事先约定的固定金额获取利息。

对于筹资公司来讲，股利从税后利润中支付，不具备抵税作用，而且股票的发行费用一般也高于其他证券，而债务性资金的利息费用在税前列支，具有抵税作用。因此，股权融资的成本一般要高于债务融资成本。

股权融资与债权融资相比，股权融资的财务风险小。股权投资者以新股东和合作伙伴的身份加入公司，公司资产负债率低，且财务风险小。

企业举债比例越高，利息就越高，这就要求企业有较高的资产报酬率来支付固定利息，无形中也就增加了企业经营的风险。另外，过高的负债会增大经营中资金调度的压力，财务弹性因此减低，当这种压力达到一定程度时，很容易引起公司的债务危机和信用危机，造成资金链断流。

股权融资的投资者除为企业发展提供所需要的资金外，还提供合理的管理制度、丰富的资本运作经验、市场渠道、监管体系和法律框架等，从而在比较短的时间内有效改善企业的治理结构、资本结构，提高企业的核心竞争力并最终带来企业业绩和股东价值的提升。

与股权融资相比，债权融资除在一些特定情况下可能带来债权人对企业的控制和干预问题，比如濒临破产或因严重经营不善造成债务无法偿还，一般不会产生对企业的控制权问题，对企业的管理决策影响力较弱。

11.1.2　公司外部融资的驱动力

创业公司寻求外部融资的驱动力主要来自两个方面。

第一，创业者开发和利用巨大市场机遇的愿望。这一愿望得以快速实现的前提就是获得足够的资金。

第二，外部环境对创业企业生存和发展的挑战。创新型企业面临的环境复杂并且多变，必须寻找资金以实现快速发展，从而对竞争对手建立进入壁垒。

融资和上市并不是企业的终极目标，而是实现企业目标和价值的手段。有远见的创业者会为企业制定一个融资规划，以配合企业战略的实施。

11.1.3 外部股权融资的好处

创业融资是对核心团队的历练。通过创业融资活动，团队对企业的外部环境和内部优势有更加清晰的认识，从而有利于企业制定正确的发展战略，增强核心团队和员工的信心。对于创业企业来说，寻求外部股权融资具有如下好处。

第一，通过外部股权融资活动，客观上给企业股权一个市场定价。这是对企业价值的建议，有利于企业实施股权激励计划，让团队和员工看到企业股权的价值。

第二，通过外部股权融资，还可以获得投资人的意见，为公司战略方向调整提供依据。

第三，外部股权融资客观上改善了公司的股权结构，有利于健全公司治理体系。

第四，最后，外部股权融资分散了创业风险，使投资人和创业者分享创业财富的同时，分担了创业风险。

因此，争取外部投资是未来创新创业者的一项基本能力。

专栏：创业者融资的注意事项

别期待投资人为你的成功添砖加瓦，所以对企业家来说，在开始就应将投资人的影响力降到最低。

Mark Pincus 曾谴责企业家们有时候给了 VC 太多权利，让他们毁了你的项目，或者将你的项目从你身边掠走。那么企业家们在融资中都应该注意什么？

企业家应该接受以下三点：

第一，对 VC 来说，有很多不公平的事情：VC 投资优先股，而创始人和管理层拥有的则是普通股，许多企业家不知道差别，即使在出现流动性问题的时候，优先股股东首先获得支付，但事实上这不是特别不公平。

第二，VC 的律师费是从你所筹得资金中扣除的，这有点不公平，但这可避免谈判拖延，因为 VC 会给你提供标准条款，执行中也不会偏离条款太远。

第三，VC 和你不一样，VC 有很多项目，而你只有一个，所以他不会像你那样在乎你的项目，这很正常。

需要注意以下四点：

第一，董事会构成：初期，你就需要考虑你想在董事会享有多大权力，放出多少权力。

第二，主席身份：这是个很微妙的事情，如果你是一个普通的技术创业者，可能没有兴趣去管理董事会，尽管许多创始人缺少管理董事会的经验，但董事会最终决定任命谁为 CEO 及董事会主席，所以你就应该抓住董事会主席这一职位。通常来说，VC 也会委派他们其中一位合作伙伴加入你的董事会，他们也应该这么做，所以，VC 变成董事会主席也屡见不鲜，但是，除非某个人是你项目的主要投资人或者你想把自己的公司交给一个经验丰富的老手，否则千万不要把董事会主席拱手让人。

第三，清算优先权：当在需要清算（并购，IPO）的时候，清算优先权决定了你的公司资产如何分。

第四，股份兑现：投资人都喜欢要求创始人放弃自己的权益，几年之后再兑现股份。

对创业者的四点建议：

第一，能融资的时候就融资，不要等到逼不得已时才融资。作为企业家，我们有时候会太过乐观，这通常会给我们的事业蒙上一层乌云，能融资就融资，不要等到快撑不下去了才融资。

第二，不要融资太多。对 VC 来说，投资越多越好，但对企业家就不一样了，你只需要筹到合理金额的资金就可以了。

第三，别太偏执。只有偏执狂才能生存，但不是所有 VC 都会忍受这一点。尤其是当公司成长不够快，投资又存在风险的时候，合作关系就会危机重重，如果你认为 VC 应该忍受你，那么你就会毁了你们的合作。

第四，别太贪婪。做一个合理的估值，当一个投资人考虑投资的时候，就是受到贪婪的驱使，如果你不能为他带来超常收益，他会犹豫然后投给其他人。

11.2 创业融资决策影响因素

11.2.1 企业发展阶段

创业融资具有阶段性，不同企业发展阶段，因企业规模、资金需求、投资风险等方面有明显差别，因此企业需要制定不同的融资策略，选择合适的融资方式。

（1）种子期

这一阶段基本上处于产品的研究和实验阶段，企业处于高度不确定之中，风险程度非常高。这一阶段的融资方式大致可分为三类：①政府专项拨款、社会捐赠等；②天使投资类型的股权融资；③自我融资或亲朋好友的资金支持。

（2）初创期

这一阶段，企业已经有了一个初级阶段的产品，产品已经上市，但仍未达到损益平衡点。与种子阶段相比，这一阶段的技术风险有较大幅度下降，发展潜力逐渐显现，但投资成功率依然较低。

由于还没有获得正现金流，企业获得债务融资的难度较大。因此，此时创业融资的策略往往倾向于创业风险投资和天使投资。

（3）成长期

成长阶段的企业表现出良好的成长性，且具有一定的资产规模，同时，由于企业已经开始盈利，逐渐确立起相应的市场地位，创业融资在此阶段进入黄金时期，融资方式呈现多元化态势。

这一阶段，创业风险投资仍然是主要的融资方式，同时，企业已经具备取得银行流动资金贷款及通过商业担保公司取得中长期贷款的条件，可以寻求银行贷款、商业信用等债权融资方式。

（4）成熟期

企业进入成熟期后，技术成熟、市场稳定，企业的管理与运作日臻完善。这一阶段，债券、股票等资本市场可以为企业提供丰富的资金来源。

11.2.2 企业的类型

创业企业的类型影响企业融资渠道的可行性。对于从事高科技产业或有独特商业创意的企业，由于轻资产的特点，此类企业缺少可以用于质押的固定资产，因此从银行获得债权融资比较困难。

同时，由于此类企业有较高的收益潜力，适宜向天使投资人和风险投资家寻找股权投资。

11.2.3　融资用途

按资金使用期限可分为短期融资和长期融资。股权融资筹措的资金具有长期性和永久性。长期用途的融资适宜股权融资方式，而短期用途的融资最好采用债权融资方式，以免企业创始人的股权被过度稀释。

11.2.4　资金成本的考虑

过高的融资成本对创业企业来说是一个巨大的负担，而且会抵消企业的成长效应，因此，创业融资决策在于寻求一个较低的综合资金成本的融资组合。

债权融资成本低于股权融资成本，如果能采用债权方式融资，则优先考虑债权融资方式。

案例：拉手网的融资历程

拉手网于 2010 年 3 月 18 日成立，是中国内地最大的团购网站之一。其融资历程如下：

2010 年 4 月 22 日获“泰山天使”A 轮投资；

2010 年 6 月 7 日再次融资 500 万美元；

2010 年 12 月，拉手网又获得来自 Tenaya Venture、Norwest Venture Partners、金沙江创投和 Rebate Network 等机构的 5000 万美金的风险投资；

2011 年 4 月 12 日拉手网新融资 1.11 亿美元（此次融资后拉手网的价值被估计为 11 亿美元）；

2011 年 10 月 29 日拉手网向 SEC（美国证券交易委员会）提交了 IPO 招股书，计划在纳斯达克上市，募集 1 亿美元。

拉手网之所以吸引投资人，是依靠如下几个要素：新商业模式；巨大的市场需求；强有力的执行团队；熟悉资本市场的创始人。拉手网的创始人是清华大学电子工程学士、美国西密歇根大学计算机科学硕士，曾创建影立驰公司、焦点房地产网、Richcore 视频解码芯片公司等。

11.3 天使投资

天使投资（Angel Investment），又称非正式风险投资，是权益资本投资的一种形式，指富有的个人使用自有资金出资帮助具有专门技术或独特概念的原创项目或小型初创企业发展的投资形式。

目前我国天使投资人是已经成功创业的富裕人士，他们了解企业的难处，并能给予创业企业帮助，往往积极为公司提供一些增值服务，比如战略规划、人才引进、公关、人脉资源、后续融资等，在带来资金的同时也带来了关系网络。

天使投资基金是机构化的天使投资。其发展分为三个阶段：第一个阶段是松散式的、会员管理式的天使投资，这种天使投资机构采用由会员自愿参与、分工负责的管理办法，如会员分工进行项目初步筛选、尽职调查等；第二个阶段是密切合作式的、经理人管理式的天使投资机构，这种天使投资机构利用天使投资家的会员费或其他资源雇用专门的职业经理人进行管理；第三个阶段是管理天使投资基金的天使投资机构，同投资于早期的创业投资基金相似，是正规的、有组织的、有基金管理人的非公开权益资本基金。

天使投资基金的出现从根本上改变了天使投资原有的分散、零星、个体、非正规的性质，是天使投资趋于正规化的关键一步。投资基金形式的天使投资能够让更多没有时间和经验选择公司或管理投资的被动投资者参与到天使投资中来。

专栏：天使投资人薛蛮子

薛蛮子是UT斯达康创始人之一，曾担任中国电子商务网8848前董事长、中华学习网前董事长等职务。他投资过的项目包括PCPOP、李想的汽车之家、方三文的雪球财经以及杜子健的华艺百创等。被奇虎360董事长周鸿祎称为“中国天使投资第一人”。2011年5月20日，薛蛮子发布微博透露自己已被检查出患有直肠癌。

薛蛮子说：创业是一个非常艰苦、非常折腾的过程。我唯一给你们的建议，就是在创业之前一定要深深地自省。每个人都知道自己不要什么，很少人知道自己想要什么；每个人都知道自己的长项，很少人想哪里是自己的死穴。

薛蛮子前前后后投了上百个项目。他说：“创业和投资其实本质上一定首先是兴趣。如果是纯粹为了赚钱，可能天使投资不是最好的方法，周期长、风险大，跟这帮孩子折腾，摸爬滚打，又要教育他，又要给他当保姆，又要给他当老师，这事不容易。所以我觉得你们作为创业者，第一要有一个清醒的自知之明；第二，你做的那件事是不是有巨大的兴趣?"

"如果你是做技术的，一定要找非常优秀的市场营销人员、管理人员。我觉得一个标准的团队最好是30来岁，干过几年，打过工，看过创业公司的辛酸苦辣。"薛蛮子说，"创业还一定要有一点前瞻性，你看到了一个需求，这个需求目前没有被解决，而你们的解决方案是一个简单、易行的方案。细分市场一定要天一样大，切入点一定要针一样细。投资人最看重的品质头一个就是诚实，这是我们现今社会中最缺乏的，我看到最大的悲哀就是老实人不能干，能干的人不老实。"

11.4　风险投资

20世纪中叶，伴随着高新技术产业的发展，风险投资首先在美国诞生。通常，业内人士将1946年设立于美国波士顿的美国研究与发展公司（American Research and Development，ARD）视为最早的风险投资公司。美国硅谷、以色列以及我国台湾地区创新经济的发展历程表明风险投资是创新经济的发动机与助推器。世界上最成功的高新技术产业集群——美国硅谷的成功正是得益于风险投资。

11.4.1　风险投资的概念

根据世界经济合作组织科技政策委员会1996年发表的一份题为《风险投资与创新》的研究报告，风险投资是指一种向极具发展潜力的新建企业或中小企业提供股权资本的投资行为。它区别于一般产业投资的特点在于投资周期长，一般是3~7年；除资金投入外，投资者还向投资对象提供企业战略设计，经营管理等方面的咨询与帮助；投资者在投资结束时的股权转让活动中获得投资回报。

美国风险投资协会（National Venture Capital Association，NVCA）认为风险投资是由职业金融家投入到新兴的、迅速发展的、有巨大竞争潜力的企业中的一种权益资本。其本质内涵是"投资于创业风险企业，并通过资本经营服务培育和辅导创业企业创业，以期分享其高增长带来的长期资本增值"。我国著名管理学家、前全国人大常委会副委员长成思危认为："所谓风险投资是指把资金投向蕴藏着很高的失败风险高新技术及其产品的研究领域，以期成功后取得高资本收益的一种商业投资行为。”

学术研究中的风险投资（Venture Capital）是一个狭义的概念，专指那些“致力于对私有高成长性企业进行权益资本或者权益资本连接（Equity - linked）投资的独立经营的专门资本集合”（冈玻斯和勒纳，2002），其特点是：专业投资，投资家给予企业以专业建议；以权益形式投入未上市企业；在美国通常为优先股或可转换股，在我国一般为普通股；投资期限较长，通常为5～7年。

11.4.2 风险投资流程

关于风险投资决策活动流程，学者有不同的见解。例如，Tyebjee & Bruno 认为有5个序列活动：交易来源、项目筛选、评价、达成交易、投资后管理和服务。Fried & Hisrich 认为有6个阶段：起源、风险投资公司特殊筛选（Venture Capital Firm - specific Screen）、一般筛选（Generic Screen）、第一阶段评估、第二阶段评估、交易完成。

我国著名风险投资家东方富海董事长陈玮将风险投资机构的投资活动流程划分为8个阶段，如图11－1所示。

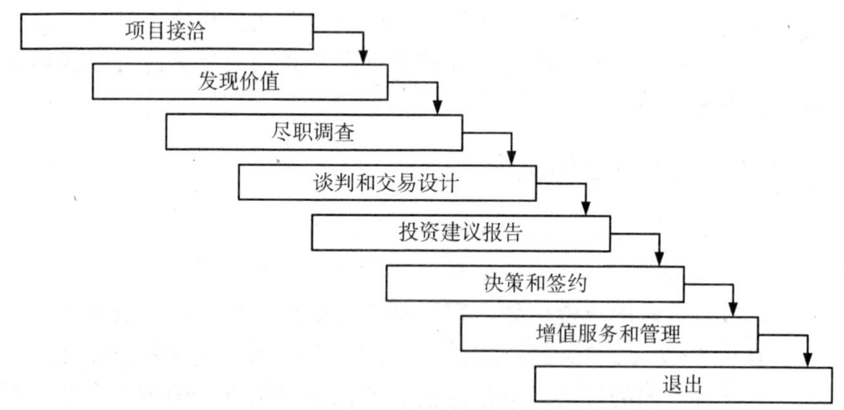

图11－1 风险投资活动的基本过程

资料来源：根据陈玮在2008年中国风险投资家培训班上的讲义稍作改动。

11.4.3 中国风险投资机构的类别

（1）政府背景的风险投资机构

政府资金可以通过三种基本模式实现直接股权投资：①政府投资于私营

的风险投资公司，再由风险投资公司投资企业；②政府建立资金的风险投资公司，直接对企业进行股权投资；③将政府基金和私人资本结合，建立混合型基金。我国自 20 世纪 80 年代中期开始探索创业投资以来，直到 2006 年，政府背景的投资机构一直是中国风险投资的主力军。

（2）独立风险投资机构

独立风险投资机构是由自然人发起、向特定对象募集资金组建的专业风险投资机构，具有独立的管理权和决策权。根据资金来源，可分为内资独立风险投资机构与外资独立风险投资机构。

（3）企业附属投资机构

企业附属投资机构，是企业参与风险投资的重要形式。成熟公司出于财务收益目的和（或）战略目的，以专门设立的投资机构或者企业内的投资部门对新创企业进行投资。

11.4.4　风险投资的特点

（1）高收益和高风险并存

风险投资之所以钟情于高新技术，是因为高新技术能够创造超额利润。创业投资多年来屡屡向世人展示奇迹，平均回报率高于 30%，一旦投资成功，回报率有时高达 10 倍以上，远远超过了金融市场平均回报率。但高收益总是与一定的高风险相对应。任何一项高新技术产品开拓性的构思、设计、投产、商业化过程都存在诸多不确定性因素，从而产生技术风险、市场风险、管理风险和环境风险。

（2）期限较长

风险投资的投资期限一般为 3 ~ 7 年，长于一般的债权融资。

（3）阶段性

为控制投资风险，风险投资一般分阶段进入。上一发展阶段目标的实现成为下一阶段资金投入的前提，在这个过程中一旦发现问题，立即中止投资，通过这种策略把投资风险降到最低。

（4）增值服务

风险投资对风险企业投入资金的同时，为企业提供包括发展战略、市场营销、企业管理、资本运作等方面的增值服务，帮助被投资企业快速发展和壮大。

专栏：意大利探险家哥伦布

意大利探险家哥伦布的最大爱好就是环球航海探险，可是他没有钱买船、招募船员。于是他花了七年时间四处奔走，向葡萄牙国王、西班牙女王、英国国王以及无数欧洲王公贵族推销其探险计划，遗憾的是没有人搭理他。

哥伦布的探险计划绝对是一个高风险项目，那是一条从来没有人走过的路线。而哥伦布向西航行到达东方的想法，却是一个创新。由于以前没有人尝试过，因此失败的风险很大，但也有可能获得极大的投资回报。

直到1492年，西班牙女王伊莎贝拉经过多年考虑，决定投资哥伦布的探险商业计划。正是西班牙女王的这项投资，使得哥伦布发现了新大陆，并由此改变了整个世界，西班牙也因此成为盛极一时的世界大国。

哥伦布出身于商人家庭，从小受到家庭的耳濡目染，使他具备了精明的商业头脑，他在葡萄牙八年的航海经历又给了他足够的勇气和经验。西班牙女王是个有眼光的投资人，因为她看到了哥伦布本人及其商业计划的前景和潜力，并愿意与一个普通百姓坐下来讨论风险和利益分配的问题。

1492年4月17日，哥伦布和女王签订了正式的“投资协议”——《圣塔菲协议》，该协议规定：行政上，女王封哥伦布为海军元帅，在探险中发现和占领的岛屿和陆地上，他将担任当地的总督。经济上，哥伦布可以从在这些领地经营的黄金、珠宝、香料以及其他商品的收益中获取1/10，并一概免税，还有权对一切开往那些占领地的船只收取1/8的股份。另外，哥伦布所有的爵位、职位和权利都可由他的继承人世袭。

带着女王授予的海军大元帅的任命状和投资协议，哥伦布率领着女王出资组建的船队雄赳赳气昂昂地出发了。船队由87名船员和三艘帆船组成：载重量60吨的尼尼亚号、载重量60吨的平塔号和载重量120吨的圣玛利亚号。他们完成了一次载入史册的伟大探险，哥伦布和他的船员发现的第一块陆地是今天位于北美洲的巴哈马群岛，那是一块欧洲人从来都不知晓的新大陆。

哥伦布从伊莎贝拉女王处获得了其允诺的所有物质和精神奖励。同时，作为风险投资家背后的投资者——女王及西班牙依靠这项成功的长期投资，收获更大。据统计，1502～1660年，西班牙从美洲得到了18600吨白银和200吨黄金。到16世纪末，世界金银总产量的83%被西班牙占有，并且更为重要的是，伊莎贝拉女王的投资得到了一个新大陆——美洲大陆。直到现在，西班牙语还是美洲大陆的主要官方语言之一。

11.5　私募股权投资

11.5.1　什么是私募股权

私募股权投资（Private Equity，PE），是指通过非公开形式对企业进行的权益性投资。广义的 PE 涵盖企业首次公开发行前各阶段的权益投资，即对处于种子期、初创期、发展期、扩展期、成熟期和 Pre－IPO 各个时期企业所进行的投资，相关资本按照投资阶段可划分为创业风险投资（Venture Capital）、发展资本（Development Capital）、并购基金（Buyout/buyin Fund）、夹层资本（Mezzanine Capital）、重振资本（Turnaround）、Pre－IPO 资本（如 Bridge Finance），以及其他资本，如上市后私募投资（Private Investment in Public Equity，PIPE）、不良债权（Distressed Debt）和不动产投资（Real Estate）等。

狭义的 PE 则指对已经形成一定规模的并产生稳定现金流的成熟非上市企业的私募股权投资。

11.5.2　私募股权投资的特点

第一，资金募集主要通过非公开方式面向少数机构投资者或个人募集，它的销售和赎回都是基金管理人私下与投资者协商进行的。在投资方式上也是以私募形式进行，绝少涉及公开市场的操作，一般无须披露交易细节。

第二，多采取权益型投资方式，绝少涉及债权投资。PE 投资机构也因此对被投资企业的决策管理享有一定的表决权。反映在投资工具上，多采用普通股或者可转让优先股，以及可转债的工具形式。

第三，一般投资于私有公司即非上市企业，绝少投资已公开发行股票的公司，不会涉及要约收购义务。

第四，比较偏向于已形成一定规模和产生稳定现金流的成形企业，这一点与 VC 有明显区别。

第五，投资期限较长，一般可达 3～5 年或更长，属于中长期投资。

第六，流动性差，没有现成的市场供非上市公司的股权出让方与购买方直接达成交易。

第七，资金来源广泛，如富有的个人、风险基金、杠杆并购基金、战略投资者、养老基金、保险公司等。

第八，PE 投资机构多采取有限合伙制，这种企业组织形式有很好的投资管理效率，并避免了双重征税的弊端。

第九，投资退出渠道多样化，有 IPO、售出（Trade Sale）、兼并收购（M&A）、标的公司管理层回购等。

11.5.3 私募股权投资的项目评估标准

对于私募股权投资基金来说，寻找好的企业、好的经营者或管理团队是非常具有挑战性的。寻找项目、初步评估和尽职调查是私募股权投资的基础，通过这三者的考验是投资能够进行的前提，在整个项目评估过程中，每个基金的偏好不同，其评估标准会有所不同，但一般都遵循以下标准。

（1）企业和产品具有高成长性

首先，企业要具有高成长性，即公司能在较短时间内达到一定经营规模；其次，拟投资的企业必须具有一定的竞争优势，如先进的技术优势或在行业领域中处于较领先的地位；最后，企业要有好产品。好产品必须具备如下特征：①不仅要能满足市场的现有需求，而且还要能满足市场的潜在需求；②必须具有独特性，具有良好的扩展性、可靠性和维护性，能够满足人们的某些特殊需求，从而能够在市场中获得独占或领先的地位；③所服务的市场规模要足够大，这样才能为企业的高成长性奠定基础；④必须是不易模仿的，如果一个产品（或服务）对市场需求的满足性非常好，独特性也非常强，但如果它容易被模仿和替代，就很难保持其市场地位。

（2）企业面对的市场足够好

一个好的市场是成就好产品的首要条件。企业所面对的市场最好能够：①它能为风险产品提供规模足够大的发展空间；②它本身具有高成长性；③它很容易接受即将进入市场的产品（或服务），同时又能对产品（或服务）跟随者的模仿形成很高的壁垒；④市场能保持一定的竞争水平，企业所面对的竞争既包括同类产品的竞争，也包括替代品的竞争等。

（3）具有优秀企业家团队

“宁可投资一流的人才、二流的技术，也不投资一流的技术、二流的人才”，从私募股权投资的这句口号足以见得企业管理团队的重要性。企业的领头人即企业家的评估要求其必须具备以下素质：①战略思想，企业家的战略思想一般体现在企业文化和经营理念中，所以，选择具有长远发展战略眼光的企业家，对保障投资的未来预期收益将起到非常重要的作用；②整合资源能力，包括经营管理能力、市场营销能力、市场应变能力、公共关系能力、风险预见和防范能力以及技术创新能力等；③个人品质，具有良好个人品质的企业家应该是忠诚正直、敢于承担责任、机智敏锐、信念坚定、坚忍不拔、精力充沛、乐观豁达而又务实。

(4) 企业财务状况良好

没有财务规划的企业，是没有财务方向的企业。对中小企业进行财务状况分析与评价至少应当考虑以下几个方面：①企业目前的资产负债状况与股权比例；②企业最近三年资产负债与股权变动情况；③提供投资后的资产负债与股权比例；④资金运用计划；⑤有关损益与现金流量的盈亏平衡；⑥其他融资计划；⑦利润预测与资产收益分析；⑧投资者回收资金的可能方式、时机与获利情形等。

专栏：资本的魅力与陷阱

有两种投资不能接受：一种是“管得太严”；另一种是“从来不管”。钱对一个濒临破产的企业非常重要，但钱背后的价值是创业者更要倍加重视的。要看清这个风险资金能给自己的企业带来多少钱以外的东西。

自 2011 年 12 月 24 日被国家质检总局公布产品含过量黄曲霉毒素，蒙牛在 12 月 28 日假日开市后，即遭洗仓，股价连挫 3 日，跌幅达 3 成，市值蒸发过百亿元。对蒙牛来说，这早已不是第一次食品安全危机，从三聚氰胺、特仑苏 OMP、2011 年初学生集体中毒到现今致癌物质等一连串事件，曾经高大挺立的蒙牛，形象尽失。

对于蒙牛创始人牛根生来说，心痛之余，最大的教训可能就是，切莫被资本绑架。当初掌舵蒙牛之时，老牛就曾多次提出建自有奶源，但被资本方阻止。而此次问题的出现，正是由于奶源出了问题。“永远不要让资本说话，要让资本赚钱”，这是阿里巴巴集团董事局主席马云对处理企业与资本方关系最言简意赅的总结。因为在中国市场，资本一直在不停“说话”，到处插足。

以牛根生为典型，大部分与资本有过交手的企业家都认为，被资本绑架的滋味并不好受。

创始人对于企业的发展方向，往往有自己的计划，但这并不一定符合资本的意愿。掌舵蒙牛之时，牛根生曾多次提出建自有奶源而无果；后来，牛根生卖掉蒙牛套现 9.55 亿元，终于如愿建立自有奶源现代牧业。然而，历史循环，现代牧业似乎走上了蒙牛的旧路。而这回似乎是老牛“伙同”资本，催促着现代牧业不合理的高速成长。

现代牧业招股书显示，截至 2010 年 6 月 30 日，现代牧业在全中国经营 11 个畜牧场，其中有 10 个设计存栏量为 1 万头乳牛。然而，国外几乎没有一个畜牧场的存栏量达到万头规模。“北美一般在1000～2000头，西欧大多在80～100头，而新西兰恒天然牧场也只有200～300头。”东方艾格乳业分析师陈连芳向记者表示，国外牧场之所以把规模控制在千头以内，一方面是控制对周围区域的污染；另一方面是防疫，一旦疫病出现，规模大的牧场损失惨重。作为经营者，牛根生对此不可能不清楚。

这一次的“意外”，到底是资本还是其本人的意愿？资本和商人，究竟是谁绑架了谁？

在广州奶业协会会长王丁棉（奶业大炮）看来，上市是现代牧业的终极目标。如果把所有罪罚都强加在高盛、摩根和KKR等这些入股蒙牛和现代牧业的资本身上，那也太让牛根生这帮蒙牛创始人置身事外了。因为许多资本方并不涉及企业的具体经营管理，一旦企业出现问题，就将责任推到对方身上，已经成为很多企业经营者掩饰非法经营行为的惯用伎俩。

企业家引入风险投资，最不愿意看到的就是自己被赶下台，然而创始人下台在国内外屡见不鲜。20世纪80年代苹果电脑公司的创始人史蒂夫·乔布斯、太阳微系统（SUN）公司的创始人维诺德·科斯拉、思科公司的创始人斯坦福大学的一对夫妻教师，都曾被创业投资人赶走。2001年6月，新浪网的创始人王志东让出首席执行官、总裁和董事等职位，在此之前，更有瀛海威的张树新、中公网的谢文、Chinaren的陈一舟、8848的王峻涛和美商网的童家威等。对于这一点，牛根生也有所体会。

与其被资本赶下台，不如先发制人，挑明矛盾。2012年10月，张兰向媒体大谈“引进他们（鼎晖）是俏江南最大的失误，毫无意义”。她同时称，“什么也没给我们带来，那么少的钱稀释了这么多的股份。”张兰说她早就想清退这笔投资，但鼎晖要求翻倍回报，双方没有谈拢。2008年底，时值金融危机爆发，俏江南为缓解现金压力等决定引入外部投资，俏江南当时曾公开宣布，向鼎晖投资和中金公司出让10%股份，融资金额为3亿元。

融资定价问题如今已让许多上市企业追悔莫及。2011年初，当当网CEO李国庆在新浪微博上发炮，认为担任当当网IPO主承销商的两大投行上市前故意压低发行价，从中赚取更多承销费用。“不是投行帮公司上市，而是公司给投行挣钱的机会。”李国庆认为，“风投和企业应该是‘婚姻关系’，就是一个行业只投一家公司，然后一起努力，但如今，中国风投在电子商务领域却是一家多投，谁生谁死都不在乎，只要押对其中一个。”

乍看之下，资本似乎罪迹斑斑。然而，到底是谁打开了潘多拉的盒子？香港崇德基金投资有限公司北京代表处首席代表陈敏表示，资本从来不给别人抬轿子，资本只是参与到商业活动中去，去分享资本在参与商业活动成长性过程中应得的那部分利益。所以资本从来都不是商业的对手，而是商业的合作伙伴。

对于企业家而言，用好“资本”这一利器：一要选择正确的风险投资基金；二要学会正确的资本相处之道。在中国，一旦决定与资本携手，就意味着必须上市。而上市对企业来说是把“双刃剑”，握好才不至于受伤。

实际上，近些年来，中国日渐庞大的 VC、PE 数量本身已经形成了巨大泡沫。如今频频爆发的资企矛盾，正是这种泡沫破灭的开始。据清科数据库统计显示，自 2010 年第四季度以来，创投市场已经连续三个季度下滑，2011 年三季度有 89 笔退出交易，环比下降 17.6%，未来还会有大量 VC 倒闭和被迫退出。

对于 VC 市场的鱼龙混杂，前凯鹏华盈执行合伙人周志雄认为，对创业者而言，在选择投资人时，一要看负责项目的合伙人，二要看这个 VC 一贯的做事方式，三要看他积累的整体资源。

曾遭遇资本退出的爱康国宾董事长兼 CEO 张黎刚告诉《新领军》，企业家在找投资时，一定要看看以前他投过哪些项目，如果回报极高，就千万不要找他们。为此，他们拒绝了曾经投百度的风投，最终选定美林证券，因为“他们野心没有那么大，觉着赚上两三倍就差不多”。

对于这一点，马云挑选风险资金的眼光可谓独到。在他看来，投资和融资是一个双向选择的过程，即使一个企业在资金上已到了山穷水尽的地步，也不能盲目寻找投资。钱不好、条件不好，就不能接受。一些不好的风险资金，比如说和企业发展不是太契合的风险投资，可能会毁掉一个优秀的企业。融资的目的是为了生存和发展，是为了做大做强。所以企业要找的是战略合作者，是长期合作者。用马云自己的话来解释就是：“我们需要的不是风险投资，不是赌徒，而是策略投资者，他们应该对我们有长远的信心，30 年都不会卖。两三年后就套现获利，那是投机者，我不敢拿这种钱。”

阿里巴巴的首批投资即是严格按照这种原则来筛选的：马云希望阿里巴巴的第一笔风险投资除了能带来钱以外，还能带来更多的非资金要素，如进一步的风险投资和其他的海外资源。在对 38 家风险投资商进行严格挑选后，最后选择了高盛。1999 年 10 月，由高盛牵头，包括富达投资、Invest AB 和新加坡的政府科技发展基金在内的一批投资机构，联合向阿里巴巴注入了首期 500 万美元的风险投资。事实上，高盛的这笔投资金额并不是和阿里巴巴谈判的所有投资商中最多的，他们开出的条件也相当苛刻。但马云最终还是选择了高盛，这不仅因为高盛是美国有名的投资公司，更因为高盛具有长远战略眼光，无论是对阿里巴巴将来开拓市场，还是做长远的战略规划都有极大好处。而事实上，在这个被称为“天使基金”的资金注入阿里巴巴后，投资者们秉承的最重要的方式就是——绝不干涉经理层对公司的运作，这正是马云想要的，这才可以让他“放手带领那帮人大干一场”。

再后来，软银投资阿里巴巴2000万美元，软银总裁孙正义，既做过创业者，又一直在互联网圈内持续投资，并且符合马云心中的条件：适度规模的投资，持续的投资，一定的海外资源。孙正义个人承诺协助阿里巴巴的业务，为阿里巴巴增添莫大价值。

要明白风险基金到底能够在哪一方面帮助企业，它是不是有这样的能力，是不是有这样的人专门为企业服务。

而一旦选定合适的私募股权基金，如何定价就是一个紧迫的现实问题。

如果说商业之道是卖产品和服务，那么资本之道就是卖损益表。在香港崇德基金投资有限公司北京代表处首席代表陈敏看来，懂得商业之道的企业家不一定理解资本之道，所以企业家一定要找一个懂资本市场的明白人，到企业股东里来，因为他也做本金生意，一旦他以资本为纽带与企业家坐在一个板凳上，企业很自然就能顺畅地与资本相处。

合理的定价为未来和谐的“婚姻生活”奠定基础。天图创投合伙人王岑表示，一旦企业与投资人联盟，就像是夫妻结婚一样，而孩子就是企业。“在投资人平衡与企业家关系上，应该做到三点：第一，多沟通，定期每周见面，或打电话，彼此更了解对方性格，沟通效率会提高；第二，既然投，就是一家人，荣辱与共，不是说当企业出问题了，投资人就要走，既然投了，背后的逻辑是非常认可创业团队，商业总在变化要理解，就像结婚，不能因为老婆突然病了，就要离婚；第三，投完后，要对企业短板给予帮助，不要完全期望企业家来做，尤其是企业战略，局外人清，投资人看过很多成功企业，知道好企业在往大的方向发展时要专注，有所为有所不为。”

本质上而言，投资人于企业家，就是一对“合同夫妻”。而随着企业这个孩子日渐长大成人，走上平稳的发展轨道，两者的长期关系需要慎重考虑，重新予以界定：如果双方感情深厚，愿意风雨同舟走下去的，可以继续婚姻关系；双方已经出现裂痕，不想在一起生活下去的，就可以进行财产分割，签订离婚协议了。

在缺乏并购市场的中国，目前资本的唯一退出渠道就是上市，因为只有在上市这一公募过程中，资本才可以获取流动性溢价（市盈率）。而企业一旦上市，也就意味着与风险投资基金的结盟告一段落。从这个角度，也不难理解企业家与投资人为何屡屡“同床异梦”：既然双方本来就只有共同抚养“企业”这个唯一共同目标，自然也难以要求各自为对方考虑多少。

对于企业和企业家而言，在上市之后，如何面对公众资本这一大市场，则成为一门更艰巨的新课程。

新东方在纽约股票交易所成功上市两年后，董事长俞敏洪在各种场合经常重复一句话："我后悔上市，我现在依然后悔上市!"俞敏洪则向媒体坦言，新东方上市是迫于内外双重压力，"从本质上来说是一直被推着走的"，不仅压力很大，也很疲惫。这正是他"后悔把新东方做大"的重要原因。无独有偶，网易创始人兼董事长丁磊也向媒体坦言，对网易 8 年前在美国上市"追悔莫及"，"赴美上市则意味着公司要透明化运作，网易必须每个季度对外公布自己详细的财务数据，包括每款游戏的盈利收入、玩家的增减，甚至增减比例都要详尽介绍"。他把网易形容为"透明人"，"好像裸奔嘛，一举一动对手都清清楚楚"。

企业上市的优点非常明显，取得固定的融资渠道、获得创业资本或持续发展资本、提升企业知名度和品牌形象、取得更多的政策优惠等。然而，上市也是一把"双刃剑"。上市之后，企业应以公众的视角审视管理和决策机制。上市后，企业成了一辆驶向人流汹涌大街的透明公共汽车，公司向公众的信息披露会让竞争对手充分了解主营业务和市场策略等信息，更要接受每位投资者的诘询，企业原先的闭门会议成为万众瞩目的"公演"，这无疑给企业带来潜在风险。但上市可以规范公司运作和管理，完善公司的治理结构，为企业长远健康发展奠定制度基础。

上市之后，企业更要以强劲的产品经营来支撑公司持续发展，中国著名经济学家范恒山总结人们对资本经营认识的十大偏差，最重要的一条是：他认为上市后产品经营仍是主体，是永恒的主题，是其他经营形式的出发点和归宿。

上市之后，每位员工都应以全新的标准来审视自身知识结构。企业无时无刻不被一些新鲜词汇所包围，募投项目、信息披露、季报年报、股价、大盘、机构投资者、散户……一夜之间，这些曾经陌生的名词，今天忽然离这些企业很近。

推荐书目

吉姆·斯坦塞著：《创业融资》，复旦大学出版社，2008 年版。

刘曼红著：《创业投资圣经：天使投资理论与实践》，经济管理出版社，2009 年版。

罗国锋著：《中国风险投资透视》，经济管理出版社，2012 年版。

陈玮著：《我的 PE 观》，中信出版社，2011 年版。

行动学习指引

A 团队讨论

资金是创业最关键的因素吗?

B 反思和执行

考虑友好企业的行业和发展阶段特征，为友好企业提供融资解决方案，包括融资方式选择、融资对象选择，并为其筛选合适的投资机构。

第 12 章　创业风险

凡事只要有可能出错，那就一定会出错。如果有两种或两种以上的方式去做某件事情，而其中一种选择方式将导致灾难，则必定有人会做出这种选择。任何事都没有表面看起来那么简单；所有的事都会比你预计的时间长；会出错的事总会出错；如果你担心某种情况发生，那么它就更有可能发生。

——墨菲定律

学习目标：

- ☞ 了解什么是创业风险
- ☞ 理解创业风险的来源
- ☞ 了解创业者面临的主要风险类别
- ☞ 了解风险识别过程
- ☞ 掌握环境扫描和情景分析两种风险识别方法
- ☞ 控制来自于团队的风险

创业是一种高风险的活动，尤其是在创业初期，企业更是处于高危险期。处于孵化阶段的新创企业弱小稚嫩，来自各方面的风险使它时常面临生与死的严峻考验。因此增强风险意识，强化风险与危机管理是每一个创业企业的必然选择。

12.1　创业风险概述

风险一般是指“事件或经济结果的不确定性”或“发生危险、损失、损伤或其他不利结果的几率和程度”。

Timmons & Devinney 将创业风险视为创业决策环境中的一个重要因素，其中包括处理进入新企业或新市场的决策环境以及新产品的引入。

在很多人看来，创业是美好的，它可以让我们摆脱打工的境地，可以让我们再也不用看老板的脸色行事，可以让我们拥有更多的物质财富，让我们活得更有尊严。在创业带动就业的国家政策支持下，带着对未来的憧憬和令人振奋的希望，越来越多的人走向创业的道路，而现实是残酷的。

任何事物都存在正反两个方面，创业也是一样的，存在许多不利的因素。创业获得收益与满足的同时还存在一定的风险。创业的普遍现象是成功率低、失败率高、创业风险大、抗风险能力低。

中国的创业活动正处于活跃状态，新一轮的创业高潮正在形成。然而，中国新生创业动态跟踪项目（Chinese Panel Study of Entrepreneurial Dynamics，CPSED）数据调查结果显示，新企业创办成功率只有13.40%，非常之低；同时，创业退出比率为45.48%。据此说明，我国创业活动虽然普及率比较高，创业活动看似相对活跃，但创业成功率较低，而放弃率或终止率非常高，这一现实令人担忧。

12.1.1 创业风险的特点

创业风险的特点表现在以下六个方面：

（1）客观存在性

创业风险是客观存在的，是不以人的意志为转移的。在创业过程中，由于内外部事物发展的不确定性，因此创业风险也必然是客观存在的。客观性要求我们采取正确的态度承认和正视创业风险，并积极对待创业风险。当然，客观性并不否认创业风险的存在也有主观的一面。

（2）可预测性与测不准性

创业风险的可预测性是指创业风险是可测量的，根据过去的统计资料，通过定性或定量的方法来判断其发生的概率以及会造成不利影响的程度。

创业风险的测不准性是指创业风险的实际结果常常会出现偏离误差范围的状况，它一般是因创业投资的测不准、创业产品周期的测不准与创业产品市场的测不准等造成的。

（3）可变性

创业风险的可变性是指当创业的内部与外部条件发生变化时，必然会引起的创业风险变化。创业风险的可变性包括创业过程中风险性质的变化、风险后果的变化以及出现新的创业风险这三个方面。

（4）关联性

创业风险的关联性是指创业者面临的风险与其创业行为及决策是紧密相连的。同一风险事件对不同的创业者会产生不同的风险，同一创业者由于决策或采取的策略不同，会面临不同的风险结果。

（5）损益双重性

创业风险就意味着有可能出现坏的结果，如果能够正确认识并有效地管理创业风险，则有可能将创业风险转化为大量的收益。

（6）不确定性

创业的过程往往是将创业者的某一个“奇思妙想”或创新技术变为现实产品或服务的过程。在这一过程中，创业者面临各种各样的不确定因素，如可能遭受已有市场竞争对手的排斥、进入新市场面临着需求的不确定、新技术转化为生产力的困难等。此外，在创业阶段投入较大，而且往往只有投入没有产出，因此可能面临资金不足的问题，从而导致创业的失败。也就是说，影响创业的各种因素是不断变化且难以预知的，这就造成了创业风险的不确定性。

12.1.2　创业企业可能存在的缺口

创业企业由于资源劣势，会存在如下五种可能的缺口，这些缺口使得企业抵御创业风险的能力较弱。

（1）融资缺口

融资缺口存在于学术支持和商业支持之间，是研究基金和投资基金之间存在的断层。其中，研究基金通常来自个人、政府机构或公司研究机构，它既支持概念的创建，还支持概念可行性的最初证实；投资基金则将概念转化为有市场的产品原型（这种产品原型有令人满意的性能，对其生产成本有足够的了解并且能够识别其是否有足够的市场）。创业者可以证明其构想的可行性，但往往没有足够的资金将其实现商品化，从而给创业带来一定的风险。通常，只有极少数基金愿意鼓励创业者跨越这个缺口，如富有的个人专门进行早期项目的风险投资，以及政府资助计划等。

（2）研究缺口

研究缺口主要存在于仅凭个人兴趣所做的研究判断和基于市场潜力的商业判断之间。当一个创业者最初证明一个特定的科学突破或技术突破可能成为商业产品基础时，他仅仅停留在自己满意的论证程度上。然而，这种程度的论证后来不可行了，在将预想的产品真正转化为商业化产品（大量生产的产品）的过程中，即具备有效的性能、低廉的成本和高质量的产品，在能从市场竞争中生存下来的过程中，需要大量复杂而且可能耗资巨大的研究工作（有时需要几年时间），从而形成创业风险。

（3）信息和信任缺口

信息和信任缺口存在于技术专家和管理者（投资者）之间。也就是说，在创业中，存在两种不同类型的人：一是技术专家；二是管理者（投资者）。

这两种人接受不同的教育，对创业有不同的预期、信息来源和表达方式。技术专家知道哪些内容在科学上是有趣的，哪些内容在技术层上是可行的，哪些内容根本就是无法实现的。在失败类案例中，技术专家要承担的风险一般表现在学术上、声誉上受到影响，以及没有金钱上的回报。管理者（投资者）通常比较了解将新产品引进市场的程序，但当涉及到具体项目的技术部分时，他们不得不相信技术专家，可以说管理者（投资者）是在拿别人的钱冒险。如果技术专家和管理者（投资者）不能充分信任对方，或者不能够进行有效的交流，那么这一缺口将会变得更深，带来更大的风险。

（4）资源缺口

资源与创业者之间的关系就如颜料和画笔与艺术家之间的关系。没有了颜料和画笔，艺术家即使有了构思也无从实现。创业也是如此。没有所需的资源，创业者将一筹莫展，创业也就无从谈起。在大多数情况下，创业者不一定也不可能拥有所需的全部资源，这就形成了资源缺口。如果创业者没有能力弥补相应的资源缺口，要么创业无法起步，要么在创业中受制于人。

（5）管理缺口

管理缺口是指创业者并不一定是出色的企业家，不一定具备出色的管理才能。创业活动主要有两种：一是创业者利用某一新技术进行创业，他可能是技术方面的专业人才，但却不一定具备专业的管理才能，从而形成管理缺口；二是创业者往往有某种“奇思妙想”，可能是新的商业点子，但不具备战略规划上出色的才能，或不擅长管理具体的事务，从而形成管理缺口。

专栏：如何避免热情过度而死

这实在是令人心碎：一名企业家投入了大量的时间和精力，成立并运营一家新的公司，最终却胡乱地破坏了这家创业公司成功的机会。

创始人热情过度综合征（不要和创始人综合征混淆了）常常发生在创业新手身上。他们深信，自己在车库里捣鼓出的小公司，日后一定会成为下一个谷歌或亚马逊。由于经验不足、过于自信，他们常常会犯下致命的错误。令人遗憾的是，这些错误会使原本潜力十足的公司彻底失败，使创始人彻底放弃创业的计划。

综合征的常见症状如下：

抵押房屋（尤其是自用房屋）

毫无疑问，企业成功与否取决于决心。但是，尽管存在从哈佛或斯坦福退学，终成大业的故事（你知道我们讲的是哪家公司），我们还是得承认，通往成功的道路是漫长、艰辛、痛苦的。

正如 Paul Graham 所建议的，“切勿期望甚高”。

诚然，成功的企业家都选择了承担风险，而且如 Brad Feld 所说，“忽略那些反对的声音”；但是，企业家还是应当理性地评估风险，并支持那些基于外部、切实数据的决定。

因此，除了创业点子之外，一无所有的创始人——既没有现实的产品，也没有个人吸引力和对客户的洞察力——应该倍加小心。在申请大额个人贷款，抵押住房，或者花光家里所有积蓄之前，你得承认，自己可能对创业前景过于乐观了。

低估所需的时间

在浏览创业计划和资金预估时，风投公司和天使投资人可能会表示，创业公司的预期收益应该减半，而成本投入应该加倍。这些专业投资人深知公司运营——包括组建强大的团队、开发新产品、吸引第一位客户，或者开展试点项目——是非常艰难曲折的。

企业家应该审慎地考虑，自己的假设是否现实。

延期常常突如其来。将自己所有的时间都投入到公司中，一直依赖个人积蓄可能是不明智的选择。Scott Adams 在原先的岗位上工作了 6 年，并利用晚上、早上以及周末的时间，创办了 Dilbert 公司。无数创始人在创业过程中并没有放弃原先的工作。

（Tony Wright 写了一篇很好的文章，讲述了他利用两份兼职工作的收入，创立了一家创业公司的经历。）

浪费你的现金

一些创始人投入到耗费巨大、尚未成熟甚至是毫无必要的活动中。而正如 Steve Blank 所言，创业公司的资源应该投入到拓展客户，以及探索可行的商业模式中。

因此，昂贵的专利申请可能对一些创业公司而言并不适合，至少在创业前期如此。类似地，过早地投资于准备详细的商业计划、复杂的资金预测、浮夸的主题报告上，不仅会减少应急资金，还可能是徒劳无功的。因为随着时间的推移，这些内容都会发生巨大的变化。

最重要的是，企业家不应该预先支付大量现金，请中间人为自己介绍潜在投资者。如果你必须要有中介，那么应当在投资协议达成之后，再支付合理的报酬。

配置过多的股票

一些企业家在处理公司股票与股权时不够谨慎，没有意识到这些收益应当与承诺和成就关联起来。

当然，通过分享来扩大可供分享的基础，是合理的。但是，你必须在设置资本化表格之前，就考虑好为未来准备多少股票。一些创业公司可能需要几轮融资。对这些公司而言，过早地稀释股权有两大风险：第一，未来投资者能够获得的股票数量过少；第二，如 Paul Graham 所阐释的，创始人如果无法提供足够的股票数量，那么后期投资人的投资热情就会降低。Graham 举了一个例子，某风投公司曾经拒绝了一家实力颇强的创业公司，仅仅是因为之前的投资者已经持有了超过一半的公司股票。

避免创业人热情过度综合征

尽管预防的方法很简单，而且人尽皆知，操之过切或者不成熟的创始人是不会考虑这些方法的。所以下面重申这些方法。

（1）建立由经验人士组成的董事会

“智囊团”（由可信赖的人们组成的智库）或者顾问委员会能够给你提供帮助，直到提名总监董事会的时机成熟。尤其重要的是，先从经验丰富的企业家那里获得反馈，然后再作出关于合伙、投资以及重大变化的关键性决策。

（2）向专业人士咨询

有一些行为可能会受到法律的约束。因此，你需要和律师谈谈，了解相关的规定，以避免做出看似毫不违法的行为（如发送一封包含未来股票分配详情的邮件）。类似地，你需要和会计师或税务顾问交流，然后再注册自己的公司。必要时，还应该与专利律师见面。

（3）永远记住，创业公司的成功率并不高

只有极少数的创业公司能大获成功。因此，你必须尽可能减少失误。在决策之前，问问自己：如果我的朋友正在运营这家创业公司，我会为他提供什么建议？

（4）在花费大笔现金，或做出不可逆转的决定之前，三思而后行

购买某项服务获得的短期收益，是否能够抵消对创业应急资金的长期负面影响？

12.2 创业风险的类别

12.2.1 管理风险

创业管理风险是指在创业过程中因管理不善而导致创业失败的风险。其大小主要由下列因素决定：

（1）创业者素质

创业者不一定具备精深的技术知识，不一定是新创企业的最大股东，也不一定成为优秀的企业家，但在创业阶段，创业者的素质与能力将对创业活动的顺利进行起到举足轻重的作用。首先，创业者应具有强烈的创业精神、创新意识和愿望，因为创业者如果观念保守，就无法保持技术创新的优势。其次，创业者应具有献身精神和忍耐力，能吃苦耐劳，勇于承担义务。因为创业过程是一个非常艰苦的过程，往往伴随着持续的压力和长时间的工作，而且创业阶段往往是只有投入没有产出，困难较多，因而创业者不仅需要具备良好的身体素质，而且还需要具备良好的心理素质。最后，创业者具有强烈的凝聚力，能领导整个创业团队共同创业，成为整个创业团队领袖，并在关键时刻做出正确决定。在科技迅猛发展的今天，单个创业者很难具备创业活动所需的各类知识和能力，也很难筹集到创业所需的所有资源。知识的补缺、资金的筹集等都需要一个团队去各显其能、各尽其职，共同努力。然而，在创业实施过程中，不仅仅需要民主决策，集体努力，更需要一位能凝聚团队所有成员的“灵魂人物”或“核心人物”，来领导整个团队。否则，团队就很可能成为一盘散沙，从而失去战斗力。创业者不仅仅要具有较强的专业技术素质，还应具备相应的管理素质。如果管理素质很差，那么就会局限在产品的创新范围，而忽视市场、管理等方面的创新，导致企业风险加大。

（2）决策风险

决策风险即创业过程中因决策失误而带来的风险。经济学家西蒙说：“管理就是决策”，由此可见决策的正确与否对创业的成功与否非常重要。决策一旦失误，往往会造成不可估量的损失，从而导致创业的失败。在创业实施的过程中，固然需要民主决策与管理，但这一阶段往往更多的是实行集权式决策与管理，而创业者往往就是最终的决策者。因此，对于创业者而言，绝不可以根据自己的喜怒哀乐或不切实际的个人偏好而做出决策。或不进行科学分析，仅凭个人经验或凭运气的决策方式都可能导致创业的失败。例如在 20 世纪 80 年代初，当 IBM 率先提出走计算机兼容道路时，其他计算机公司纷纷响应，然而苹果计算机公司的决策者却固执己见，提出绝不走兼容化的道路，正因为这一决策失误，导致了苹果计算机公司后来经营状况日益低下，几乎到了破产的地步。

（3）组织风险

组织风险即由于创业企业的组织结构不合理所带来的风险。创业企业的迅速发展如果不伴随着组织结构的相应调整，往往会成为创业企业潜在危机的根源。其中管理体制的不畅是主要原因之一。因此，对于新创企业，创业者从最开始就应该注意组织结构的设计、调整，人力资源的甄选、考评，薪酬的设计及学习与培训等管理；从创业开始就需要建立健全各种规章制度，并建立企业文化。

12.2.2 市场风险

所谓创业市场风险，主要是指在创业的市场实现环节，由于市场的不确定性而导致创业失败的可能性。

（1）市场需求量的不确定性

创业之初，企业多推出新技术、新产品，其市场多是潜在的、待成长的，消费者多持观望态度，很难被市场接受，事业有可能夭折。产品的市场容量较小或者短期内不能为市场所接受，那么产品的市场价值就无法实现，投资就无法收回，从而造成创业夭折。

（2）市场接受时间的不确定性

一个全新产品打开市场需要一定的过程与时间，若创业企业缺乏雄厚的财力投入到营销广告中，产品为市场接受的过程就会更长，因而不可避免地出现产品销售不畅，前期投入难以回收，从而给创业企业资金周转带来极大困难。例如，世界著名的贝尔实验室在20世纪50年代初就推出了图像电话，但过了20年（即20世纪70年代），美国市场才接受了商品化的图像电话。

（3）产品市场扩散速度的不确定性

生产出来的产品，以什么样的速度扩散，这一速度也很难测算。如1959年美国哈德公司就开发了施乐914复印机，并谋求与IBM公司合作。但IBM公司预测10年内复印机仅能售出5000台，据此拒绝了哈德公司的合作愿望。然而，复印技术迅速被采用，哈德公司10年内售出了20万台复印机。此后，哈德公司易名为施乐公司，成为拥有10亿美元资产的大公司。再如，移动通信技术、产品及其服务在中国的发展。移动通信刚刚引入中国时，不少人认为“那是大款才会用的奢侈通信工具”，然而只有10年左右，大街上随处可以看到有人掏出手机接打电话。但也有失败的例子，珠海巨人集团的汉卡取得了巨大成功，但企图“让1亿人先聪明起来”的“脑黄金”市场却未真正成长起来。

（4）市场竞争能力的不确定性

对于一项产品，尤其是高新技术产品，创业者也很难确定它的未来市场竞争能力。因为产品的市场竞争能力是产品价格竞争力、产品服务与产品功能优势的综合结果。

在产品价格上，一方面，由于高技术产品的研制开发成本一般较高，因而为了实现高收益，产品上市的售价也比较高。若产品价格超出了市场的承受力，就很难被市场所接受，即缺乏价格竞争力，从而技术产品的商业化、产业化就无法实现，投资就无法收回。另一方面，当这种新产品逐渐被市场所接受和吸纳时，其高额利润会吸引众多竞争者模仿，可能造成供大于求的局面，导致价格下跌，从而影响高技术产品的投资回报。另外，具有功能及价格优势的高新技术产品刚上市还有可能面临被假冒的风险，发生"假李逵打倒真李逵"的现象。

在产品服务上，高技术产品营销要求有效的售前、售中和售后技术服务，而创业企业多数是小企业，一般缺乏这方面的技术能力，从而影响了该产品的市场竞争能力。

在产品功能上，一方面，高技术产品创业往往用的是功能差别化策略，而为强化这一策略，就得增加产品功能，从而进一步增加产品成本，降低价格优势。另一方面，从消费者的角度来看，尽管产品在功能上已能满足消费者需求，并形成产品功能差异化优势，但由于消费者在采用新产品、新技术时，势必要付出相当程度的转换成本，不论在财务上、组织上，还是在学习上。因此，产品在市场销售上往往是叫好不叫座，削弱了产品的预期投资回报。

（5）市场战略的不确定性

一项好的高技术产品或商业点子，如果没有好的市场战略策略，在价格定位、用户选择、上市时间、市场区域划分等方面失误，就会给产品的市场开拓造成困难，甚至功亏一篑。

12.2.3　财务风险

创业财务风险是指因资金不能及时供应而导致创业失败的可能性。俗话说：不是有钱就有了一切，但是，没有钱什么事也做不成。因此，要想创业，除了具备创业家的素质和选择合适的技术项目外，还需要一定的资金。否则，一切都只是空谈。

一方面，创业尤其是依托高技术产品进行的创业，所需的创业资金规模较大，融资渠道较少，如果创业者不能及时解决，非常容易造成创业夭折。对于高技术创业活动，由于资金不能及时供应，导致高技术迟迟不能产业化，其技术价值随着时间的推移不断贬值，甚至被后面的竞争对手超出，而使初始投入付之东流。

另一方面，创业需要持续的投资能力。随着创业活动的进一步实施，往往需要进一步的投资，若缺乏这种持续投资能力，资金支持不能按时按需到位，就可能导致创业的失败，这主要有两个影响因素：其一，创业资金的需求极难判定，有时估计解决某个技术难题要不了多少钱，如果企业有钱随时投入，一旦干完了，回过头来细算账，才会发现花了不少钱，大大超出了最初的预算；其二，创业前期资金周转慢，往往只有投入没有产出，难以形成持续的投资能力，可能在批量生产阶段陷入困境。

此外，通货膨胀也是创业资金风险一个不容忽视的问题。当发生通货膨胀的时候，政府一般会采取紧缩银根的金融政策，致使利率上升，贷款成本随之增加，或难以得到贷款，导致“转化”资金紧张甚至中断。同时，通货膨胀会拉动“转化”过程中所使用的材料、设备等成本，使资金入不敷出。如果资金来源是国内外的风险投资公司，由于通货膨胀引起的股市和汇率波动，也会使投资者承担一定的风险。

12.2.4 技术风险

创业技术风险是指由于技术的不确定性而导致创业失败的可能性。创业活动常常表现为将某一创新技术应用到实践，将其转化为产品或服务的过程。其中技术是否可行，在预期与实践之间是否出现偏差，这其中存在巨大的风险。

（1）技术上成功的不确定性

创新技术从研究开发到实现产品化、产业化的过程中，任何一个环节的技术障碍，都将使产品创新前功尽弃，归于失败。很多创业企业，在技术产业化实施过程中，屡试屡败，其中的原因是多方面的。当用血汗赚来的资金或以家产抵押来的创业资金将要耗尽，却还没有生产出合格的产品时，企业就要走向破产的边缘。

在创业过程中，一方面，研发阶段的初始设计方案能否成功是不确定的；另一方面，新技术产品的商业化生产能否成功也有着很大的不确定性。这是因为新产品的商业化生产往往需要相应的工艺创新，需要配套的工艺条件和设备条件等。否则，再好的产品设计，也难以在商业化生产中取得成功。例如，某地曾花了很大力气搞镍氢电池的国际化、商业化生产，投入巨资，一些材料科学家解决了新型储能材料的关键技术问题，但由于一些工艺方法没有解决，缺少配套的精密机电设备和生产线，耗时数年之后，这一项目也没有取得预期的进展和效果。

（2）技术前景的不确定性

新技术在诞生之初都是不完善的、粗糙的，对于在现有技术知识条件下，能否很快完善起来，工程师和创业企业的管理者都没有把握。很多创业者在创业之初，声称是在“赌××工程师”。一些在实验室看来运作很好的技术，到了新生产车间，按照实验室的工艺条件，要不很难实现，要不就是实现不了。为什么？因为工业化生产与实验室是不可能完全相同的，天真的工程师们却常常忽视了不该忽视的各技术环节以及其他制约条件。如果赖以创业的技术不能够实现工业化，也将造成创业夭折。

（3）技术效果的不确定性

这主要表现在，创业者往往不能准确把握他所开发技术可能实现的技术功能。包括三种情况：第一种情况是所开发的技术实现不了创业者预期的产品功能或工艺作用无法满足市场需求或创造市场需求，无法实现收益，从而使创业陷入困境；第二种情况是创业者开发某一技术的目的是解决问题 A，结果意外地解决了问题 B；第三种情况是开发的技术虽能满足相应的产品功能或工艺作用，但存在一定的负面影响，如造成环境污染、破坏生态环境、不利于整个社会的利益等，或有可能受到限制而不能实施，无法收回投资，造成巨大的损失而导致创业的失败。

（4）技术寿命的不确定性

随着科学技术的迅猛发展，产品的生命周期日益缩短，更新换代速度日益加快，尤其是高技术产品。一方面，替代技术的存在或出现产生了更多的竞争对手，会对新创企业形成一定的压力，甚至使新创企业陷入困境。另一方面，科技的进步、技术的发展、新的技术不断出现，使得原有技术极易被新技术替代。常见的情况是，某个创业活动为开发某项技术，可能花了很大力气，但该项技术能够保持某些方面和某种程度技术优势的时间却不一定很长，甚至在较短时间内就会被更新的技术所替代，而且被替代的时间是难以确定的。当更新的技术比预期提前出现时，原有技术将蒙受提前淘汰的损失。因而对于依托高技术产品的创业者而言，如果不能在高技术寿命周期内迅速实现产业化，收回初始投资并取得利润，那么必将遭受巨大的损失。

（5）配套技术的不确定性

创业者往往会利用某一项科研成果进行创业，但如果该项科研成果转化所需的配套技术不成熟，也可能会带来风险。一项科研成果，特别是重大科研成果的投资，往往需要多种专业相关技术的配套，才能达到标准，配套风险在其后的技术扩散、技术转移过程中表现得尤为突出。

12.2.5　其他创业风险

除上述几种风险因素外，创业活动还经常伴随着其他风险。如成长风险、机会风险、知识产权风险、内部协调风险、人力资源风险等。

成长风险是指创业企业成长带来的风险。一些创业企业在快速成长阶段，在3~5年内达到70%~90%的复合收益率是可能的，但要继续保持这一目标，则需要不断推出能解决许多人的许多问题的产品或服务，很少有创业企业能推出可以维持近乎奇迹增长记录的管理人员后继者。

机会风险主要是指创业者选择创业也就放弃了自己原先所从事的职业，丧失了其他选择，这就是所谓的机会成本风险。

知识产权风险是指创业过程中设计知识产权的风险。它主要有两种风险：一是侵权风险，即指非知识产权拥有者以违法的手段给创业造成损失的可能性；二是泄密风险，指泄露技术秘密或商业秘密而给创业造成损失的可能性。

内部协调风险主要是指创业过程中由于人员的流动和摩擦而造成损失的可能性。创业过程是与持续的压力、长时间的工作分不开的，因而可能出现团队成员之间不一致、不协调，甚至创业团队的解体等，从而使整个创业处于混乱状态甚至停顿下来，造成巨大的损失而使创业受挫。

人力资源风险。如果人力资源管理不善，高级人才出现“跳槽”甚至是集体“跳槽”，这将会给创业企业致命的打击。技术人才或管理人才的流失有时甚至会导致创业企业技术队伍或管理队伍的崩溃，而且很有可能形成强有力的竞争对手。因此，企业需要重视和开发人力资源，采用多种方式激励高级人才在创业企业中进行创造性的工作，并且做好关键员工离职的风险识别与防范。

专栏：创业者愿意承担多大风险

你愿意承受多大的风险？这是每一个想创业的人必须回答的终极问题。在你开始创业之前，请认真思考一下，自己是否真的具备创业的决心和迫切欲望。因为在生活中，荣耀的代价向来不菲，而在这个特殊的竞技场上，对于大多数人而言，代价可能更为高昂。毕竟，当你不惜一切代价投身事业之时，“一切代价”不只是说说而已——它很可能成为现实。

你不能简单地以自己的资金来衡量创业的风险。通常，如果一项创业计划落败，创始人可能会失去他们投入的资金。几乎无一例外，他们是首当其冲的一批人。但除此之外，亲朋好友等支持者的资金也可能蒙受损失；更有甚者，供应商和银行也可能跟着赔钱。随之而来的还有员工被遣散，写字楼业主的房屋被闲置等。这些都是相当大的间接损害，而它们还仅仅只是财务上的损失。

正如世界级家电企业老板詹姆斯·戴森所言：“我花了五六年时间开发

一种全新的吸尘器；我制造了 5000 多个原型产品来试验。年复一年，我的负债越来越高，最后欠下了大约 400 万美元。我用房子申请了两三笔抵押贷款。如果我失败了，我拥有的一切都会归银行所有。所有人都认为我完全疯了。”

同样重要的还有个人的牺牲。我见过许多常年一周工作 70 小时的企业家，挣的钱很少——如果为别人打工的话，他们工作时间更少，并能赚的更多。但他们仍为梦想努力，对眼前的收入毫不在意。他们渴望独立，希望掌控自己的命运。这是给别人打工永远无法体会到的。

大多数公司所有者都放弃了假期，在家庭生活上做出了重大牺牲，以支持其企业的发展。很多情况下，这会导致他们婚姻破裂、与子女关系疏远、忽视友谊，并且缺乏兴趣爱好。此外，拥有并运营一家机构的压力以及要确保其成功的终极责任感，可能会对任何一个领导者的健康造成伤害。

当然，这样的困难并非不可避免。它们是大部分企业成功所需的执着所致。某种意义上讲，公司是一个必须用资金、精力和热情喂养的孩子，贪婪而自私，企业家希望这个孩子有朝一日长大成人，回报之前所有的努力。若没有这种始终如一的热忱，几乎任何企业都无法实现当初成立时的目标。

以上所言，绝不是说每个企业家骨子里都是喜欢高风险的赌徒。善于思考、经验丰富的企业家都会学习力所能及地不断降低风险。他们总是设想最坏的情况，不断地自我追问：我能承受怎样的损失？他们明白认真评判不利因素的重要性，因此他们承担的风险至少是估算过的，而非草率冒险。

有趣的是，研究表明，对风险的偏好更大程度上是由遗传和性格因素决定，而非后天环境决定。对一些人来说，这其中有寻求感官刺激的因素，而另一些人则醉心于挑战创造某种持久事物，或者去证明怀疑者的错误。在现代社会，虽然文化得到保护，冲突也有所减少，但人们对刺激的强烈欲求并未消除。与其通过犯罪、极限运动或暧昧关系来寻求战栗的快感，还不如放手一搏为自己工作，理想情况下此过程还能创造就业机会并推出绝妙的新产品。

但千万不要被这番话迷惑，这并非一条平坦的道路。孤独、精疲力竭、破产、身败名裂……所有这些对于敢于尝试的人来说，可能都是苦果。然而，正如剧作家威廉·康格里夫所言：“不确定性和期望，才是生活的乐趣所在。”

12.3　创业风险识别过程

创业风险识别是企业依据创业活动的迹象，在各类风险事件发生之前运用各种方法对风险进行辨认和鉴别，是系统地、连续地发现风险和不确定性的过程。由于创业的特殊性，企业除了要识别如国家经济政策的调整、市场需求的变化等显性风险，还要识别某一形势变化的连锁反应可能带来的半显性风险，同时还要识别突发事件的隐形风险。

计划永远包含在风险之中，只有假定创业必然遭遇错误，并接受和量化计划的基本错误，牢牢控制计划于决策中的“不良基因”，才能取得对努力的有效控制。

创业风险管理的第一个挑战就在于辨认出创业企业暴露在哪一种风险要素之下，创业风险识别所需的信息通过调差、问询、现场考察等途径获得。

12.3.1 创业风险识别的基本概念

风险源（Sources of Risk）是指那些可能导致消极后果或积极后果的因素和危害来源。

风险要素（Elements of Risk）提供了一种理解事故后果产生过程的方法。人们可以认为风险是由各种要素组成的：风险因素或危害因素、危险、损失暴露或收益暴露。危害则是一种条件，它增长了损失的严重性或无损失发生的概率。

危险就是造成损失的原因。损失暴露或收益暴露就是那些面临着可能损失和收益的物体或局面（Objects of Situations）。

风险的识别过程就是要防止我们在风险面前显得一无是处，要么司空见惯、习以为常，要么视而不见、举手无措。创业风险管理之所以至今被人使用得少，有一个根本原因，就是大多是创业者还不知道从何处入手。作为创业者来说，将风险识别作为起点，这是风险管理的第一步，如果在损失发生之前就识别了风险，那么风险是可以被管理的，因此，风险识别也是风险管理的基点。

创业者必须从全局监控的角度出发采取各种办法认识风险的存在，尽力避免遭受风险带来的未经任何抵补的损失。与此同时，创业者也应该清醒地认识到：没有风险就不会有超额利润或收益，坚持零风险就等于断绝自身超额利润或收益的来源，问题的关键在于密切监视这些风险并将损失控制在事先确定的可接受范围内，使创业企业能够清楚地认识到自身所承受风险的程度，并从容地继续发展其业务。

创业风险是一个过程，这个过程包括对创业过程中尚未发生的、潜在的以及客观存在的各种风险进行系统地、连续地预测、识别、推断和归纳，并分析产生风险事故的原因。它包含了以下含义：①感知风险和识别风险是创业风险识别的基本内容。前者是通过调查了解识别创业风险的存在；后者是通过归类，掌握创业风险产生的原因和条件，以及鉴别创业风险的性质，为采取有效的风险处理措施提供基础。②创业风险识别不仅要识别创业所面临的风险，更重要的、也是最困难的是识别创业过程中各种潜在风险。③由于风险具有可变性，因此创业风险识别工作应该连续地、系统地进行，成为一项持续性、制度化的工作。④创业风险识别是创业风险管理过程中最基本和最重要的程序，创业风险识别工作进行得是否全面、深刻，将直接影响到整个创业风险管理工作和最终效益。

12.3.2　创业风险识别的步骤

（1）确定导致创业目标不确定性的客观存在

这里强调的是导致创业风险不确定性的客观存在。因此，必须要辨识，必须要发现或推测的因素是否存在不确定性，如果所有要素是确定的，不能称为风险。在此基础上要确定要素的不确定性本身必须是客观存在的，是事实上存在的、不以意志为转移的，不是凭空想象和捏造的。

（2）建立创业风险因素清单

建立创业风险因素清单是识别创业风险的基础工作和前提条件。创业风险因素清单可以在创业风险机理研究的基础上构建起来。清单中应明确列出客观存在的和潜在的各种风险，应该包括各种影响研究、制定、实施、控制以及影响企业生产、经营和经济效益的各种因素。可以通过理论研究成果和实际经验进行判断。建立清单可以通过商业清单或一系列的调查表进行深入研究、分析而制定。

（3）确定重要的风险事件并对其可能的结果进行测算

根据清单中各种重要的风险来源，分析和推测各种可能性，结合创业管理的方法和手段测算对创业影响的程度、创业成本耗费和最终企业的各种创业绩效指标的变化。

（4）进行创业风险因素分类

对创业风险进行分类的目的是更深入地理解创业风险的性质、特征和构成，在此基础上制定更好的管理对策。对创业风险进行分类必须结合创业风险要素的性质和可能性结果以及彼此之间的关联程度，这样有利于更加确切地理解风险、预测结果。本章采用层次分析法进行分类，即通过若干个层次组成一个创业风险框架，每一个层次都列出不同种类的风险因素，并针对各个风险要素进行全面检查，从而避免忽视或漏掉某些重要因素。

（5）进行风险排序

根据风险分类和各种可能的影响结果，按照一定的方法如轻重缓急给予排序，形成一套创业风险图，但是创业风险要素的位置不是固定不变的，应该是随着环境的变化而柔性变化的。

12.4 创业风险识别的方法

12.4.1 环境扫描法

环境扫描法是一个复杂的信息系统，搜集和整理企业内部和外部各种事件、趋势的信息，了解和掌握创业所处的内外环境的变化，辨别企业面临的创业风险和机遇，为预警和控制系统提供科学的信息和数据。也就是说，企业层面上的环境扫描一方面是提供企业环境中人口、社会、文化、政治、技术和经济要素可能的未来变化；另一方面提供企业内部资源、管理者、竞争能力、竞争优势以及创业变化的信息，通过这两方面信息的综合，提供一套系统的、有关创业内外环境的信息。因此，环境扫描的功能应该包括以下几个方面：①管理层对环境的变化增加了认识；②更加了解创业和决策制定；③深入了解行为变化和市场趋势；④了解资源的配置状况；⑤了解管理者本身的状况和决策能力；⑥熟悉创业的运行情况；⑦根据需要和不同阶段确定相应影响因素。

根据创业风险管理的需要和创业的需要，扫描范围和指标如表 12－1 所示。

表 12－1　扫描范围和指标

扫描变量		扫描变量	
外部环境	社会政治经济变量	内部环境	创业资源信息
	竞争者信息		企业能力信息
	供应商信息		创业企业家的信息（包括高层管理者）
	顾客信息（市场信息）		创业信息
	技术信息		

根据初步扫描确定的内容、范围以及研究过程创业风险的需要，我们必须首先找出影响创业目标和创业绩效的重要风险要素，通过抓住主要矛盾和本质因素来分析创业风险。

12.4.2 情景分析法

情景分析是衡量一些更复杂的、具有内在相关性的事件对创业的更广泛影响。情景分析的目的是帮助创业者在那些未必会发生，但具有灾难性后果的事件发生之前考虑并了解这些事件的影响。

情景分析的整个过程可以被分解成五个步骤。

第一步，情景定义，定义一个假想的情景，包括对起始情景的描述、基本假设和定义时间跨度。定义一个假想的情景，并对相关情景进行辨认。尽管对相关情景进行辨认更多的是一门艺术而不是一门科学，在选择情景时还是要遵循两个原则：了解你的产品组合，理解市场中的相关事件。有数不清的因素会对产品组合造成影响，如重要的市场事件、政治选举、世界性银行危机、大规模的税收改革、严重的洪涝灾害等。

创业者不妨直接设立情景分析，以准确辨认在风险管理概念上可能存在的弱点，同时确保企业在那些未必会发生，但具有灾害性后果的复杂事件发生时有能力生存下去，如金融危机。

明确指出足够多的细节和关键假设的做法是很明智的，因为这样可以确保你所有的专业人员都会按照同一个思路来理解这个情景。

第二步，情景要素分析，确定情景要素，包括与此情景相关并受到影响的风险层面和风险要素。在确定我们要分析的情景之后，准备阶段的下一步是执行上一个广泛的意见征询程序。这个过程设计组织中的各个专家和相应的业务部门，其目的是进一步从情境中提取所需要的有关数据。意见征询应该是一个标准化的过程，以保证持续的信息反馈。为了清楚地了解这一过程，可以给所有的被征询者一份书面情景描述和问题清单，请他们在一个确定的日期前答复。情景要素分析的目的是确定所有要进行分析的相关风险层面和风险要素，这些要素受到情景特征的影响。

建立有意义的情景分析是一个复杂的过程，它需要不同专业知识的人员，对创业而言，包括市场调研人员、产品销售人员、科技人员、会计、律师和各级管理人员等。

第三步，情景预测。这是情景分析的核心工作。对每一个情景要素，我们都要做出两个预测：一个是要素在给定时间跨度内的未来发展状态；一个是与此相联系的潜在损失。这一步骤同样需要依靠适当的业务部门和专家来进行，或者是必须与这些部门和专家保持紧密的接触。

在信息的收集过程中，情景本身会因为资料的不断反馈而更加清晰。随着信息征询和分析工作的不断深入，情景分析过程必须具备足够的弹性来吸纳数据的反复精炼和对原始情景的不断更新。

第四步，情景合并，包括合并所有结果、检查一致性错误和重复计量，独立的有效核定。情景合并要将每一个情景要素所做的预测合并到一个统一的情景中。对合并后的情景，不仅要核对它在一致性方面的错误，还要核对那些被重复计算的因素和相互矛盾假设，最后是结果的合理性。如果创业者已经收到了不一致的信息，那么恐怕就是要重新定义情景了。如果可能的话，用历史数据与从信息征询过程中得到结果做比较。创业者认真思考问题可能对创业者有所帮助：是否选择了正确的人选进行信息征询？他们是否具有一定的水平和经验？他们在目前的职位上有多久了？对结果进行的检查可以发现，我们问的问题是否太清楚，或是问了错误的问题。这时你可能需要对情景重新进行定义，以便获得更有意义的结果。有时候，也可以请若干人一起来对结果的合理性进行检查。

第五步，情景展示和后续步骤，包括概括结果、分析与评估和下一步，即运用避险措施。情景分析的结果经常会令人非常吃惊，而且时时会受到怀疑。人们容易对潜在的损失感到震惊，但是，虽然情景事件发生的概率很低，分析所得结果也不能被打上任何折扣。既然整个分析过程都是很主观的，那么它的假设也就容易出现漏洞。在对研究结果做展示的时候，最重要的是在说明研究结果之前先明确地阐述整个过程的假设和目标，这样才能让读者正确理解研究成果及其价值。

情景分析的主要目的是让创业者认识到破坏性的损失确有可能发生。但是更重要的是让创业者能够采取适当的行动来应付这些未必发生的稀有事件。研究结果的展示对每一名相关人员来说都应是一次学习经历。成功展示的结果往往是制订出一个行动计划。比如说，采取保值避险措施，解除一笔业务，对分析进行修改，建立一个具有复验性特征的工作程序，取消原订计划等。

风险清单法：风险清单是整理一个企业面临的风险的大致框架，但是对该企业面临的风险的真正分析应着眼于企业的自身特征和运行的环境。

认识风险源；

识别风险承担者的利益；

识别危险因素、风险因素、风险事故和风险暴露。

12.5　来自创业者团队的风险

尽管创业企业外部的风险很多，但企业更需要重视对创业者团队风险的管理和控制。团队风险因素是容易控制的，但却经常被创业者忽视。团队的风险有三个层次：创业者自身；核心团队；业务骨干。

12.5.1　创业者

在创业阶段，创业者与企业是合二为一的，创业者的性格决定了创业企业的命运。致力于中小企业经营诊断的企业经营管理理论研究的日本学者野田武辉教授，认为导致企业倒闭的创业者有几种类型：独断专行、盲目自信者，优柔寡断型，知识匮乏型与“散漫经营者”，坐享其成的少年经营者，好大喜功型，放荡怠惰型等。当创业者具有这些类型中的特征时，就应该警觉起来。

事必躬亲—独断专行者。处于学步期的企业规模扩大，成长速度很快，在此时期经营失败的案例较多，而这一悲剧往往发生在独断专行的创业者身上。主要原因在于以下两点：第一，独断专行的创业者总是大权独揽，没有给属下充分的权限，即没有建立健全的管理机制。当企业规模较小时，创业者对于员工的情况相当了解，也清楚每一件事，因此生产效率高；但当规模扩大，员工人数增加时，事必躬亲已经不是合适的方式，这时应建立完善的管理机制。第二，盲目自信，不虚心听取他人意见，这样就很容易失败。

遇事无断—优柔寡断者。为人厚道、优柔寡断的人在企业经营状况良好时可以是一个十分出色的经营者，但导致企业经营倒闭最多的恰恰是这种优柔寡断者。他们由于信息不足，往往难下决断，总是担心决断错误而失败，结果时机往往就会在反复权衡中丧失。特别在变化迅速的行业里，创业者要迅速做出决断。所以，在竞争激烈的市场里立足存活，创业者的决断力非常重要。这类创业者常常具有的特征是：关键时刻难决断；不能速断速决；时常贻误商机；不能回绝别人的请求；易被别人的意见所左右；一件事征求多人意见；只想不做；认为车到山前必有路等。

不思进取—知识匮乏者。知识匮乏者经营倒闭的首要原因是经营管理知识缺乏，对危机视而不见，由于风险因素在不知不觉中积累，终究会有危机爆发的时候。这类创业者所具有的特征是：不喜欢学习；自认为不懂经营管理学也能经营企业；不具备法律方面的知识；不懂计算机方面的知识；看不懂财务报表；几乎不读经济管理方面的书籍等。

娇宠无度—坐享其成者。因为创业者年事已高，创业企业由其继承人经营。但继承人并没有创业者的创业欲望与豪情，稀里糊涂地成了企业的经营者，这类企业也容易倒闭。坐享其成者具有的特征是：子承父业，并非本人意愿；对本企业的经营哲学和经营理念不感兴趣；吃喝玩乐，对事业无所追求；不能与老职员融洽相处；对客户的信誉度低；不习惯做领导者；只与意气相投的人交往；野蛮经营；只考虑不能让企业在自己手里毁掉等。

奢靡蛮干—好大喜功者。好大喜功者喜好讲排场，建设超标准的办公楼等；资金管理松弛，浪费现象严重；经营方针也不确定。他们的这些行为可用“无理、无效、无常”来形容，这类经营者就是“三无”经营者。好大喜功者的特征是：喜欢摆排场，做与身份不符的事情；手中存不住钱；与业务无关的交际费用过多；与政治家和演艺界往来甚密；喜好在电视和杂志等媒体上抛头露面；没有 5 年或 10 年中长期规划；随意性经营，没有经营计划等。

无信懒散—放荡怠惰者。这类创业者可分为两种：一种是创业者本身放荡怠惰；另一种是明知道力不能及却不肯老实承认。这类创业者常常表现为言而无信，总是不守时而且生意场上压力大。因此，具有以下特征的创业者就应当警觉：不遵守诺言和时间；对所说的话不负责任；每逢集会等场合必迟到；总是大包大揽；做事不扎实；不能明辨是非；做事总是权宜应付；不擅长收拾整理；衣服不整、不清洁等。

创业风险预警：

当主要创业者追求目标发生偏离时，创业团队应引起警觉；

主要创业者追求的目标是当甩手掌柜，对企业的经营活动关注减少；

企业经营活动政治化，不按经济规律办事；

主要创业者感情用事，接连做出错误的决策时，创业团队应非常重视这些有悖常理的现象，并要采取相应的预防措施；

当创业企业由婴儿期过渡到学步期，企业快速发展，规模扩大，创业者发现以往的管理方法失灵，而且企业的决策还是主要由创业者一人说了算，决策机制并没有随着企业规模的扩大而改变。这些应引起创业团队的警觉，决策机制要有相应的变化。

12.5.2　团队

一个好的创业团队对创业企业的成功起着举足轻重的作用。由于创业者正面临着孤独、紧张和其他方面的压力，找到合适的合伙人将有助于减轻这些压力。同时，也因为创始人的精力和能力有限，如果由能力相互补充的成员组成创业团队，会增大创业企业成功的机会。

在企业成立之前是否展开过创业团队成员相互合作协调的测试。回答如果是“没有”，企业的主要创业者就要早作准备，应付团队成员之间的问题。因为成员在价值观、目标、拥有多少股份等方面会有很大不同，团队成员在这些方面产生分歧而不能很好地解决，将直接影响新创企业的生存和发展。

创业团队成员的持股比例、工资等方面如果都体现出人人平等，反而不利于企业的决策和管理。因为过于松散的民主气氛常常使得管理软弱无力。

主要创业者要对团队成员某些具有潜在破坏力的动机保持足够的警觉。现实世界不能保证所有的人都是高素质、高品德的完人，现实世界肯定有不少掠夺、欺骗和虚伪现象。

随着时间的推移，创业团队成员会离开，新创企业就应在人员、资金等方面作一定的准备，而不至于觉得团队成员的离开不可接受而加以阻挠，最后造成企业的内耗。

12.5.3　骨干

新创企业在发展的过程中，肯定会面临业务骨干离开企业的风险。

有些企业为提高员工的素质，在企业内部或者在企业外部，对骨干员工进行培训。对于企业来说，这种培训需要支出一定的费用，而员工在培训之后离开原企业的现象并不少见。市场营销业务骨干离开企业，可能会使企业流失相当一部分客户资源，而重新建立这一客户资源网络，既需要时间，又需要一定的成本；有些技术骨干离开企业，可能会导致企业停工。员工离开企业，无外乎这么几种情况：员工不满足现有的工资待遇，或在企业里没有发展空间，或不适应企业的文化氛围，与其他员工的关系处理不好等。

创业者及创业团队其他成员要注意培训的员工与企业之间是否签订了培训合同，培训合同里应有职工在培训后必须在企业服务多少年的条款，否则，职工必须承担一定的责任。

在业务骨干头脑中的信息应尽量以文件等显性材料存储起来，企业产品销售对象包括地点、人员、销售价格等详细情况应作为企业的重要文件加以存放，而不是仅作为某个销售人员的个人资产，这样可将某个销售人员离开企业时所带来的风险损失降低到最小。

行动学习指引

A　案例采编

选择一个创业失败的例子，分析其失败的深层次原因。思考该企业的创业者应对潜在风险所犯的错误，并引以为戒。

B　反思和执行

分析“友好企业”所面临的各种风险，提出防范和应对这些风险的方法和措施。

第 13 章　商业计划

好的商业计划书的标准：①简洁清晰，一定要短，最好用微博体；②重视摘要，前三页就讲清楚企业；③重视团队的经历而不是学历；④讲清楚怎么赚钱；⑤展示自己的优势和特色；⑥合理的成长路线图；⑦告诉优势也要告诉不足。

——东方富海创始合伙人　陈玮

除了融资的用途之外，商业计划可以帮创业者很好地梳理整个项目的思路。创业者通过做商业计划，对市场、技术、商业模式、管理等方面做深入分析，对企业的长远发展非常有利。

——浙商创投　李先文

学习目标：

- ☞ 理解商业计划不同读者的关注重点差异
- ☞ 了解商业计划的内容结构
- ☞ 了解商业计划的编写原则
- ☞ 掌握商业计划的写作方法
- ☞ 了解商业计划传递的步骤

13.1　商业计划概述

13.1.1　商业计划的含义和要素

商业计划，也称创业计划，描绘了企业的愿景和目标以及为了实现上述愿景和目标所采用的战略和策略，为企业的运营和管理控制提供基础。商业计划不仅是获取资金的先决条件，而且还是成功创设和经营新企业的蓝图。

一份好的商业计划书通常包括如下要素：

- 叙述一个前后一致的、关注客户的故事；
- 清楚界定市场、顾客、供应商和竞争者；
- 包含可信的商业计划制订假设和预测；
- 描述企业如何获得可持续竞争优势；
- 证明对经营最为敏感的假设、潜在的风险以及应对风险的措施；
- 得到创业团队的支持；
- 清晰明了的资金需求和资金用途。

13.1.2 商业计划的作用

商业计划帮助创业者勾画事业蓝图，分析商业机会，规范生产运作，明确创业可行性和创业战略，赢得外部融资。商业计划是创业全过程的纲领性的文件，是创业实践的战略设计和现实指导。作为指导工具，商业计划促使创业者致力于企业经营战略的实施与执行，推动创业进程。

作为创业者创建新企业的蓝图，商业计划在本质上还是一座沟通理想与现实的桥梁。商业计划可以用来介绍企业的价值，从而吸引投资、信贷、员工、战略合作伙伴，或包括政府在内的其他利益相关者。

13.2 商业计划的读者

（1）创业团队

创业团队是商业计划的制订者，也是商业计划的第一个读者。这似乎是被普遍忽视的一个问题，创业者撰写商业计划往往只为迎合外部投资者和利益相关者。商业计划从行业、产品、营销、市场、财务等方面对即将展开的商业项目进行分析，是团队开展创业活动的纲领性文件。

（2）天使投资人和风险投资家

很多创业者正是出于募集风险投资的需要才开始学着制订商业计划。作为股权投资者，他们关注企业有无潜力实现 IPO 或者被同行并购。

（3）银行和其他借款人

作为债权投资者，他们关注企业未来的现金流状况，并评估创业者偿还贷款的能力。

（4）政府部门

创业者在申请场地、寻求政府附属的孵化器支持、争取各种政府资金立项和评估时需要提交商业计划。

在提交商业计划给上述三类外部读者的过程中，创业者要确保自己的创意不被窃取。一般而言，股权和债权投资者均有自己的职业道德，不会擅自透露创业企业的秘密。尽管如此，创业者仍然需要和商业计划的接收人签订保密协议，将泄密责任清晰地告知对方。

13.3　编写商业计划的原则

创业者在撰写商业计划的过程中，可以借助外部专家的力量完成，但创业者和核心团队一定要积极参与其中，尤其是创业带头人。创业者要把撰写商业计划当作对自己团队的历练，经历完整商业计划的撰写过程会使团队更加清晰企业的目标和战略，并产生强大的凝聚力。

商业计划编制的原则如下：

- 内容完整真实，所有数据均有出处，论据假设合情合理。
- 形式规范，条理清晰，叙述流畅。
- 简明扼要，突出重点；语言通俗易懂；意思表述精准。
- 突出企业的独特价值，尤其是在摘要部分以及产品和服务部分要着重强调。

13.4　商业计划的结构

一份典型的商业计划由以下五部分组成：

封面：封面应用大号字体标明“××公司商业计划”，并注明公司地址、联系人及其联系方式。此外，应注明商业计划的完成日期。封面应简洁明快，可依公司风格选择彩色或浅色的纸张，如果企业有自己的标志，最好加在封面上。

摘要：摘要是商业计划的浓缩，创业者要将最能体现公司价值的部分浓缩成为简洁明了的语句，以吸引投资人仔细阅读商业计划。风险投资家通过阅读摘要可以对创业企业是否值得投资做出一个初步的判断，因此，摘要的撰写至关重要。

目录：目录为商业计划的阅读者提供了快速查阅所关注的信息的途径。创业者要注意目录页码与内容的一致性。

正文：正文是创业者对团队、市场机会、企业竞争优势、战略规划和财务预测、风险及其防范方案的论证和展示，在正文的最后，创业者还要基于企业的价值提出融资方案。

附录：包括详细的财务计划、创业团队的完整简历。必要时，创业者可以把必要的产品图片、资质证明、相关荣誉以及大客户的订货合同作为商业计划的附件呈交给投资人。

13.5 商业计划正文的主要内容

商业计划的正文部分可以分为如下九个章节：

公司简介：主要介绍企业的一些基本情况，包括企业的愿景和使命、企业的主要业务和企业的历史沿革。

股权结构、组织架构和核心团队：说明企业的股东是谁、公司的组织架构，企业的高层管理者构成及其基本情况。如果企业尚未组建，该部分可以简化，只需要将核心团队成员的情况描述清楚即可。

产品（服务）：介绍企业的主要业务和产品，这是商业计划的重点部分。在这一部分，创业者首先要清晰描述自己的产品和服务为客户解决的相关问题，介绍自己的产品与众不同的地方，说明为什么这样的产品或者服务有市场吸引力。其次，创业者要对产品的售价和预期单位成本做出恰当的估计。最后，根据创新扩散理论，说明该项产品在走向市场过程中的一些关键影响因素。

环境和行业分析：主要介绍你的企业所处行业和宏观环境的特点以及企业面临的机会和威胁。在一些投资人眼中，行业分析是无关紧要的事情，因为这些投资人十分了解创业企业所处的行业，无须创业者的进行宣讲。因此，在传递给风险投资家的商业计划中，这部分内容一定要尽量简单，甚至可以省略。

市场和竞争分析：这部分主要介绍本企业所面对的细分市场的规模、类型以及竞争对手的情况。

资源和竞争战略：创业者要在此部分论述创业成功所需要依赖的资源、欠缺的资源，以及创业关键成功因素，创业者要说明企业对关键资源的掌控以及企业核心能力的构建计划，进而借此建立竞争优势的可能性。此外，创业者要向投资者介绍如何构建企业价值链。最后，创业者要列举出本企业的竞争战略和职能战略。

发展规划以及财务预测：此部分体现创业者的计划能力，是将企业竞争战略落地的具体规划。首先，创业者要制定 12 ~ 24 个月的细致规划和3 ~ 5 年的发展规划，包括研发、产品生产组织、营销、人力资源等方面的具体计划和里程碑事件。其次，创业者需要在此部分向投资者提供关键的财务数据预测并做敏感性分析，如有必要，可以以附件形式向投资者提供预测的三大财务报表。最后，创业者还要据此提出资金需求计划。

风险分析：论述创业企业所面临的各种风险，并制定风险防范措施。使投资人和团队了解这些困难，并协助创业者规避风险因素。

融资方案：包括资金的用途和计划出让的股权，如有可能，创业者还需要论述企业未来上市的可能性，考虑为风险投资者的退出提供通道。创业者需要合理估计企业的价值，并了解风险投资行业现状，这有利于创业者与风险投资家之间的沟通。

专栏：红杉资本对商业计划的要求

红杉资本创始于 1972 年，共有近 30 只基金，拥有近 100 亿美元的管理资本。红杉资本中国基金目前管理总额约 25 亿美元和约 40 亿人民币的总计 8 期基金，用于投资中国的高成长企业。红杉资本的多数出资者是著名的教育机构和慈善机构以及机构投资人，人民币基金的出资者是一批优秀的中国企业家和专业人士。红杉中国的投资组合包括新浪网、阿里巴巴集团、万学教育、京东商城、文思创新、唯品会、豆瓣网、诺亚财富、高德软件、乐蜂网、奇虎 360、乾照光电、焦点科技、大众点评网、中国利农集团、乡村基餐饮、斯凯网络、博纳影视、开封药业、秦川机床、快乐购、蒙草抗旱、匹克运动等。作为“创业者背后的创业者”，红杉中国团队正在帮助众多中国创业者实现梦想。

红杉资本乐意了解你的商业创意和计划，希望你能阅读以下我们和你分享的如何写好商业计划。

我们喜欢那些用最少的文字传达最多信息的商业计划。以下格式，15 ~ 20 页 PPT 就可以了。

公司目的

——用一句话描述公司的业务

问题

——描述客户的“切肤之痛”。

——简介目前客户是如何应对这些问题的。

解决方案

——阐述公司的产品/服务的价值定位，及如何解决客户的难题。

——说明公司的产品/服务具体在何处得到实现。

——提供一些产品/服务使用的具体例子。

时机：为何是现在?

——回顾公司产品/服务所应用的领域的历史演变。

——说明哪些近期趋势使得公司的产品/服务的优越性得到体现。

市场规模

——定义你的目标客户并描绘他们的特性。

——用不同的方法测算市场规模，比如用自上而下法估算可获取的市场规模（Total Addressable Market），用自下而上法统计可获取的收入规模（Sales Addressable Market），或依据市场占有率份额来估计（Share of Market）。

竞争格局

——列出现有的和潜在的竞争对手。

——分析各自的竞争优势。

产品/服务

——产品/服务描述：外形、功能、性能、结构、知识产权等。

——产品/服务的开发计划。

商业模式

——收入模式。

——定价。

——从每个客户身上可获得的平均收入或其终身价值。

——销售和渠道。

——现有客户和正在开发的客户清单。

团队描述

——创始人和核心管理层。

——董事会成员和顾问委员会成员。

财务资料

——利润表。

——资产负债表。

——现金流量表。

——股本结构。

——融资计划。

13.6 传递商业计划的步骤

传递商业计划一般可以分为三步走。

第一步，向选定的投资人发送项目简介，可以采用 PPT 的形式传递。这一步基本上不涉及企业的核心机密，也无须保密协议。选定投资人必须考虑的因素是风险投资家的偏好，如地域偏好、行业偏好和投资阶段偏好。关于风险投资家的上述偏好，可以咨询有关专家或者创业导师。对投资人的恰当筛选可以帮助创业者有的放矢，起到事半功倍的效果。

第二步，向那些对项目真正感兴趣的风险投资家发送详细的商业计划书，此时要签订保密协议。出于保密需要，最好发送纸质版的商业计划书。

第三步，如果投资人在面谈前提出要更细致的材料，创业者可以将过往的财务报表和相关附件资料发给投资人，为下一步的见面接洽做准备。

专栏：查立谈商业计划

创业者们，商业计划是你们找 VC 的敲门砖。没有一块有分量的敲门砖，恐怕你们敲不开 VC 的大门。

这世界上永远是来要钱的人多，能给出去的钱少，僧多粥少，融资是有门槛的。如果没有一份有分量的商业计划书，你根本就进不了 VC 的门。而每一个 VC 的桌子上都有堆积如山的商业计划书，所以你的机会是有限的，面临着巨大的挑战，关键是你要能够脱颖而出。

不客气地说，相当一部分创业者过分自信，他们并不了解投资人的思维方式，以为 VC 都是些盲目来送银子的冤大头，只要去侃、去忽悠就能搞到钱。不是嘛，每天我电脑邮箱里收到的商业计划，相当一部分不外乎以下三大类型。

(1) 大排档类

估计是在网吧里花了一刻钟完成的，寒碜到了极点，白底黑字的 PPT，总共不超过 10 页，除掉第一页标题和最后一页“Thank You”以外，有 7 页是从网上拷贝和粘贴的“Web 5.0 将改变我们大家的生存方式……iResearch 预测到 2050 年，中国的 Web 5.0 市场规模将达到 5000 个亿……我们将成为中国 Web 5.0 的最大的门户……”外加一页需花 5000 万元的消费清单。插入了商业计划的附件之后，创业者在邮件里又补充了几句“之前没有写过商业计划，在网上搜索了一下，说是商业计划里面还要对公司目前的财务状况和人员构成做详细介绍，我们目前还处在筹划阶段，资金一到位，我们马上可以启动，是否下星期一上午我们可以和你面谈?”

兄弟们呀，不是我不喜欢简洁的风格、不是我不愿和你们见面，只是你不给我足够的有用信息，我没法判断这个项目是不是适合我们投资，要是每个创业者写个白条过来就要立刻见面，我的办公室大概也挤成了劳动局的上访室了，从早到晚都接待不过来。

（2）八股文类

用某个律师或财务顾问挂在网上招揽客户的那类“商业计划模板”，写上洋洋 80～100 页的文字……可以想象创业者们发出邮件前的那副得意的样子：“这份商业计划写得够认真了吧？我花这么多工夫，你不好意思不从口袋里摸钱出来了吧？”花了半天时间读完，我发现自己还是一头雾水，不知道商业计划的核心内容在哪里。

水不在深，有鱼则清。一份商业计划写得好坏不在文字的多或少，即使你把每一个章节都写得面面俱到，但是关键内容含糊其词，恐怕到头来还是白忙乎。我相信有那么一部分创业者是抱着侥幸心态来碰运气的，以为文字多、篇幅长、貌似态度认真就可以蒙混过关忽悠到 VC 的钱？

（3）精心包装的实心馒头类

还有些商业计划是请了平面设计师精心设计排版的，粗看会眼前为之一亮，但是反复看了几遍，除了精美的 PPT 画面以外，还是找不到实质性的内容。就像肚子饿的时候有人端上一屉热气腾腾的肉包子，吃了半天发现原来里面全是实心的，肉在哪里呀?!

我相信每个 VC 都是非常认真地对待每一个有潜力的项目的。极少会有一个 VC 在商业计划阶段上当受骗，VC 犯错误，多半是投资以后的风险管理，而不是投资前的分析和判断。VC 的看家本领就是看商业计划，你在讲述实实在在的商业机会还是在瞎编瞎扯，VC 个个都是火眼金睛。

还是一句话，商业计划要把一个项目的要点讲清楚，不必在乎排版、美术设计和花言巧语，以把正事交代清楚为重。

简单地说，VC 在商业计划里要看出三大要点及其证据：

1）验明正身，你到底是谁（who）？

2）你要做什么（what）？——你的产品或服务到底有什么价值？

3）怎么做（how）？——你是不是有执行能力和成功的把握。

没人会要求你必须把商业计划写得十全十美，但是 VC 一眼就能看出你是否诚心诚意、认认真真，是否功夫做尽、佐料加足。当然，你不是职业投资人，你可能会漏掉某些要点，有些你也许认为不重要的东西，对我可能很重要。只要 VC 对你的项目有兴趣，即使你的计划书里缺些什么，大部分 VC 会和你沟通，甚至设法帮助你。为了提高大家的工作效益，创业者们要理解和尊重 VC 的工作方式，努力写出一份十全十美的商业计划，不要玩 Tom and Jerry 的猫捉老鼠游戏。

有效的商业计划要涵盖以下 20 个方面，分前面的“七项基本内容”，中间“七项必不可少的内容”和最后“七项建议性的内容”，加在一起一共20条。为了方便记忆，暂且让我们戏称之为商业计划的“20条军规”吧。

【七项基本内容】

1）项目简介（Executive Summary）

一页纸的“项目简介”是商业计划中最重要，也是最挑战你笔杆子功夫的内容。好比电视广告，它如果不能在15秒内引起观众的兴趣，观众就会按遥控器换频道。

虽然“项目简介”像是商业计划的“迷你版”，但它并非要包含商业计划的每一个方面。

用一句话来清晰地描述你的商业模式——你的产品或服务；

用一句话来明确表述为什么你的创新及时解决了用户的问题，填补了市场的空缺；

用一句话（包括具体数字）来描述巨大的市场规模和潜在的远景；

用一句话来概括你的竞争优势；

用一句话来形容你和你的团队是一个“梦幻组合”；

用一句话（包括具体数字和时间）来概述你将如何在最短的时间内让投资人赚翻；

用一句话来陈述你希望融多少钱、主要用来干吗。

2）产品/服务

产品和服务就是你的商业模式，换言之，你的公司将靠什么赚钱的？

别说什么“我们要成为中国最大的什么什么……”，也别说自己是“最好最好的什么什么……”

相信如果准备创业，一定会对这项内容有特别的想法，胸有成竹地说出来吧，多讲些具体的细节，我洗耳恭听。

3）市场

市场可以从三个方面看：宏观的、微观的以及你如何具体开发自己的市场。

宏观的：你所能得到的宏观市场数据大概是诸如从iReaserch网站上下载的免费报告，这一类的信息适可而止，大多数VC对此都一清二楚。重要的是与你的产品直接相关的市场数据，即你的微观市场、你力所能及的市场，这些数据越详细越好。即使你没有这些数据，VC自己都会去找的，你有“服务意识”的话，不如先把VC要做的工作都先给做了，这样你拿到钱的时间也可能提前。

然后，你要说明你如何来行之有效地做市场，别斗胆说你需要1000万元去做媒体广告建立企业品牌……初创的公司是没钱玩那些奢侈游戏的；你不如说“我们已经和联想达成意向，通过他们的渠道进行捆绑在全国推广……”

4）竞争对手

我不相信有哪家公司没有任何竞争对手。

比如说，你研发了一种全新的节能空调，VC 都会去行业老大那里打听，比如看看海尔是不是有同类的产品，或者问问海尔为什么自己不研发这类产品，再让海尔谈谈对这类产品的看法和观点……

要是竞争对手也是创业公司，别怕，你应该比他们做得更好，只要你的产品比竞争对手的更先进，我们会支持你，到时候也许我们把对手给收购了，这不就解决了竞争的问题吗？

5）团队

对于清华、交大等名牌学校的毕业生，这自然这是一个千载难逢的亮相机会，海龟们也不例外，即使在西半球的某个偏僻小镇上的学校里只泡上了几天，照样也可以在自己脸上贴金。每个人的工作经历也都是重要的内容哦，要是你在大公司比如 Google、微软工作过，人们就有可能想象你的水平和谢尔盖、比尔·盖茨也不相上下。悲哀的现实是，我们总是根据每个人身上的标签来判断一个人的能力。不过，常常最能引起我注意力的倒是那些以优异成绩考入顶级名牌大学，然后留级、逃学、退学、辍学的人，就像比尔·盖茨和麦克戴尔这类人，他们的歪脑子里常常会有奇特的名堂。

如果你既没有进过名牌大学，也没有在著名大公司里工作过，千万不要有失落感。你最好不要含糊其词说“我经验丰富、曾在某某公司工作……”你可以具体挖掘一下你的真实才能，你是学习什么专业的，曾在公司里担任什么职务，做过些什么项目……团队是 VC 投资的对象，也是 VC 重点关注的内容，记得除了包装你自己以外，别忘了详细介绍你的团队成员。

6）里程碑

创建公司就像盖一座高楼，什么时候地基落成、什么时候封顶、什么时候交钥匙都是工程中的关键节点。

对于早期的创业公司来说，我最关心的是什么时候公司的产品能够顺利通过各种测试推向市场？什么时候公司账上开始有收入进来？什么时候公司达到盈亏持平？

当然，持平并不是我的最终目的，公司收支持平了，我就有信心给你更多的钱去扩大规模、去进一步发展。创业者们应该明白，无论你创立什么样的公司，账面收支越早持平越好。一个公司开始有收入了，说明公司的产品有市场价值；一个公司盈亏持平，说明它是有盈利潜力的；只有具有盈利能力的公司，才是真正有价值的公司，因而才会有更多的 VC 青睐你，给你送来更多的钱。

仔细想好你将迈出的每一个重要脚步，确定你的公司在走向成功和辉煌道路上的每一个重要的时间节点。

7）财务计划

财务预测是商业计划中最重要的部分之一。但是在早期的创业企业中，这是最容易被忽视的方面！早期创业的财务计划是一个可以讲它三天三夜的主题，让我改天再专门单独自白一下吧。这里只是先做一些要点提示：

除了在 PPT 中有大概的财务计划介绍外，通常 VC 对有兴趣的项目一定会要求详细的 Excel 文件。记住：至少做 3 年的财务计划，最好做 5 年，把重点放在第一年。写清楚三张表：

——假设（Assumptions）

——收入预测表（Income Statement）

——现金流表（Cash Flow）

【七项必不可少的内容】

上面七项内容其实你给客户看的。但是商业计划是写给你的投资人看的，不是给客户看的那种公司简介，读者不同，内容、定位、写法、要求都不一样。以下七项内容都是投资人特别关心和敏感的。

8）股权结构

你要拖我进来当股东，还不想让我知道我将来可能要和哪些人朝夕相处一起共事，甚至同床异梦？我迟早一定要问你这问题，你何必不一开始就托盘而出呢？

9）公司的组织构架

这个问题有两层含义。（a）公司在哪里注册，海外还是国内？有哪些分公司、子公司、关联公司？投资人的钱从哪里注入？公司的架构关系到股东利益是如何体现的，你最好画一张图表来表达清楚。（b）你的公司是如何运转的，你有哪些部门？你的 COO，销售副总、技术总监们是否分工明确，各就各位？还是你既是董事长，又兼任 CEO、CFO、系统构架师、人事总监……集大权于一身的封建领主？你最好也能提供出一张详细的图表来。

10）目前公司的投资额

你有这么宏大的愿景，那么你在你的创业企业里投入了多少自己的钞票呢？如果你自己一分钱都没有投入，VC 们通常会非常怀疑你自己对这个创业项目的信心和创业态度。

不要怕丢脸，如果你告诉我你自己投入了仅有的几块钱积蓄但是已经把事业做得像模像样，我绝对不会嫌你寒碜，而是会把你当成英雄。我会放心地把大把大把的钱交给你打理，同时也会再三关照你，把我的钱当作你自己的钱那样去花，千万不要把它拿去点火烧。

11）合约和订单

是驴子还是马，你最好有什么合同、意向书或者订单之类的让我看看。

千万、千万不要对我说，你是一个可以赚大钱的人，不在乎赚那么几个小钱。我和你恰恰相反，我从来不计较明年我是否还能不能吃到红烧肉，我只关心今晚睡觉前我能不能有一小口米饭吃。我不在乎你未来能不能成为一个亿万富翁，你肯定会，我最关心的是你什么时候赚进你的第一块钱。

你也许知道，我是一个死亡谷里的蹦极者，你赚到的第一块钱对我来说多么的重要，因为它可以买到你和我的救命稻草！老老实实告诉我，你的第一块钱是怎么来的、从什么地方来、什么时候来？

12）估值

这也是一个创业者和投资人不可回避的问题。想好了你需要多少钱？准备出让多少股份？不管你的心理价位是多少，你应该明确提出你的要价，不妨让它作为一个谈判的起点吧。

13）资金用途

即使你有详细的财务预测，建议你在商业计划里有一张清晰的列表，把主要的资金用途罗列出来。

【七项建议性的内容】

14）写商业计划到底是用 Word 形式好还是 PPT 形式好？

回答是：没有差别。

15）商业计划最好写多少页？写多少字？

字数没限制，核心要点说明白就好，不必多写。页数嘛，14 页足够写出一份出色的商业计划，外加一页封面，一页封底（联系方法），共 16 页。总之，以上从 1）到 14）的内容都要包含进去，一条也不能少！

16）怎样才能找到 VC，需不需要有人引荐？

自己找 VC 和有人引荐的效果差别，如果是熟人介绍的商业计划，VC 至多会找时间快点儿读而已，但对于是否会投资这个项目，引荐人起不到任何作用。

VC 是一个非常小的圈子，你在网上搜索一下，几分钟就可以找到全世界所有 VC 的名单。建议你千万不要将商业计划用群发的形式发给所有人。你最好稍微花些时间做点作业：到这些 VC 的网站上去看一下他们各自的投资方向和领域，对症下药。如果你做的是生物医药项目，把你的商业计划发给只投 TMT 的 VC，那只会是有去无回。归根到底，找 VC 融钱就是在私募市场上兜售自己公司的股份，就像卖产品一样，要找对自己的可能买主，做精准营销。不过做好思想准备，出售创业公司股份和卖脑白金不一样，只有很小一个圈子里的很少一部分人会对你的项目有兴趣，你千万别做 VC 会争先恐后踩断你家门槛的梦。

17）我可以让财务顾问帮我写商业计划吗？

商业计划是核心创业团队的任务，是 CEO 们的 War Plan（作战计划），我从来没听说过巴顿将军出征身旁离不开财务顾问。通常财务顾问对你的行业并不熟悉，也没有运营的经验，他们只能对你的财务问题做一些解答和帮助，比如在做财务计划时，如果你对此不太熟悉的话，可以找一个财务顾问咨询一下，但是万万不可将商业计划、财务计划，甚至融资这件大事统统承包给财务顾问。VC 面对的是你，投资的也是你，如果你没有清晰的业务思路、完整的财务预测，说不清财务数字和你业务发展之间的有机关系，你搞到 VC 钱的可能性极小。

建议你即使用了财务顾问，也要把他们安排在你的幕后，你自己出面和 VC 演示与谈判，不要带着你的财务顾问让他（她）到处为你张罗，成为你和 VC 之间的一堵挡风墙。

18）我是否要带律师去见 VC？

否。律师的工作要在你收到“Termsheet”以后才有必要。

19）我把商业机密发给 VC，他们会偷走我的 idea 吗？

不入虎穴，焉得虎子。怎么连这么一点冒险精神都没有？

有些创业者会要求 VC 签保密协议之后才发出商业计划，我不知道这是不是明智的策略，至少这样做你会过滤掉一大堆 VC，其中不乏是正在寻找你的 VC。

如果是不客气的 VC，你一提出这样的要求，人家便就此挂断，省掉了下面那些婆婆妈妈的琐事。客气的 VC 会要求你签他们的标准保密协议版本，而不是你律师为你起草的那一份。有些 VC 甚至明文规定不签任何保密协议。

有意思的是，我每天收到大量商业计划——并不是我要求他们发过来的，而是他们主动发给我的，封面上密密麻麻地已经注明了严格的“保密协议”，意思是我只要收到、看到这里面的内容，出了问题我就得负责。幸亏我是个好人，从不偷东西。要是你错发到一个贼的信箱里，那岂不是把一个百宝箱送到一个贼的面前，同时留给那个贼一张条子说：“你不要偷啊”。

我敢说，绝大部分 VC 都是品行端正的正派专业人士。为什么 VC 不愿意签所谓的“保密协议”，原因很简单：这个 VC 桌子上有 5 份太阳能的项目计划书，如果和 A 签了保密协议，结果投资了 B 的项目，A 到时候会不会把这 VC 送上法庭给告了？

20）怎样才能知道 VC 对我的项目是否有兴趣？

问得好！教你一个小诀窍。你准备三个钓 VC 的诱饵：①项目简介；②16 页的商业计划；③完整的财务预测计划。

垂钓步骤：

第一步，根据你作业中找到的对口 VC 名单，写一封简短的邮件，包括一两句甜言蜜语，附上你的“项目简介”发出去；

第二步，如果 VC 马上有回信，问你有没有更加详细的商业计划，你应该兴奋地立刻把 16 页的那份商业计划发出去；

第三步，在你发出商业计划之后，VC 又主动和你联系，问你有没有详细的财务计划，你应该兴奋地立刻把详细的财务计划发出去，并独自一人去哈根达斯买一杯最好吃的冰淇淋暗地里自我庆祝一下，瞧，你商业计划所花的工夫见效了！你应该开始做好准备，很可能这 VC 过几天就会来主动邀请你去他（她）办公室面谈；

第四步，如果在两个星期以内 VC 对你的“项目简介”没反应，你可以再次发邮件，包括一两句甜言蜜语，并主动附上你的“商业计划”；

第五步，如果该 VC 有正面回复，请把第三步的动作重复一遍。如果在两个星期内该 VC 对你的商业计划没反应，你不妨主动再发一封邮件询问一下他（她）对你的商业计划的反馈。如果还是没有反应，你不必再浪费诱饵了，这池子里没鱼。

推荐书目

格雷厄姆·弗兰德、斯蒂芬·泽尔合著：《商业计划指南》，东北财经大学出版社，2010 年版。

查立著：《给你一个亿，你能干什么?!》，电子工业出版社，2010 年版。

行动学习指引

A　案例讨论和商业计划制订

“友好企业”是否需要商业计划？

说服“友好企业”的创始人，在学习团队的帮助下制订一份商业计划。

B　商业计划的传递

为“友好企业”制订一个融资并传递商业计划的方案，筛选有行业经验的风险投资家作为融资对象。如果“友好企业”创始人同意，请在导师的帮助下，向其投递商业计划，并了解他对商业计划的看法，如有可能，请倾听其建议，并认真修改商业计划。

第 14 章　创新创业的社会资源

给我一个支点，我就能撬起整个地球！

——阿基米德

学习目标：

☞ 了解企业孵化器
☞ 了解创新创业大赛
☞ 了解创新创业相关媒体及其服务
☞ 了解创业投资数据服务
☞ 了解创业指导机构和创业导师
☞ 了解相关的论坛和会议

国家为支持创新创业不仅出台了众多的政策，而且提供了众多的社会资源。对这些资源的有效利用，可以帮助创业者渡过创业难关，也可以为创业企业战略制定指明方向，甚至能为创业者带来资金、客户和市场。

14.1　企业孵化器

14.1.1　企业孵化器功能

企业孵化器（Business Incubator）在我国也称高新技术创业服务中心（创业园区），它通过为新创办的科技型中小企业提供物理空间和基础设施，提供一系列的服务支持，进而降低创业者的创业风险和创业成本，提高创业成功率，促进科技成果转化，培养成功的企业和企业家。

企业孵化器一般聘请兼职的创业导师，帮助企业制订产品开发、市场营销、人力开发等企业发展计划。孵化器还经常组织必要的咨询与培训活动，以提高创业者的各种技能，促进企业快速成长，使孵化企业能在几年内“毕业”，离开企业孵化器经营。

14.1.2 三种主体创办的企业孵化器

（1）地方政府及其科技主管部门创办

我国的企业孵化器大多由政府及其科技主管部门创办。政府背景的孵化器注重现有科技成果的转化和已建小企业的培育，注重社会效益，不强调直接的经济效益。有些孵化器根据自身的情况，为创业企业提供房租优惠。

专栏：东湖新技术创业中心——中国第一个企业孵化器

武汉东湖新技术创业中心成立于1987年6月，是中国第一家高新技术创业服务中心，是中国孵化器事业的发源地，也是国内第一家由事业单位改制为公司化运作的企业孵化器。近30年来，已累计孵化科技企业1300多家、孵化科技项目1000余项（其中国家级项目256项），毕业企业800多家，培育了一大批科技企业和科技企业家，使大批科技成果转化为生产力，积累了丰富的行业资源和中、小企业孵化经验，其中凯迪电力、三特索道、凡谷电子、楚天激光、国测科技、银泰科技等毕业企业均已成长为国内著名企业，极大地促进了区域经济的发展。

在长期的实践中不断地探索、创新，武汉东湖新技术创业中心首创性地提出孵化器产业化的理念，并以创业人社区建设为方向，尝试产权式孵化器的新模式。同时，通过联盟孵化，构建华东、华北、华中、华南、西南市场接入服务中心，建立跨区域的孵化网络接口和共享资源平台，为国内外企业突破地域空间限制、自由发展创造更好的条件。

武汉光谷SBI创业街是东湖新技术创业中心的一个成功典范。这是一条集小型生活化办公室、公寓式写字楼群于一体的“创业街”。短短1公里的街道上，聚集了180家高科技创业企业、近千名创业者。武汉光谷SBI创业街算得上是光谷蓝图上浓墨重彩的一笔。其宣传口号：“骑着自行车进来，开着汽车出去！”。作为新型创业街，SBI采取的仍是处于摸索阶段的产权式孵化器模式。过去的老创业中心，多是政府直接投资，由创业中心培育企业，政府得到税收和就业岗位的回报，因此很难吸引到民间资本。而SBI创业街采取的是以营利为目的的房产开发模式，和以非营利为目的的企业孵化模式相结合。据统计，在SBI创业街的190多家企业中，科技企业就占到180家。企业的科技“含金量”高，更有不少企业已被“炼”成行业内的“金字招牌”。SBI创业街能提供的金融服务渠道包括为企业申报各级科技创业基金、向国内外 100 多家风险投资公司推荐企业、直接进行风险投资（2000 万元资金专门用于投资园区内的企业）等。

（2）大学创办

大学创办科技孵化器的目的是促进高等院校的研究成果商品化、产业化，为师生创业提供便利条件。其特点是：依托大学，为企业提供较多的服务，被孵企业的技术含量较高，是大学科技园的重要组成部分。

（3）企业、社会团体和私人创办

由一些大型企业、慈善组织、民间团体或富裕个人创办的企业孵化器，虽然以营利为主要目的，但客观上创新了企业孵化模式，有效缓解了有限的政府投资与日益增长的创业需求之间的矛盾，同时，也带来了一些新的管理模式。下文将介绍几个具有代表性的企业孵化器。

14.1.3　孵化器的新模式

（1）创新工场

创新工场（Innovation Works）由李开复博士创办于 2009 年 9 月，是一家致力于早期阶段投资，并提供全方位创业培育的投资机构。创新工场是一个全方位的创业平台，旨在培育创新人才和新一代高科技企业。创新工场通过针对早期创业者需求的资金、商业、技术、市场、人力、法律、培训等提供一揽子服务，帮助早期阶段的创业公司顺利启动并快速成长，同时帮助创业者开创出一批最有市场价值和商业潜力的产品。创新工场的投资方向立足信息产业最热门的领域：移动互联网、消费互联网、电子商务和云计算。

创新工场的投资者包括刘宇环先生创立的中经合集团、财富 100 强企业、知名创投和中美精英人士，其中有郭台铭领导的富士康科技集团、柳传志领导的联想控股有限公司、俞敏洪领导的新东方教育科技集团、YouTube 创始人陈士骏等。同时也得到了来自硅谷银行、中华电信、联发科以及美国、欧洲、亚洲等多位顶尖投资者的鼎力相助。这些传奇创业明星中的很多人都表示，愿意共同辅导青年创业者，他们的加入使创新工场如虎添翼，他们的参与将使创业精神在一代代创业者中薪火相传。

创新工场以及投资的项目团队中聚集了一批行业精英，其中不乏来自本土知名企业的专业人士和有过多次创业实践的本土创业者；也有来自硅谷的资深技术人才，以及著名跨国科技公司的业内高手。各个创业团队除了已经吸引到国内高校计算机系的优秀毕业生加盟，还有多位来自斯坦福大学、哈佛大学、耶鲁大学、牛津大学、加州大学伯克利分校、麻省理工学院、芝加哥大学等不同专业的杰出校友。创新工场已成为热衷科技创新的青年创业者的摇篮。

创新工场为移动互联网、消费互联网、电子商务和云计算四个领域的创业者们分别设计了三个不同的孵化计划。

1）助跑计划：基础/系统性的孵化计划——针对有商业创意、初次创业的年轻创业团队。

2）加速计划：最核心的孵化计划——针对有经验的，具备清晰的商业计划、产品模型和核心成员的创业团队。

3）创业家计划：个人创业孵化计划——针对有丰富业界经验，希望开创自己新事业的高端人才。

创新工场有着丰富创业经验的团队会为创业者提供一流的全方位创业支持。通过创新工场的品牌和关系网络帮助创业者快速组建高素质创业团队，发掘价值合作伙伴，拓展目标市场；专业投资团队会以敏锐行业嗅觉和立足中国市场的全球视野，引导产品战略优化，进一步明确商业方向；广泛权威的导师网络给予必要的创业指导；产品、财务、法务等多方协助来帮助规避创业早期风险，快速良性地开启创业之路。

（2）创业工场

“创业工场”于2005年5月在北京中关村成立，目标是发现优秀的创业者，培育企业发展的“成功基因”，引领创业企业成长为“伟大公司”。创业工场创办人麦刚先生是中国创业与投资领域的拓展者，曾在北京、深圳、上海、香港、硅谷从事投资和创办企业，积累了丰富的管理经验和广泛的商业网络。

“创业工场”目前投资的重点是早期创业型企业，其团队恪守诚信、坚忍不拔、具备远见卓识；成长期的企业也是其投资领域。“创业工场”与创业者紧密合作，共同规划公司战略、制订发展计划、完善管理系统、组建核心团队。通过协调资源（创意、团队、资金等），直接创办新的创业企业，并支持其至可独立发展的阶段。

（3）联想之星

“联想之星”由中国科学院和联想控股有限公司于2008年共同发起，通过免费创业培训、天使投资、创业联盟等扶持手段，发现和培养科技创业领军人才，孵化科技创业企业，推动科技成果产业化。联想之星首创“创业培训+天使投资”的模式，将专业投资机构和培训机构的优势结合，并进一步整合各类社会资源，全面解决科技创业企业和科技成果产业化发展所面临的人才、资金、资源等问题。目前已经形成“创业培训+天使投资+开放平台”的三位一体科技创业孵化模式。

14.2　创新创业大赛

14.2.1　创新创业大赛总览

1998 年 5 月清华大学举办了我国首届创业计划大赛，被视为我国创业大赛的开端。目前这一创业计划大赛累计已有 500 余支团队、数千名学生参与，先后诞生了视美乐等数十家创业公司。此外，复旦大学管理学院也于 2009 年开办了“聚劲杯”创业大赛，10 个创业团队得以入驻复旦科技园。

创新创业大赛发源于大学，迅速在全国铺开，营造了“鼓励创新、支持创业”的氛围，在全社会掀起创新创业的高潮，有效地传播了创新创业精神，使得创新创业受到了全社会的关注。

创新创业大赛提供了创业者与投资人沟通接触的平台，为将来创业建立良好的商业关系网。通过参与创业大赛，参赛者可以借助大赛平台宣传自己的作品，可以结识风险投资家，向潜在投资人展示自己的项目，向风险投资家推荐具有实际运作价值的作品，充分展现自己的产品/服务的巨大市场前景，为创业赢得资金。有利于把商业计划发展为项目，转化为现实的生产力。

同时，创新创业大赛给广大参赛人员提供了一个沟通交流学习的机会，这是对所学知识的全面梳理和总结，提高了实践能力。参赛者通过比赛，可以结识未来创业的合作伙伴。特别是对于大学生来说，通过参与创新创业大赛，有助于消化吸收书本知识，有助于提高他们的创新意识和创新精神。

秉承创立创新型国家目标，国内各种形式的创新创业大赛已经取得了显著的社会效益和经济效益。各种大赛也不断发展进步，影响力不断扩大。

创业计划竞赛是近几年风靡全球高校的重要赛事。它借用风险投资的运作模式，要求参赛者组成优势互补的竞赛小组，提出一项具有市场前景的技术产品或者服务，并围绕这一产品或服务，以获得风险投资为目的，完成一份完整、具体、深入的创业计划。

创业计划竞赛起源于美国，又称商业计划竞赛，自 1983 年美国德州大学奥斯丁分校举办首届商业计划竞赛以来，美国每年已有包括麻省理工学院、斯坦福大学等世界一流大学在内的十多所大学举办这一竞赛。Yahoo、Excite、Netscape 等公司就是在斯坦福校园里的创业氛围中诞生的。

麻省理工学院的“5 万美金创业计划竞赛”（50K Entrepreneurship Competition）在美国影响很大，不仅诞生了许多优秀的企业，而且培养了许多优秀的人才。MIT 的创业竞赛吸引了许多优秀的基金投资家、风险投资家、律师事务所、会计师事务所、咨询公司参与，许多优秀的创业计划被风险投资家看中。在麻省理工学院的创业竞赛中诞生的公司绝大部分发展十分迅速，如 Akamai、Firefly、Webline Communications、Direct Hit and Stylus Innovations 等优秀企业都是 MIT 创业竞赛的“产物”。风险投资家们蜂拥进入大学校园，寻找未来的技术经济领袖。从某种意义上说，高校的商业计划竞赛已经成为知识经济时代美国经济的直接驱动力量之一。

在美国等西方国家分享“创业计划”带来的巨大蛋糕时，中国的大学生创业还处于一个“可行”还是“不可行”的激烈争论之中。对大多数中国人来说，大学生创业是一个新事物。它到底能否像美国那样带来经济腾飞的驱动力量，还有待第一个“吃螃蟹的人”来证明。1998 年，第一届“清华创业计划大赛”正式拉开了大学生创业实践的帷幕。随后，1999 年，由共青团中央、中国科协、全国学联主办，清华大学承办的首届“挑战杯”中国大学生创业计划竞赛成功举办，在全国高校掀起了一轮创新、创业的热潮。至 2012 年底，中国大学生创业计划竞赛已连续成功举办了 8 届。

14.2.2 挑战杯

“挑战杯”旗帜下有两项重要赛事，分别是“课外学术科技作品竞赛”和“创业计划大赛”，为不同的大学生学术作品提供展示的舞台。如今，这两项赛事已经形成两赛隔年举办一次的格局。“挑战杯”中国大学生创业计划大赛从 1999 年开始迄今已举办过八届，如表 14 -1 所示。

表 14 -1 “挑战杯”中国大学生创业计划大赛

届数	举办单位	举办时间	大赛冠名
第一届	清华大学	1999 年	“挑战杯”和讯网首届中国大学生创业计划大赛
第二届	上海交通大学	2000 年	“挑战杯”万维投资中国大学生创业计划大赛
第三届	浙江大学	2002 年	“挑战杯”天堂硅谷中国大学生创业计划大赛
第四届	厦门大学	2004 年	“挑战杯”中国银行中国大学生创业计划大赛
第五届	山东大学	2006 年	“挑战杯”飞利浦中国大学生创业计划大赛
第六届	四川大学	2008 年	“挑战杯”瓮福中国大学生创业计划大赛
第七届	吉林大学	2010 年	“挑战杯”一汽一大众中国大学生创业计划大赛
第八届	复旦大学	2012 年	“挑战杯”复星中国大学生创业计划竞赛

专栏：首批 9 家大学生创业示范园

作为“挑战杯”竞赛推动大学生创业走向“实战”的重要举措之一，经在全国范围内遴选，2012 年 11 月 28 日下午，9 个园区被授予首批“全国大学生创业示范园区”，分别是：同济大学国家大学科技园、中国（上海）创业者公共实训基地、天津青年创业园、杭州市大学生创业园、苏州博济科技创业园、江苏经贸职业技术学院 180 大学生创业园、成都青年（大学生）创业园、国家数字家庭应用示范产业基地（番禺）、重庆市大学城文化创意微型企业园。

据介绍，这些示范园区将打造集“创业教育培训、创业实训和就业见习、创业孵化”等多项服务功能于一体的创业示范平台，特别是为在“挑战杯”系列竞赛中涌现出来的优秀大学生创业团队和作品提供创业的有效支持。

14.2.3　政府部门举办的赛事

（1）中国创新创业大赛

中国创新创业大赛始于 2012 年，由科技部、教育部等单位指导，由科技部火炬高技术产业开发中心、科技部科技型中小企业技术创新基金管理中心、科技日报社和陕西省现代科技创业基金会等单位联合承办。大赛的主题是“科技创新，成就大业”，旨在整合创新创业要素，搭建为科技型中小企业服务的平台，引导更广泛的社会资源支持创新创业，促进科技型中小企业创新发展。进入全国总决赛的约 20 支团队将获得以下政策支持：①获得创业导师的创业辅导；②选择在孵化器落户的，给予一定时期免收房租等优惠政策支持；③优先推荐给大赛投资基金和创业投资机构进行支持；④地方政府和机构对入围团队给予配套的政策支持。

（2）科技创新创业大赛

科技创新创业大赛由中国技术创业协会孵化联盟在科技部火炬高技术产业开发中心及地方科学技术主管部门的指导下举办。大赛宗旨在于激发全社会的创新积极性和创造性，推进科技创新。通过大赛发掘一批科技领域的优秀创业人才和创新企业，培养和扶持一批能够突破关键技术、发展高新产业、带动新兴学科的行业领军人物。通过大赛培训、辅导、表彰和奖励优秀的创新创业团队，凝聚科技项目的领军人物，吸引天使基金、风险投资等社会资本关注并参与，打造有影响力的科技项目风险投资服务体系，搭建创业项目、创业团队、企业与资本对接的理想平台。

大赛特色是以中国技术创业协会孵化联盟成员为基础，在科技部火炬中心的指导和支持下，侧重面向全国孵化联盟成员单位约上万家创业企业，大赛获奖项目由大赛专项基金直接奖励，并由相关风险投资和创业孵化机构给予优先扶植，彰显“中国创新”力量。

（3）重庆高交会青年创业计划大赛

重庆高交会青年创业计划大赛以“贯彻创新精神，启迪创新火花，培育创新人才，营造创新环境，推动高新技术项目向生产力转化，促进高新技术产业化发展”为宗旨。

该赛事是为了展示重庆良好的投资创业环境，激发广大青年的创新、创业意识，培养、选拔创新人才和创业成果，促进人才、技术、资金等要素的有机结合，推动生产力的跨越式发展。高交会组委会努力把该活动办成在重庆市乃至西南地区有一定影响力的、广大青年积极参与的高水平竞赛活动。

（4）中国杭州大学生创业大赛

中国杭州大学生创业大赛由杭州市人民政府主办，杭州市人力社保局、人才办、发改委、财政局、科委、团杭州市委、教育局、新闻办、杭报集团、杭州文广集团共同承办，中国青年报社、赛伯乐（中国）投资协办，浙江省学生联合会、浙江工业大学特别支持，旨在为杭州市全面实施创新强市战略、发展创新经济、建设创新型城市吸引、集聚创业创新型优秀人才。

大赛面向全国内地全日制普通高校大学生，同时欢迎港、澳、台地区高校大学生及海外高校的中国留学生参赛，主要针对在校大学生或刚毕业的大学生（专科、本科、研究生）。根据大赛章程，参赛项目选题应立足国家经济社会发展的大背景，重点关注文化创意、旅游休闲、金融服务、电子商务、信息软件、先进装备制造、物联网、生物医药、节能环保、新能源十大产业。项目中所提出的产品或服务，可以是参赛者参与或经授权的发明创造、专利技术或课外制作，也可以是一项可能研发实现的概念产品或服务，要以准备在杭州落地转化或已在杭州落地转化为基础，通过创业（商业）计划书完整地阐述项目的技术、市场前景、经营策略、资金需求，并展示团队的成员和未来规划。参赛团队核心成员必须对参赛项目拥有合法的知识产权或使用权（授权）。大赛对优秀项目采取奖励与服务并举的扶持方式，最高奖金达3万元。参赛项目在杭州落地，大学生不仅可以享受在杭州创业的注册资本零首付、注册登记零费用、房租补贴、会展补贴等普惠性政策，还可以按照入围等级，免予评审，直接申请获得5万~20万元的政府无偿资助；获奖项目落地企业符合杭州“青蓝计划”条件的，也可免于评审，直接予以20万元的

“青蓝计划”创业启动资金资助；对于获得创业投资机构投资的项目，杭州市、区县（市）创业投资引导基金按照创投企业实际投资额 30% 以内的比例跟进投资；对于获奖的留学人员参赛项目，将优先推荐参加杭州市留学人员在杭州创业资助项目评审，并优先予以资助。

（5）“春晖杯”中国留学人员创新创业大赛

“春晖杯”中国留学人员创新创业大赛由教育部、科学技术部共同主办，为留学人员回国创业服务，参赛对象是中国留学人员。该比赛承办单位为教育部留学服务中心、科技部火炬中心、广州留学人员科技交流会组委会办公室、中国海外学子创业周组委会办公室、中国留学人员创业园联盟。通过“春晖杯”创业大赛，充分调动海外优秀留学人员回国创业的热情，鼓励海外留学人员积极申报创新创业项目，创造条件支持参赛者与留学人员创业园、大学科技园和企业进行项目对接，根据项目技术水平、投资前景、效益预测和产业化情况，组织留学人员创业园、大学科技园、风险投资机构和国内企业家对项目进行评审、洽谈和择优颁奖，推动留学人员回国创办高新技术企业。“春晖杯”创业大赛汇聚多方力量；评审标准以是否具备创业的可行性为主；评审委员会由来自投资机构、企业、创业园三方面的专家组成；入围者将得到回国洽谈项目的资助。

（6）中国（深圳）创新创业大赛

中国（深圳）创新创业大赛是由科学技术部、教育部、财政部、工商业联合会共同指导的一项全国性赛事，由深圳市人民政府、科技部火炬高技术产业开发中心、广东省科学技术厅联合主办。目的是整合创新创业要素，搭建为科技型中小企业服务的平台，引导更广泛的社会资源支持创新创业，促进科技型中小企业创新发展。大赛旨在弘扬创新创业文化，激发全社会对创新创业的热情，鼓励企业创新和团队创业。通过大赛推介培训、竞赛评选、政府扶持和资本对接、创业辅导和抱团发展体系，引导国家、地方创新资源和社会资本等资源合力支持企业创新和团队创业。

大赛打造资本与知本真正对接的平台，重点扶持战略性新兴产业中具有高成长性、高技术含量的企业发展以及拥有自主创新技术的团队创业。促进科技成果转化和高新技术产业的发展，加快创新型国家建设。

中国创新创业大赛总决赛奖项设置如下：

所有“初创组”和“成长组”获得分赛区奖的企业进入全国总决赛，最终评选出 12 家企业获得“中国创新创业大赛企业奖”，颁发奖杯和奖金。

一等奖 2 名（奖金 80 万元人民币/名），二等奖 4 名（奖金 50 万元人民币/名），三等奖 6 名（奖金 30 万元人民币/名）。

总决赛还评选产生“中国创新创业大赛团队奖”共10名，颁发奖杯和奖金。一等奖1名（奖金20万元人民币/名），二等奖3名（奖金10万元人民币/名），三等奖6名（奖金5万元人民币/名）。

（7）中国（宁波）科技创业计划大赛

中国（宁波）科技创业计划大赛由宁波市人民政府、科技部火炬高技术产业开发中心、国家科技风险开发事业中心主办，始于2002年，主要面向海内外科技型企业、科技创业人员（专利技术、科技成果持有者）以及进入创业实施阶段的科技项目，从创业计划书入手，进行创业理念和实践的培训，进而以创业计划大赛为载体，整合国内孵化器的创业资源，打造中国最有影响力的早期科技创业投融资技术服务平台。

大赛在各主办单位、支持单位和承办单位的共同努力下，前七届大赛共有来自美国、澳大利亚、德国、法国、英国、日本等10余个国家的华人华侨、留学人员，以及来自国内近30个省、市的博士、硕士、科技人员、高新技术企业家等7079个创业团队报名参赛。据不完全统计，已有近200个项目成功创业，注册资本超过3亿元。

14.2.4　媒体举办的赛事

（1）创新中国

创新中国（DEMO CHINA）是《创业邦》杂志2006年开始举办的，以创新性高成长企业为主要对象，旨在寻找风险投资、发布新技术、产品和商业模式、拓展业务伙伴。活动覆盖北京、上海、苏州、杭州、成都、西安、深圳等15个城市和2000余家企业，已帮助60家企业融资逾1.5亿美元。

创新中国是国内创新创业项目展示的最大平台，紧跟最新最热的创业大潮，发现创新先锋，国内优质专业创新创业项目展示活动。活动每届走过中国十余个主流城市，逾2000个项目报名参加，超过200个项目参与现场展示。

创新中国拥有强大的评委阵容，获得众多知名机构深度联合支持，邀请薛蛮子、徐小平、熊晓鸽、雷军等200余位知名投资人及企业家担任活动嘉宾或评委。

（2）黑马大赛

该比赛是《创业家》杂志社发起举办、针对细分行业早期创业企业的赛事，黑马企业通过网络自主报名、园区机构推荐、投资机构推荐、行业协会推荐等方式参与，由李开复、李彦宏、雷军、薛蛮子、虞锋、周鸿祎、徐小平等近100位知名企业家和投资人担任评委，经过区域/行业专题分赛、决赛，最终评选出“最具成长潜力和投资价值的黑马企业”。决赛后设立投融资对接环节——投资公司现场对接黑马企业。

14.2.5　企业和协会举办的赛事

（1）IBM Smart Camp 大赛

IBM Smart Camp 大赛是由 IBM 应用开发商合作部（IBM ISV and Developer Relations，IDR）举办的、面向全球积极从事基于软件产品或服务开发的私有初创企业的一项重要赛事，同时也是 IBM 创业家全球扶持计划（Global Entrepreneur Program，GEP）的关键组成部分。

该项赛事主要面向成立不到 5 年的初创企业，IBM 为入围 IBM SmartCamp 大赛的初创企业提供为期 3 个月的辅导课程，内容包括对初创企业负责人进行渠道合作及产品入市等相关培训，使他们有能力识别潜在客户，进行市场职责调查。此外，IBM 还向参与 IBM Smart Camp 大赛的初创企业推荐世界级的投资方和导师资源，协助他们建立营销策略的和商业渠道，并为他们提供大量的公关宣传。

未来，IBM 将继续在“智慧的地球”指引下，以丰富的资源为创业企业搭建面向行业的交流推广平台，帮助他们将创新理念转化为商业实践，共同推动全球创业环境的健康发展。

（2）微软 BizSpark 创业大赛

微软推出的 BizSpark 本着长期投资的观点，重点关注移动、互联网和云计算三大领域。“微软创新企业扶植计划”（Microsoft BizSpark）于 2008 年 11 月正式推出，旨在帮助从事软件开发和互联网服务的创新企业在早期发展阶段快速成长。

微软推出的 BizSpark 目前重点关注移动领域、互联网领域和云计算领域。微软更侧重于技术类型的扶持，同时进行资源整合，通过微软产品和平台、市场和销售渠道等帮助企业更好地成长。

（3）高通移动互联网创业大赛

高通移动互联网创业大赛由美国高通公司、红杉资本和创业邦联合主办，覆盖中国北京、上海、深圳、成都、武汉、杭州等 14 个城市，开展互联网及移动互联网领域的海选与分赛活动。每年有超过 200 家创业企业登上竞技台，在投资人和媒体面前展示中国的技术、产品与商业模式的创新成果。参赛企业将有机会获得高通、红杉资本与创业邦基金的 30 万～150 万美元的投资。

参赛企业项目类别包括：①移动互联网基础设施方面的技术和产品；②移动应用方面的技术和服务平台；③移动终端的源动力技术及产品（手机终端、平板电脑等）；④移动终端软件和设计服务；⑤无线技术在文化娱乐、旅游、招聘、房产、本地生活、医疗、零售、新能源与其他垂直领域应用；⑥移动 SNS 构建及应用；⑦其他与移动互联相关的商业。

（4）联想公益创业大赛

联想公益创业大赛以“飙爱心，创未来”为主题，面向全国大学生和初入职场的青年人，公开征集选拔优秀的公益创业团队。联想将为他们提供创业资金、导师培训、公益实习、能力建设等关键支持，辅助他们将富有爱心的想法转化为创业实践，迈上公益之路。

联想旨在通过支持青年群体公益创业，为中国青年群体的就业、创业拓展新的思路，并与社会各界共同推动中国公益事业的创新发展。联想激励青年朋友以勇往直前的超越精神，超越想象；发挥无穷创意，超越速度；提升行动效率，超越空间；加强跨界合作，在公益创业领域，开创精彩未来。

（5）大学生数字创意创业大赛

由国家数字出版基地（虹口园区）、上海市科技创业中心主办，面向高校学生，优胜者可获得 10 万～20 万元人民币专项扶持基金，及规定范围内办公面积免租一年。

（6）“美新杯”中国大学生物联网创新创业大赛

由全球华人微纳米分子系统学会主办，参赛对象为大学生，设特等奖（1 名），奖金为人民币 2 万元。

14.3 创新创业相关的专业媒体和服务机构

14.3.1 创业邦

创业邦成立于 2007 年 1 月，由美国国际数据集团（IDG）和清科集团共同投资设立。创业邦致力于成为中国创业类的第一媒体，帮助中国新一代的创业者实现创业梦想，推动中国中小企业成长壮大。创业邦是美国 Entrepreneur 集团的中国独家授权合作伙伴，Entrepreneur 集团是美国历史最悠久和最大的服务中小企业的商业媒体。创业邦与 Entrepreneur 集团紧密合作，将全球最新的行业趋势、商业机会以及国外创业者的经验介绍给中国创业者，帮助他们开阔视野，与国际和时代接轨。

创业邦目前已推出创业邦网站、《创业邦》杂志和各种创业类的活动。创业邦网站是中国创业者的资讯门户和互动平台，致力于成为中国创业者的网上家园；《创业邦》杂志致力于成为中国创业者的思想乐园和行动指南，为中国成长中的中小企业提供企业发展中遇到的各种问题的解决办法。此外，创业邦定期举办创业沙龙、项目展示等各种活动，鼎力打造线下互动交流平台，帮助创业者建立、积累和丰富商业伙伴网络和资源。

14.3.2　创业家

《创业家》杂志于 2008 年 8 月创办，其创始人牛文文是国内资深财经媒体人，是著名的媒体评论家、企业观察家、记者，曾连续两届获得三项中国新闻奖。自创刊三年来，《创业家》怀揣着成为中国最好创业媒体的梦想，如今，它已被成功打造为新崛起的一本全国一流的商业财经杂志。《创业家》关注中国最具创业家精神的企业领袖，以汇聚能够引领中国未来成长的商业力量为使命，是中国商界阳光创新富豪的创富工具。

14.3.3　清科集团

清科集团成立于 1999 年，是中国领先的创业投资与私募股权投资领域综合服务及投资机构，主要业务涉及领域内的信息资讯、研究咨询、会议论坛、投资银行服务、直接投资及母基金管理。

投资界是清科集团旗下领先的中国私募股权投资行业门户网站。以强大的投资人关系网络为基础，投资界采编团队致力于为业界人士提供最及时、准确、深入的市场报道，并整合清科集团十余年的行业研究资源，倾力打造具备丰富数据及深入分析的专业化网站。

14.3.4　投中集团

投中集团旗下的投资中国网致力于打造中国最专业的投资市场行业门户，为投资机构和创业企业提供及时、全面的资讯与社区平台服务。投资中国网主要包括投资资讯、投资数据、研究观点、投资项目等栏目。

资讯中心为投资机构和创业企业提供全面、及时的行业资讯，强调内容的深度和见解的独到，包括投资资讯、产业资讯、人物访谈等栏目。

14.3.5　中国风险投资研究院

2003 年 7 月，中国风险投资研究院在十届全国人大常委会副委员长、著名管理学家成思危教授与香港理工大学前校长潘宗光教授的共同倡导与推动下创办，致力于为中国风险投资事业理论与实务发展、政策制定提供卓越服务，推动中国风险投资和高科技产业的健康快速发展。

研究院成立以来，为推动我国风险投资政策环境的完善、促进国内外风险投资业的合作与交流、促成风险投资与优秀项目的成功对接、培训本土风险投资家与创业企业家做出了重大贡献，得到国家领导人、部委领导、海内外风险投资家与企业家的高度评价。

14.4 行业分析与投资数据服务

14.4.1 CVSource 股权投资数据库

CVSource 股权投资数据库是 ChinaVenture 投中集团旗下专业的金融数据产品，为投资经理、证券分析师等金融人士提供市场情报、股权交易、企业财务、行业研究成果等层面的数据、资讯和分析工具，帮助客户高效准确地研究市场、寻找并评估投资机会。CVSource 主要客户群体为投资机构、战略投资者、投资银行、资产管理公司、咨询公司、会计师事务所、高校等。

14.4.2 清科数据库

清科数据库是清科研究中心旗下一款覆盖中国创业投资及私募股权投资领域最全面、精准、及时的专业数据库。为众多的有限合伙人、VC/PE 投资机构、战略投资者，以及政府机构、律师事务所、会计师事务所、投资银行、研究机构等提供专业的信息服务。清科数据库涵盖了自 1992 年以来活跃于中国地区的创业投资与私募股权投资行业的有限合伙人、投资机构、基金及其管理人员信息、基金投资信息、投资组合公司信息、并购和上市数据；同时还囊括了创业投资与私募股权投资所涉及的政策法规、各行业市场发展信息、主要企业资料以及相应的研究报告等信息。

14.5 创业指导非营利组织

14.5.1 科技部“中国火炬创业导师”计划

根据《中国科技企业孵化器“十一五”发展规划纲要》，中国孵化器在新战略思考和新目标设立方面，确立了“专业化 + 创业投资 + 创业导师”的目标方向，将提升孵化服务能力作为未来孵化器工作的主线。“中国火炬创业导师行动”正是实现提升孵化服务能力的有效手段和方式。

“中国火炬创业导师行动”由科技部火炬高技术产业开发中心、中华全国工商业联合会经济部、中华全国学生联合会办公室、中国技术创业协会共同发起。

创业导师接受科技部门、行业协会或科技企业孵化器的聘任，主要来自成功的技术创业企业家、投资、金融专家、管理咨询专家、科技领域大学、科研院所丰富经验的实践工作者和研究者等。创业导师的职责包括分析创业项目、创业者优势、发挥潜能、协助制定创业企业成长与发展计划评估创业计划与决定、提供技术性、前瞻性的指导与客观建议、提供进入产品销售网络的机遇及其他创业机会、协助处理任何影响创业的困难或难题、与创业者进行情感交流、提供精神支持和鼓励、分享创业实践经验与听取创业者的不同观点等。

火炬创业导师将成为火炬计划的一支有生力量，他们是创新创业精神和创业者知识技能的传播者，为培育科技创业企业家奉献智慧和热情，以成就中国科技企业孵化器建设事业。

14.5.2　清华大学中国创业者训练营

为了进一步完善我国的创业投融资环境，激发全民族的创业意识，提升广大创业者的创业能力，清华大学中国金融研究中心、清华大学中国创业研究中心、清华大学经济管理学院 EMBA 教育中心联合发起清华大学中国创业者训练营。

清华大学中国创业者训练营是以为社会培养优秀企业家为目标的大型公益创业教育平台。自 2010 年创立至今，训练营已在北京、深圳、成都、武汉、上海、长沙等地成功举办，在全国创业者中具有广泛的影响，不仅为全国的创业者提供了一个系统学习创业管理的机会，也打造了一个沟通与交流的平台。获邀参加的创业者将通过破冰活动相互认识，通过班级活动加深交流，通过投融资对接与资本对接，通过行业沙龙与同行切磋，通过企业走访观摩交流。

清华大学中国创业者训练营以为社会培养优秀企业家为目标，是不以营利为目的的公益活动。全国范围内的创业者均可免费报名，获得邀请来参加训练营的创业者无须缴纳任何参会费用。

14.6　论坛和会议

14.6.1　中国风险投资论坛

“中国风险投资论坛”由十届全国人大常委会副委员长成思危提议举办，其前身是 1999 年 4 月和 2000 年 4 月在北京举办的中国风险投资研讨会。

“中国风险投资论坛”每年召开一次研讨会，至今已举办了 14 届。论坛在三个层次上研究中国风险投资发展的问题：一是宏观制度（体制和机制上）的问题；二是微观制度上的问题，包括风险投资公司的组织形式和运行机制等问题；三是实务操作上的问题。

14.6.2 清科创投论坛

由清科集团主办的“中国创业者投资年度论坛”每年吸引国内外大批专业人士和创业家前往，在论坛举办期间互相交流分享对中国投资的观点和心得。业界众多著名投资机构如建银国际、鼎晖投资、IDG 资本、联想投资、达晨创投等上百家机构的部分权威合伙人、董事长发表主题演讲。

14.6.3 中国企业国际融资洽谈会

经国务院批准，由天津市人民政府、全国工商联、国家科技部、美国企业成长协会（ACG）共同主办的中国企业国际融资洽谈会——科技国际融资洽谈会（以下简称融洽会）至 2013 年 6 月已连续举办 7 届。融洽会组委会从目前国内直接融资行业现状出发，将美国企业成长协会 50 多年的资本对接经验，科学地转化成为适合中国特色的商业模式：即会前项目筛选、投资匹配，会中资本对接、快速约会以及会后资本联姻、全程服务三位一体的对接模式。

14.6.4 ChinaVenture 系列投资会议

ChinaVenture 中国投资年会致力于打造中国最专业的投资行业会议及最有效的投资机构与优秀企业的会议平台。ChinaVenture 会议分为大型的年度创业投资年会、企业评选年会、投资论坛、城市投资洽谈会以及与各类合作伙伴共同主办的行业主题论坛等。

14.7 商会、协会、创投同业公会

14.7.1 商会

商会是指商人依法组建的、以维护会员合法权益、促进工商业繁荣为宗旨的社会团体法人。商会一般具有以下四个法律特征：互益性、民间性、自律性、法人性。

一种典型的商会是行业协会，是由同一行业的企业法人、相关的事业法人和其他组织依法自愿组成的、不以营利为目的的社会团体。其宗旨是加强同行业企业间的联系，沟通本行业企业与政府间的关系，协调同行业利益，

维护会员企业的合法权益促进行业发展。另一种商会是地域性的，通常由某地区企业、公务人员、自由职业者和热心公益的公民自愿组成的组织。

创业者通过民间商会可以降低获取信息和资源的成本，拓宽人脉资源。民间商会还可以规范商人的经营行为，树立整体品牌。

14.7.2　中国技术创业协会

中国技术创业协会是由创业风险投资机构、企业孵化器、科技型中小企业、其他相关机构和个人共 263 名会员自愿组成的非营利性社团组织，经民政部批准，2007 年 12 月 21 日在北京成立。中国技术创业协会的业务主管单位为科学技术部，委托管理单位为科学技术部火炬高技术产业开发中心。协会宗旨是：通过提高我国技术创业能力，促进国家自主创新的实施，推动国民经济又好又快的发展。协会任务是：完善技术创业支撑条件，特别是创业风险投资、企业孵化器对科技型中小企业的孵化、辅育和资金投入，引导社会资源向技术创业集聚，为科技型中小企业的发展营造良好的自主创新环境。

14.7.3　创业投资同业公会

创业投资同业公会是由专业性创业投资机构及相关中介机构自愿结成的，在民政局社会团体管理机关核准注册登记的专业性、非营利性创业投资行业自律组织。国内成立最早且仍然十分活跃的创业投资同业公会有深圳市创业投资公会和湖北省创业投资公会。其中，深圳市创业投资同业公会成立于 2000 年 10 月 14 日，即第二届“高交会”期间，湖北省创业投资同业公会成立于 2001 年 9 月 23 日。

行动学习指引

A　小组讨论

什么样的创业项目（公司）适合参加创新创业大赛？“友好企业”是否具有在创新创业大赛上折桂的实力？

B　反思和执行

就“友好企业”而言，有哪些相关的社会资源可供利用？这些资源能为团队提供何种帮助与支持？如何与之取得联系？

请制订获取社会资源支持的行动计划并帮助“友好企业”执行。

第 15 章　创新型企业持续成长与转型

企业唯有将创新纳入有效的管理规则之中，遵循明确的指导原则和方法论，进行持续不断的系统化创新，才能长久保持竞争优势。

——思科中国总裁　林正刚

善骑者坠于马、善水者溺于水、善饮者醉于酒，善战者殁于杀。

——中国古谚

学习目标：

☞ 了解企业生命周期理论
☞ 了解创新型企业成长的规律
☞ 理解创新型企业持续发展的关键要素

15.1　企业生命周期

1989 年，伊查克·爱迪斯的著作《企业生命周期》正式出版，成为企业生命周期理论研究的经典之作。爱迪斯认为，企业的成长与老化同生物体一样都是通过灵活性和可控性这两大因素之间的关系来表现的，灵活性与可控性决定了企业在生命周期中所处的位置。如图 15 - 1 所示，爱迪斯将企业生命周期分为孕育、成长和老化三个阶段，并依次将各个阶段细分为孕育期、婴儿期、学步期、青春期、盛年期、稳定期、贵族期、官僚化早期、官僚期和死亡期。

（1）企业孕育期

孕育期的企业恰如蓄势待发的飞机，积聚了冲力和动能，这时强调的是创业的意图和未来实现的可能性。尽管这一阶段只是高谈阔论而没有具体的行动，但创业者正在通过“推销”自己的“奇思妙想”来确立所要承担的义务。正如康拉德·希尔顿所言：“要行大船必去深水。”

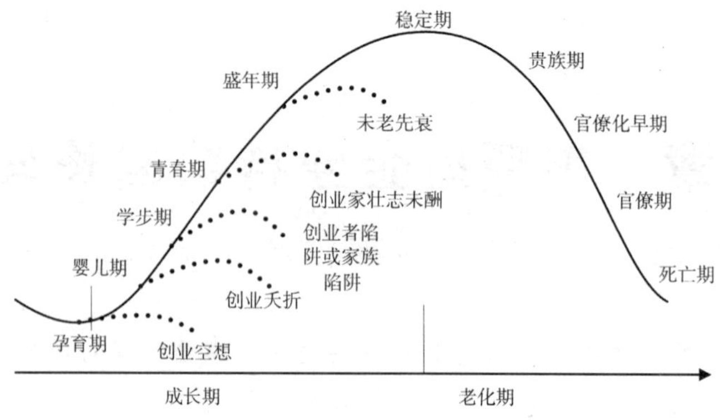

图 15－1　爱迪斯企业生命周期

创业者需要“开发能够卖得出去的产品，而不是花费大的力气推销自己能够生产的产品”。创业者的创意和由此产生的产品和服务必须经得起市场的初步检验，实际上，询问一下最可能的客户，创业者的想法就可能在此时期被扼杀。

（2）婴儿期

“别再跟我谈对新产品的构想、告诉我们你能推销出去多少现有的产品。”这是这一时期的典型谈话，重要的不在于想什么，而在于做什么，一切以结果为导向。正因为如此，企业缺乏明确的方向和制度，也没有什么程序或预算。企业的决策高度集中，不存在权力或责任的授予，可以称之为创业者的独角戏。同时企业内部相互间直呼其名，没有高低之分，且没有成型的聘任或考核标准。这一阶段存在以下问题：

1）由于把成功的目标定得很高，相应低估了对资金的需求，出现资金不足的问题，对此应严格监控应收账款周转率和存货周转率。

2）由于来自社会及家庭的压力，创业者放弃在企业中所承担的义务，易导致创业夭折，对此应动员众人给予理解与支持。

（3）学步期

进入此阶段，企业已经克服了现金入不敷出的困难局面，而且盈利日渐增加，这使创业者倍感自豪，一切都视作机会，容易卷入种种相干或不相干的生意，但是这种多元化的经营方式使学步期的企业把摊子摊得太大，在他们不甚了解的行业中，难免失误。

处于学步期的企业，所承担的责任和任务是重叠交叉的，一些创业企业的成长缺乏规划，有机会就做出反应，而不是有计划、有组织、定位明确地开发利用自己所创造的机会。这使创业企业不是左右环境而是被环境所左右，不是创造和驾驭机会而是被机会驱使，这在企业不断成长的过程中不可避免地要犯一些错误，促使企业制定一套规章制度来明确该做和不该做的事情。

此时的创业者不可能再深入到企业的各个角落去亲自贯彻自己的领导风格和哲学。授权和分权则成为必然，由于企业缺乏相应的控制制度，授权不可避免地转向分权，导致创业者对企业的失控，从而重新走向集权道路，就这样反反复复，使下属不知所措，无所适从。而企业若想守住所打下的一片江山，就必须由学步期的直觉型的感性管理转变为职业化的管理。这一过程应该在企业的青春期完成。如果企业不能完成这一转变，就会陷入创业者陷阱或家族陷阱。

（4）青春期

企业在婴儿期第一次获得生命，那是一种实际意义上的诞生，而在青春期，企业得以脱离创业者的影响而再生，则是一种情感意义上的诞生。

青春期企业最为显著的行为特征是矛盾与缺乏连续性：企业业务的扩展已经超出创业者个人能力的把握范围，同时，企业需要强调的内容转向了制度、政策以及行政管理，创业者本身也意识到这一点，通过引入职业管理人员来改变原有的企业管理风格，制定一整套激励、考评、薪酬制度、重新确定各种权责，解决学步期的问题，减少决策制定的随意性，能够创造并驾驭机会。这样将触及企业“元老”的既得利益，新旧势力对权力的控制之争便不可避免，大量的精力耗在解决矛盾冲突上。

（5）盛年期

盛年期是企业生命周期中最为理想的时期。在这一时期，企业的自控力和灵活性达到了平衡。企业很清楚自己在做什么，将向什么方向发展，如何发展。它具有学步期的远见和进取精神，同时又具备在青春阶段所获得的对实施过程的控制力与预见力，能够事先进行计划并加以控制。

（6）稳定期

稳定期是企业停止增长、开始衰退的转折点。整个企业开始丧失创造力以及鼓励变革的氛围，不敢突破过去曾发挥作用的条条框框，越发趋于保守。稳定期有几大变化：企业开始日渐重视短期盈利能力，财务人员的地位超过市场、研发人员的地位，投资回报成为衡量业绩的最重要标准，企业开始了自我保护意识，并不断增强；而与顾客的距离却逐步拉大。

（7）贵族期

在这一时期，企业目标越来越短视化，企业内部缺乏创新，试图通过兼并其他企业以获取新的产品和市场来“买到”创新精神，同时企业内部形式主义流行，钱被花在控制系统、福利措施和一般设备上。贵族期企业不肯承认现实，尽管其市场日渐萎缩，在产品和营销技巧上越来越无法与对手竞争，但他仍抱着“平安无事、生意照旧”的态度，而采取提高价格等极端方法加速企业滑入老化期的下一阶段——官僚化早期。

（8）官僚化早期

面对前期造成的恶果，企业内部不去关注该采取何种补救措施，相反把他们的创造力放在排除异己、保全自己和内讧上，并随着企业业绩的进一步下降，人们变得更加偏执。人员的流失使企业进入恶性循环，直到企业破产，或成为完全的官僚化企业。

（9）官僚期与死亡

随着各方面人员的流失，行政型的人员越积越多，企业变成了一个完全膨胀的官僚机构，没有成果导向的概念、没有创新，也没有团队协作的观念；有的只是最完善的制度、表格、程序和规定。同时，官僚化企业会主动给外界的干扰者制造各种障碍，只想通过一个非常狭窄的渠道与外界保持联系。处于官僚化的企业外表看起来实力雄厚，其核心可能已经腐烂，最终难逃破产的厄运。

表 15－1　企业生命周期中各时期的特点

时期	特　点
孕育期	企业尚未诞生，仅仅是一种创业的意图
婴儿期	行动导向，机会驱动，因此，缺乏规章制度的经营方针；表现不稳定；易受挫折；管理工作受危机左右；不存在授权，管理上唱的是独角戏；创业者成为企业生存的关键因素
学步期	企业已经克服了现金入不敷出的困难局面，销售节节上升，企业表现出快速成长的势头，但机会仍有限，被动的销售导向，缺乏连续性和重点，因人设事
青春期	企业难以脱离创业者的影响，并借助职权的授予、领导风格的改变和企业目标的替换而再生。“老人”与新来者之间、创业者与专业管理人员之间、创业者与公司之间、集体目标与个人目标之间的冲突是这一时期的主要问题
盛年期	企业制度与组织结构能够充分发挥作用；事业的开拓与创造力的发挥已制度化；注重成果，企业能够满足顾客的需求；能够制订并贯彻落实计划；无论从销售还是盈利能力来讲，企业能够承受增长所带来的压力；企业分化出新的婴儿期企业，衍生出新的事业

续表

时期	特　点
稳定期	企业依然强健，但开始丧失灵活性，表现为对成长的期望值不高；不努力占领新市场和获取新技术；对构筑发展愿景失去了兴趣；对人际关系的兴趣超过了对冒险创新的兴趣
贵族期	大量的资金投入到控制系统、福利设施和一般设备上；强调的是做事的方式，而不问所做的内容和原因；企业内部缺乏创新，把兼并其他企业作为获取新的产品和市场的手段；资金充裕，成为潜在的被并购对象
官僚化早期	强调的是谁造成了问题，而不去关注应该改采取什么补救措施；冲突和内讧层出不穷；注意力集中到内部的斗争，忘记了顾客
官僚期	制度繁多，行之无效；与世隔绝，只关心自己；没有把握变化的意识；顾客必须想好种种办法，绕过或打通层层关节才能与之有效的打交道

资料来源：根据伊查克·爱迪斯《企业生命周期》一书有关内容整理。

专栏：创业企业向如何高增长蜕变：发现人才　保持专注

你辛苦多年，不断挑战困难，终于使得自己的产品得到了市场的认可，竞争力比过去提高了 10 倍，开始获得规模化用户和营收。你已经打造出一支才华横溢且充满激情的团队，他们已经融入你们的文化。喘口气吧，鞠躬表示谢意。现在，你得面对现实：如果你想建立一个大的企业，前面还有许多工作要做。

在增长阶段，你的举措越来越重要。不同的挑战开始浮现，筹码更大，赌注更高。随着你从创业企业转向高增长企业的历程中，下面四点对你有所帮助。这四点并不详尽，但是个好的开始：

（1）隐藏的宝石

非常成功的企业里有少数员工，这些员工比其他人好 10 倍。这些人不是高管，而是有特殊才华的个体贡献者。这些人一般不会在采访中出现，他们形形色色，许多高管告诉我说，他们的“秘密武器”是销售员、产品设计师、开发者。

“隐藏的宝石”如此重要，因为他们能带来很高的企业价值。例如，一位著名的增长企业 CEO 自信地告诉我，在他的第一家公司以 2 亿美元出售时，一位销售专家贡献了一半的价值。后来，这位企业家创办第二家公司，他带来了秘密武器。CEO 的第二家企业上市，最终以 15 亿美元出售。他相信，“隐藏的宝石”带来了约25%的价值。一位销售专家，为两家公司创造近5亿美元价值：是的，隐藏的宝石的确改变了形势。

随着企业从创业型走向增长型，你需要确认自己企业里哪些人是“隐藏的宝石”，找到办法尽可能发挥其所长。有一个办法就是模仿。例如，如果你发现一个销售员，他的销售额是其他人的3～5倍，密切研究，看他或者她是如何做的。

要找到其他“隐藏的宝石”，还有一个办法：让他们专注于最擅长的事。对于表现好的人，要刺激他们就晋升他们。但如果晋升导致员工远离核心能力（比如，一位好销售员因为升到管理层，要管理所有其他销售员，他们就会切断与客户的联系），你就会降低价值创造。你得找到一个方法，一方面确保员工职业发展；另一方面要让全明星在原位置一展所长。

（2）找到飞轮

随着企业从创业公司转向增长阶段，你的增长目标绝对是：变大。对于大多企业来说，要高速增长更难。要建立一家真正成功的企业，最关键的是在变大的同时变得更好。随着时间的前进，飞轮获得能量，它会越来越快，你需要培育潜在快速增长所需的资源，在扩张之时它能释放能量。如何做到呢？

对于一些成功的企业来说，快速增长的一个办法就是：找合作伙伴。当年Google Android崛起于移动市场时，它与三星合作的同时推动两家企业的增长。在企业软件发展初期，埃森哲帮助了几家应用企业的增长，比如Peoplesoft。不过要当心，没有一家同行的企业会帮你增长，互惠互利的合作才能在一段时间内帮助你增长。

有时，推动增长的合作关系在于正在开发的领域。有时，尤其是你需要获得更大企业的关注时，你需要“关系”来发展。选一些正确的独立董事、顾问、投资者很关键，这些人有帮助。如果能让“飞轮”运转起来，增长就会更容易。

（3）保持专注

当核心业务蒸蒸日上，守住领地，寻找扩张机会是诱人的。因为初期企业在核心领域成功，便认为自己能在其他领域成功，这是一个致命的误解。在一个资源有限的世界，将关注面扩大，可能会给核心业务带来失败风险。19世纪60年代，工资单外包公司Automatic Data Processing上市，它有四大主业，华尔街当时的最大问题是什么会成为企业增长的“第五条腿”。50年之后，ADP市值达300亿美元，只剩下两大业务，实际上它抛弃了原来的两大业务，专注于核心工资单业务的发展。

当然，企业必须不断评估市场，因为它在转移，在考虑寻找新方式谋求增长。实际上，一些增长企业最好的 CEO，他们会在相邻领域下“小赌注”，如国际市场、产品延伸。不过，这些赌注很好地避免了核心业务分散，投入的资源有限，如果不管用就立刻砍掉。

(4) 让流程专业化

当公司发展到一定阶段，你得为流程专业化投资。在这里，最重要的可能是设定一套指标，以真正帮助你评估企业的长远健康状况。可能你会发现，额外的资本可以用来投资高回报和高增长业务。“指标”并不总能解决问题，然而它仍是必不可少的，因为这可以为企业的未来发展提供指向。你得不断调整，然后才能用来帮助企业快速扩张。

创业文化可能不太适合流程专业化，你得找到办法，让文化匹配新架构。找到一个好的预算管理程序可能没多少吸引力，但如果它能让你更好地服务客户，用更及时的方式服务，你就应该引入。在报告期之后，如果将新规废弃，可能会给企业带来压力，但如果它能吸引新投资者，就要长远着眼，因为它与企业的成功息息相关。

没有人说建立一家成功企业很容易，不过，那些在增长阶段发现“隐藏的人才”、培育发展速度、保持专注、将流程专业化的企业，会为自己奠定成功的基石。

15.2　创新型企业的成长蜕变

15.2.1　格雷纳企业成长理论

在企业成长发展的过程中，环境在变化，市场在变化，企业也应随着市场的变化而变化，随着战略的调整，企业组织结构和行为也应做出相应的变革。

哈佛大学教授格雷纳提出的企业成长五阶段模型如图 15 - 2 所示。该模型认为，企业每个阶段都由前期演进和后期变革或危机部分组成，这些变革和危机加速了企业向下一个阶段的跃进。格雷纳模型认为危机就像一个正在成长的孩子，每次危机都有不同的特征。

第一阶段：创造力推动企业增长。

企业起步的规模一般较小，企业创始人是一切的中心，他的理想与领导作风在生产经营中起着重要的作用。如果企业创始人的想法得到了市场的认可，企业便可发展成长。随着企业的成长，创始人将会被许多的细小事务和

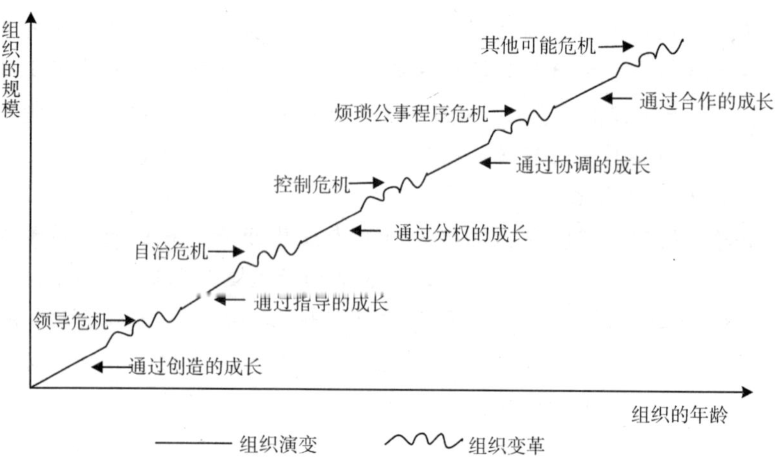

图 15－2　企业成长的五个阶段

资料来源：Larry E Greiner. Evolurion and Revolution as Organizations Grow [J]. Harvard Business Review. Jul/Aug1972：41.

具体问题所困扰不能再有效地经营企业，出现了所谓的领导危机。领导危机使企业发展举步维艰，抑或开始逐渐衰退。这个阶段公司的一切以“人治”为主，公司内部的运行机制尚未形成，新员工对公司的运作摸不着头脑，公司迫切需要解决的是提高资金和资源的管理效益。

在此阶段，企业对客户反应能快速应对，但随着企业规模的扩大，企业创始人作为管理者的局限显现出来。这一个阶段，老板需要超时工作“拼命为企业赚钱”。创业“领导人”精力的限制带来企业的第一个危机。

第二阶段：依靠指导成长。

克服领导危机，企业需要一个强有力的、具有较高专业造诣的、能力很强的职业经理人作为行政领导，就企业的发展做出科学而果断的决策。然而，由于经理的强势领导，员工唯马首是瞻，自主空间较小，人才外流，也难招聘到好的人员，缺乏人才这样的宝贵资源，企业的成长又遇到了“瓶颈”。这一阶段，内部控制严格，沟通和管理虽然效率较高，但不够灵活，妨碍人才成长。

随着企业组织的进一步成长，一些下属对自己所从事的工作变得比企业决策者更熟悉，希望有更多的发言权。这时，若处理不当，便会发生内讧或者员工跳槽，出现自治危机。

第三阶段：授权推动企业增长。

要想解决自治危机，就必须学会授权，即赋予企业内更多人以更大的职责，但许多中小企业创始人往往将过多的工作抓在自己手里不放，或者简单地将任务推给下属，这样组织很难长大成熟。通过授权给予中层领导或者事业部更多的的决策空间，可以调动一线人员的积极性；然而，授权如果处理不当，部分下属可能会不服管制，自立山头，从而出现控制危机。

第四阶段：协调推动企业发展。

事业部之间、上下游之间，都需要做好协调工作以克服控制危机，于是，可能出现一个权利集中的总部，并建立大量的规章制度，以解决授权的失控危机。然而，弊端很显然，企业开始出现严重的官僚作风，导致业务团队与总部管理人员的矛盾。

第五阶段：合作推动企业增长。

避免官僚主义需要在企业内营造一种合作的氛围，如对信息系统进行简化并提高其整体流畅性，提倡团队精神，建立学习型组织。该阶段要强调管理培训和人才开发，同时尝试企业扁平化结构。

格雷纳的成长模型显示，在企业成长的过程中，一方面，随着企业更富有经验，逐渐走向成熟，并伴随着规模的扩大，呈现出有利于成长的健康态势；另一方面，推动企业成长的动力与阻碍企业成长的阻力相互作用，使企业在各个阶段表现出成长状态，往往推动企业在现阶段成长的动力又是阻碍企业在下一阶段进一步成长的最大障碍。因此，能否突破这种阻碍是企业能否进入下一阶段达到成长目的的关键。只有通过变革那些生死攸关的因素，企业才能获得再次发展的新生。

15.2.2　创新型企业成长阶段及其突破

由格雷纳的企业成长模型，可以推出创新型企业的成长过程，如图15－3所示。创新型企业成长要经历 4 个阶段，每个阶段都是从演进期开始到剧变期结束，从而进入下一个阶段，即每个阶段都有演进期和剧变期。而企业能否顺利进入下一个成长阶段则在于企业能否在剧变期有效解决问题，创新型企业在不同的成长阶段能够有效解决剧变期企业出现的问题，从而顺利进入下一个阶段的演进期，这保证了企业的不断发展。

在发展最初，企业资本缺乏、管理不规范，员工之间的沟通相对频繁，以非正式沟通为主，这时面临的危机主要是生存危机。创新型企业需要找准起步切入点，节省一切开支，尽快得到市场认可。为了保证企业在用尽最后的现金之前获得销售收入，企业需要积极谋求外部融资，以确保企业还活着。在这个阶段，企业创始人既是老板，又是销售员，企业里除了生产人员就是销售人员。

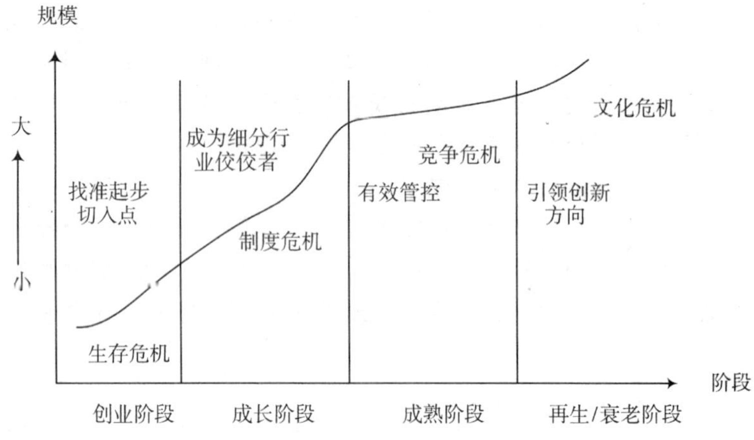

图 15－3　创新型企业成长周期

随着创业阶段的结束，企业主导产品的市场份额扩大，有了一定的资金积累，市场空间迅速打开，企业成为细分市场的佼佼者。此时，企业进入快速扩张期，规模急剧膨胀，人事安排频繁，管理和组织结构开始复杂化。由于企业各项管理制度尚未及时建立和完善，如果仅仅靠企业家个人的能力来维护企业的高速运转，那他的经济管理等专业知识就可能显得不足，各种矛盾冲突更容易发生，此时企业长期积累下来的资源以及隐性知识能力将发挥巨大的作用，从而促进企业的加速成长。在这一阶段，企业面临的危机主要是制度危机。随着企业规模的进一步扩大，企业的制度将不适用于更加多样化和复杂化的组织，企业的员工会面临遵循既定程序和发挥主观能动性的两难，从而引发第二次剧变。此时企业通过充分利用内部资源形成突破，在制度上通过完善分权制度、调动员工积极性，渡过危机。

制度推动企业成长进入到成熟期，此时，经营情况稳定，管理和组织结构经过强化后更为复杂，企业生产的产品普遍为消费者所接受，有稳定的市场占有率，同时，最大限度地抑制了竞争对手的模仿。但随着技术的逐渐成熟和扩散，产品差异越来越小，市场趋于一致，产品的利润空间逐渐降低，竞争日益激烈，企业原有业务中竞争者众多，企业也将面临着天花板问题。因此，培育和形成企业的战略管理能力、开拓新的利润增长点变得尤为重要。在这一阶段，创新型企业的成长与一般企业表现出巨大的不同：一般企业在这个发展阶段不会主动洞察企业生存环境即将发生的变化，因而，绝大多数一般企业在面临激烈竞争、技术突变时无法应对从而走向衰落；而创新型企业在这个阶段虽然处于发展的巅峰，但是仍然会积极了解周围的环境变化，同时对未来的环境变化做出判断，通过积极创新来增加新业务。

由于外部环境因素如技术的进步和变化，需要对企业的核心能力进行适当的转移、调整和提升，促使企业进行较大的战略调整或转型。由于此前建立的各种规章制度已经在企业中广泛执行，企业内官僚化气息日益严重，企业文化趋于保守、落后，严重阻碍了企业的发展创新和变革。

对于创新型企业来说，衰退期也是企业发展的转型期。创新型企业在成熟期打下的基础使得其可以在这个阶段有效地突破旧有的各种障碍，从根本做起，重新确定战略，以创造跳跃式的绩效为目标。创新型企业通过引入新的组织结构，重新规划组织资源，产生新的创新成长能力，从而使衰退期成为自身的再生期。

专栏：风投合伙人谈创业公司规模化道路上的 4 只拦路虎

2012 年伊始，不少创业公司的高管都把自己手里的那本《精益创业》（Lean Start – Up）塞回了书架，仰面朝天，为自己将要面对一系列全新的挑战而唏嘘不已。虽然现在讨论如何为初出茅庐的创业公司找到产品/市场匹配度的建议铺天盖地，但其中却暗含着一条奸诈的小秘密：实现适销对路之际，难题才真正开始，该难点就在于规模化。

橱窗公司打拼了三四年后，终于实现了上百万美元的营收，有了一二十名员工，一切都开始步入正轨。然而此时，压力才真正出现。公司里的员工会开始幻想："如果我们公司价值 10 亿美元，那我就算是百万富翁了！"——我管这种想法叫"影子股票算术"；公司的诸位风投对你的认知将从"言之尚早"转变为"具有高回报的潜力"；配偶也会开始打探你的努力工作何时会真正获得回报。

然而，事关规模化的艰难挑战和决策正在前方等待着你。只有它们才能催生出真正的价值，而非区区的一时进展。我发现，创业公司一旦开始看到自己的初期投入终于结出了果实，便会面临以下几个艰巨的挑战。

第一，产品策略：保持专注 vs. 拓展范围。初期产品表现良好，此时的问题在于：应该将产品策略拓展至何等程度？如果你认为既有产品的现有市场总量（TAM）足以满足你与投资者的胃口，那就保持专注。然而，通常来说，取得更大胜利的诱惑会使创业者踌躇满志，进而通过有机成长甚或并购来拓展产品范围。我的合伙人奇普·哈泽尔德喜欢将这种拓展模式称为"荷叶策略"：全力跳到相邻的而不是池塘另一端的某片荷叶上。着眼于这种天然的毗连性，企业可以提高自己的现有市场总量——理想的情况是利用既有的客户（扩大客户的服务范畴）、渠道（增加渠道的供应量）或产品（开发天然相关的附加产品以拓展现有产品范围）。常常令我感到诧异的是，企业在评估这些连带机遇的时候，并没有仔细考量竞争策略的基本要素。

可能会有人因为我摆出一副竞争策略大师的架势而赏我几个白眼，但我真诚地建议各位创业公司的CEO：在评估连带机遇的时候，好好地考量一下那片“新荷叶”的竞争强度、进入风险、替代品的威胁以及供应商和客户的实力。

第二，财务策略：功成身退vs.扩大融资。火势正旺时，总是令人忍不住想要再添一把柴。很显然，这个决策并不轻松。融资是个极其令人操心的过程——再加上股权的稀释以及投资者的选择，均会对你未来的选择空间产生深远的影响。另外，功成身退可能也很令人动心，尤其是对一名从未成功过的创业者而言。

第三，人力资本策略：聘请老手vs.只招新人。创始团队同进同退，随着公司发展不断扩容，无疑极具吸引力，而且有很多好处：公司文化的核心将得以维持不变，有才干的年轻员工将获得发展机会，外来者加入带来的干扰将被降至最低程度。然而，才能卓越、帮助你一路走到规模化入口处的创始团队却常常并不适合引领接下来的规模化之路。我把创业公司的生命期分为三个阶段，分别是“丛林”、“土路”和“高速公路”。善于在丛林中开辟道路的团队，常常并不适应找出一条土路之后的迅速加速。但在有资历更深、经验更丰富的高管加入时，保留创始文化和保持团结又至关重要。最好的公司会为了实现规模化而提早打造团队（如在部门成长时，聘用可同时有效担任执行者与指导者角色的优秀副总），努力挑选契合公司文化的人。

第四，创始人的两难选择：是否引入职业经理人？一家资历尚浅的公司在规模化进程中要做的一项最为重大的决策便是：应该由什么人担任CEO？创始人或许会是一个具备独特才能、可将公司从丛林中一路带上高速公路的人，但在更多的时候却并非如此，人们需要聘请资深的职业经理人，协助引领公司发展至下一阶段。这一决策是真正的不成功便成仁。一切要看创始人的意愿，以及董事会是否相信，职业经理人有能力使公司从以产品为中心、寻找产品市场匹配度的阶段转入以营销为中心、找到产品市场匹配度之后的阶段。投资者总是希望由创始人来实现这一转变，可如果创始人并不具备这种能力，通过对外求助实现有序过渡就成了关键所在。

上述每一个决定都教人费尽思量，都等同于拿公司命运作赌注。据说在这些问题上的决定有可能导致功败垂成的悲惨结局。进展顺利时，你会想让上述决策发生得自然而然，而且取得某种程度的成功，即使只是小小的胜利。

这可能意味着沿用最初的领导团队、实行适当的产品策略以及早日脱手。

为什么上述的每一项决策听来都有局限性呢？这是因为，伟大的企业家都是些不畏竞争、雄心勃勃的人，他们会招揽雄心勃勃的管理团队、顾问和投资者。一旦设想中的产品市场匹配性得到了验证，他们就会下意识地积极行动，实现规模化。但在规模化的过程中，请务必保持明智。要让营收从 100 万美元增长到 1000 万美元，其难度并不亚于达到最初 100 万美元的水平。而达到 1 亿美元甚至更多的时候，你便真正开始跻身于大公司的行列。这会让你周围的人激动不已，同时也会使众人的期望值飙升。

15.3　创新型企业持续发展的关键要素

依赖昨天的成功往往加剧明天甚至是今天的失败。企业的历史越悠久，规模越庞大，惯性就越大。而当环境变化时，这些企业并没有做好转型的准备，于是最成功的企业也难逃失败的厄运。1900 年美国 25 家大企业中，今天只有 2 家幸存，1961 年的财富全球 25 强公司，只有 4 家还在榜。怎样才能打破成功悖论？

15.3.1　洞察市场变化

通常认为，行业中的“老牌明星”和“后起之秀”在抢占新市场时面临着同样的挑战，但是，事实证明，后起之秀有创业者的先天优势。新的市场机遇源于变化，而发现机遇需要创新力和洞察力。

有时候，洞察力来自危机感。一则寓言故事讲述了这样的道理：兔子与狮子在林中遭遇。兔子在狮子眼中，只不过是一顿午餐，而对于兔子而言，则关乎自己的生命。自然地，兔子比狮子更加绷紧神经。正是狮子的视而不见，为兔子留下了“创业者空间”。美国西南航空公司瞅准短程空运的空白机会，坚持“短航线低价格”的经营战略，“提供飞机的速度和汽车的价格”，在竞争激烈的航空运输业实现连续 40 年盈利。

具有洞察力的创业者就像拥有一双鹰的眼睛，可以看清楚市场变化，为企业指引发展方向。

15.3.2　提升内部协同

通常，一个企业的成熟业务所占据的资源最多，发言权也最大。而新兴业务所占据的资源较少，发言权也较小。如果没有认识到新兴业务的战略地位，这些新兴业务难以成长为企业的核心业务，从而给竞争对手留下可乘之机。

将资源向新兴业务倾斜，将最优秀的团队反向配给新兴业务，支持这些新业务逐渐发展成为新的核心业务，是创业者的明智之举，这样就可以使企业在成熟业务衰退之前成功转型。国内最大的门户网站之一“新浪网”毅然打出“微博”牌，重新获得注意力。

15.3.3 培育创新文化

企业进入成熟期之后，必须克服自身的惯性（惰性），倡导创新文化，激发企业内部和外部的创新潜能，支持和利用公司内部创业活动，避免优秀人才被“逼上梁山”。

公司内部创业是成熟创新型企业主动采取的有效创新战略，为组织内具有创业精神的组织成员提供主动尝试新鲜创意的自由舞台。公司内部创业的形式多样，各种形式的创业大赛和专门的投资基金都是贯彻公司创业战略意图的好工具。

苹果公司发起的全球开发者大会在“让世界不同”的愿景下，让开发者实现梦想，巧妙地利用了公司外部的研发力量，为苹果建立了一个良好的创新生态系统。

专栏：麦肯锡三层面理论

麦肯锡资深顾问梅尔达德·巴格海、斯蒂芬·科利与戴维—怀特通过对世界上不同行业的40个高速增长的公司进行研究，在《增长炼金术——持续增长之秘诀》中提出所有不断保持增长的大公司的共同特点是保持三层面业务的平衡发展：第一层面是拓展和守卫核心业务；第二层面是建立新兴业务；第三层面是创造有生命力的候选业务。他们能够源源不断地建立新业务，能够从内部革新其核心业务，同时开创新业务，他们所掌握的技巧在于保持新旧更替的管道畅通，一旦出现减退势头便不失时机地以新替旧。

三个层次被称为“增长阶梯”。高速增长的公司每一段时间都会前进一步，每一步都会带来新行动和新能力；成功的增长公司强调针对近期和远期的愿景和策略；真正伟大的公司是能维持增长、同时追求增长的公司。

对于企业来说要成功地进行三层面的增长，一个宏伟的愿景目标加上有效结合长、中、短三个时间层面的发展战略规划是企业增长的关键。要达到领先，企业必须对三个发展层面进行均衡管理，对于不同层面的业务应该采用不同的战略与管理。第一层面是公司当前的核心业务，这一业务实实在在地为公司带来大部分的营业收入、利润和现金流，并且公司在这一业务中所培育的经验和技能可以增长业务，这种业务已经经历了最初的经营概念和经营模式的探索，基本确立了经营概念和经营模式，并且具有高成长性，已经产生了收入或利润，而且公司也期望在不久的将来第二层面的业务也会像第一层面的业务那样带来盈利。第三层面是处于探索阶段的未来业务，它们不仅是领导人的一些想法，而且是具有实质性运作或投资的一些小的项目，这些项目在将来有的能发展成为第二层面的业务，甚至成为第一层面业务。

对于寻求发展的企业来说，要成功地启动三层面的增长首先必须取得增长的资格。所谓增长的资格，第一要以优良的运营业绩力图成为领先市场的强竞争力企业。这样为建立增长的基础提供必要的资源保证的同时使管理者能领导并有足够的财务和相关能力支持增长。第二要剥离对企业未来无关紧要的业务，将关注的重心放在企业现在。第三要使投资者确信增长举措是好的投资，这样在投资者的支持下可以确保足够的资金以实现增长。

其次，企业必须做出增长的决心。由高层主管做出增长的承诺，统一领导层对增长的认识，选出能够领导增长并且具有相关能力的关键管理人员。提出更高的目标对于做出增长的决心也很重要，这样可以推动员工采用新思维，也使得企业活动和投入要有重点。做出增长的决心必须要去除组织结构中的障碍，确保企业文化、个人偏见、管理系统和激励机制不会对启动增长产生负面影响。

最后，因为持续增长是一个能力的吐旧纳新、使业务阶梯式上升的演进过程，要启动增长就一定要为增长建立起能力平台，取得增长的动力。获得成功增长的企业往往需要组合所需的能力，以良好的状态战胜竞争对手。它们还应该能迅速判断在已有的能力中哪些是新的能力平台所需要的，它们还能用切实的、一步一步地努力和脚踏实地的工作获取尚没有的能力，以充实能力平台。成功企业的能力平台随不同层面业务的不同而不同，在增长阶梯的每一步，都能在原有基础上进行充实，以形成竞争者难以模仿的能力。

企业三层面的可持续发展还要求有一种独特的企业文化，要针对长、中、短三个时间层面的不同发展战略用不同的方式对三个时间层面的业务、人才和业绩进行系统管理。

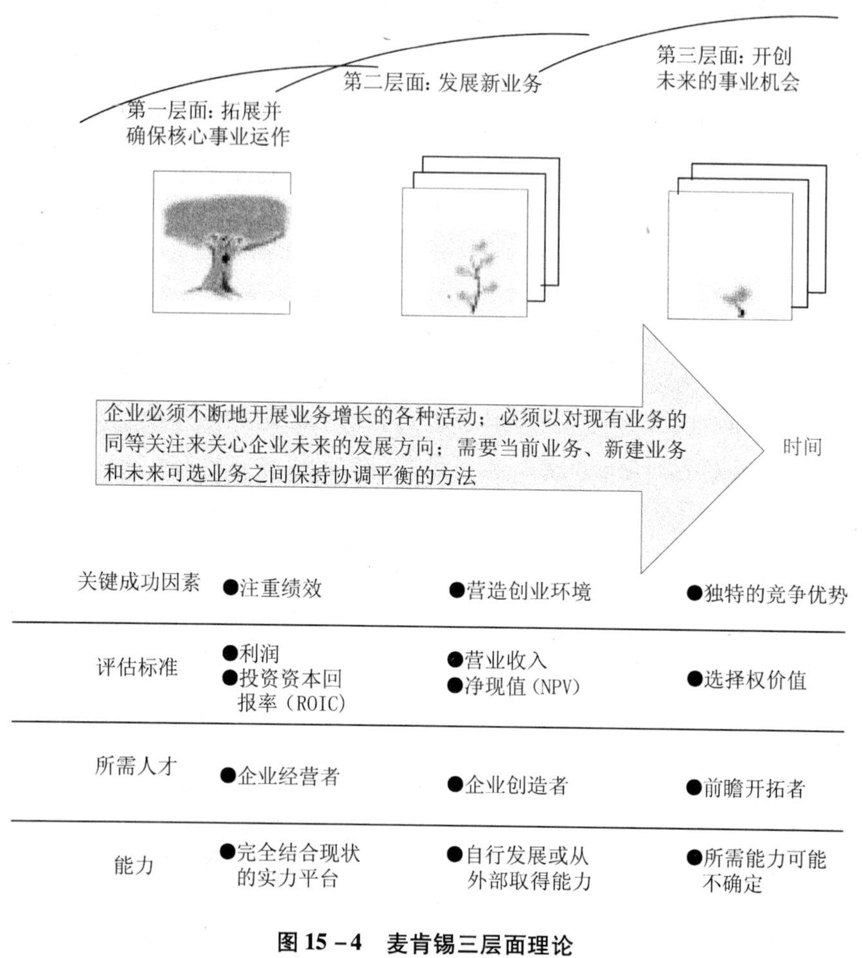

图 15－4　麦肯锡三层面理论

案例：柯达衰败启示录

科技行业的领军企业也同样在经历优胜劣汰严酷的生存法则，企业从理论上通过不断的战略修订保持长久经营，但是实际情况则是各领风骚三五年。2012 年 1 月 19 日，柯达——这家有 131 年历史、带给人们无数感动瞬间的昔日胶片市场王者申请破产保护。

如今的科技界谁保守谁就会被淘汰，无情的市场吞噬了北电、摩托罗拉、诺基亚以及现在 RIM。柯达可算是科技产业的保守代表。很少有人知道，世界上第一台数码相机发明者是柯达的工程师。1975 年，当柯达的工程师史蒂夫·萨森向公司管理层展示烤面包片机大小的数码相机原型机时，公司管理层告诉他“这个很漂亮，但不要让任何人知道”。此时的柯达胶片业务在赚大钱，管理层躺在荣誉上睡大觉，竞争对手日本富士胶片需要带着望远镜才能望其项背。

可是 5 年后，被柯达瞧不起的、立足低端市场的日本富士胶片大胆预见未来数码时代的崛起，并且制定了三管齐下的战略：尽可能多地从胶片业务抽离资金，为数码时代的转型做准备，并开发新的业务。

夸张一点说，1975 年柯达管理层的态度也注定了未来柯达的衰败，柯达一直在继承这种保守的基因甚至发扬光大，当数码相机已经成为明显的趋势时，柯达还是没有第一时间开展数码相机业务。

面对经营状况每况愈下的局面，科技企业高管们在讨论出路时很少承认失败、审慎地经营。相反，他们会四处寻找可收购的业务，或试图利用现有资源放手一搏。他们有时候能够取得成功，但更多的时候会失败，白白浪费钱。他们本能地不愿承认自己没有多少赢面，根本不值得下注。

15.4　转型

今天的成功并不预示着明天的成功。企业进入成熟期后，需要完成从旧家园到新家园的跨越，这一过程是痛苦的，但也是吸引人的。

想象新家园是一片到处是宝藏的新天地，每个创业者都渴望到达那里。然而，从旧家园到新家园需要穿越一个充满着不确定性的“转型峡谷”，如果方向错误，创业者与其团队被困在沙漠险境，或者被竞争对手打败。

然而，大多数情况下，创业者及其团队的能力不足以完成这次转型，需要借力或者吸收新能量才可以完成任务，这需要勇于承认自己的不足，并为获得新力量付出代价。这个过程是痛苦的，如果创业团队的成员更愿意停留在原有的舒适环境中，那么等待他们的可能是慢慢的消亡。

对危险的恐惧使得我们活得更加平稳，但却容易丧失发展良机。创业领导人需要感召团队团结一致、不惧艰险向新家园跨越。

案例：爱迪生与通用电气转型

爱迪生不仅是一位发明家，也是伟大的创业家，但却不是一位伟大的管理者。他很早就认识到，要想取得商业方面的成功，仅有技术远远不够，所以，他一直致力于发明可供商业开发的产品项目。

两大举措证明他是一位企业家，而不是单纯的发明者。

第一大举措是从一开始就追求系统的解决方案。

发明多达1911种不同的电力与照明周边产品的发明大王爱迪生，其实并非唯一发明电灯泡的人，有一位英国物理学家斯旺，与爱迪生同时发明了电灯泡。斯旺于1850年研制真空碳丝白炽灯泡的时候，爱迪生才3岁。斯旺1879年1月制造出实用灯泡并安装在家里，爱迪生的电灯当年10月才首次试验成功。从技术上看，斯旺的灯泡更优秀，于是爱迪生购买了斯旺的专利特许权，并将其应用于自己的灯泡生产中。

但是，爱迪生不仅仔细思考技术上的要求，还思考了他的注意重点，甚至在他开始进行玻璃外壳、真空状态、发热纤维板等技术性工作之前，他就已经决定了一个“系统”，他的电灯泡是为了适于电力公司使用而设计的。

系统性解决问题，正是企业家的特质。爱迪生甚至已经安排好融资，并获得了供电给灯泡用户的接线权，使他的灯泡客户享用到电，另外他还安排了分销系统。由此，爱迪生的白炽灯迅速取得全球压倒性优势。可以这么说，斯旺是一名科学家，他只是发明了一项产品。然而，爱迪生却创造了一个产业。因此，爱迪生能够销售并安装电力设备，而斯旺却还在那边苦思，试图找出可能对他的科学成就感兴趣的人。

第二大举措是组建发明家团队。

爱迪生是企业研究院的开创者，他创建了现代的科学研究发明体系，或美国式的创新方式。爱迪生并非在自家车库里面敲敲打打、自甘寂寞的科学天才，而是聚集了一群有创新头脑的人为他工作，他组建的门洛帕克实验室是苹果、Google、微软等现代顶级企业研究院的前驱。

早在爱迪生来纽约谋生前不久的1870年，爱迪生用别人提供的资金担保，雇用了英国数学家查尔斯·巴彻勒、瑞士机械师约翰·克鲁齐，吸纳了威廉·昂格尔作为公司合伙人，这时候，就有了组建发明团队的举措。之后，由于公司扩张需要用房，他搬进了位于新泽西州门洛帕克的大楼里。在这里，先后有1093项发明研制成功。

多年以后，“门洛帕克”作为世界上第一个产品研发性质的实验室而闻名于世，成了企业研究院的代名词。门洛帕克实验室成为包括施乐公司著名的帕洛阿尔托研究中心、贝尔实验室在内的类似机构的先驱。事实证明，这是科技发明成果成功实现商业化转化的一条有效途径。

商业之败

爱迪生最重要的工作是通过研发和商业推广的漫长过程把发明的理论转化成创新的现实。爱迪生是一位伟大的企业家。1879年，爱迪生创办“爱迪生电力照明公司”，1890 年，爱迪生将其各种业务组建成为爱迪生通用电气公司。作为伟大公司的缔造者，在鼎盛时期，爱迪生创建或控制着 13 家大公司。比如，他创办了一家水泥厂，到了后来，凡是美国出产的硅酸盐水泥，有一半出自爱迪生的工厂。

然而爱迪生不肯就此罢手，他渴望成为一位成功的商人和大公司的老板。他应该能获得成功，因为他是一位极佳的事业规划者。他确实知道电力公司必须使用他发明的电灯泡，也确实知道如何为他的新事业筹集所需的资金。当他推出产品后，立即获得成功，而且需求源源而来。但是，爱迪生仍然维持其创业家的身份，或者应该这样说，他以为“管理”就是当老板。为此，他拒绝建立高层经营团队。因此，当公司规模步入中型后，他所拥有的四五家公司都遭遇惨重的失败。

爱迪生是一个有强烈进取精神，不惧任何风险的企业家。他的根本目标就是解决核心问题——在其所处的那个年代就意味着开发新的市场和产业。和大多数企业家一样，他格外钟情自己那一套解决问题的方法。在一些情况下，他未能看到其所选用的技术在潜在的顾客及大众的眼中并非是最好的，这包括对发电和传输方式的选择。他使用了很多手段，包括用非常稀奇古怪的方法来试图让大众接受他的观点，但是最终他失败了，并且因此失去了对自己公司的掌控。

由于爱迪生面对环境变化不具备经营企业所需要的足够的变通能力，投资家亨利·维拉德受命来挽救公司。他促成了和汤姆森·休斯敦公司的有效合并。

1892 年爱迪生 GE 公司与汤姆森—休斯顿公司合并成 GE，合并后资产 5000 万美元。虽然爱迪生的名气很大，但爱迪生 GE 公司的效益没有汤姆森—休斯顿好，两个公司股东的股份分别以 1:1 和 3:5 的比例换成新公司股份，汤姆森—休斯顿总裁科芬成为新公司总裁。爱迪生不满公司名称中没有了自己的名字，并且股权被稀释为不再是最大股东，在仅出席了一次董事会之后就离开了 GE，继续自己的发明事业。

爱迪生 GE 公司与汤姆森—休斯顿公司合并成了新的通用电气公司，既能够提供直流供电系统，也能够提供交流供电系统，这使得公司改善了在新兴的发电产业中的市场地位，并且保持了公司在照明市场上显著的强势地位。

从科芬到威尔逊：集体领导体制

在爱迪生发明灯泡 14 年后，以摩根为代表的投资者们发现，由合适的专门人才来管理已有产业，对于取得长远的成功至关重要。爱迪生并不是能将电气工业带入 20 世纪的人，而科芬正是这样的人才。

1892 年，在摩根的支持下科芬出任 GE 公司第一任总裁。20 年后，科芬选择了赖斯继任他的 CEO 职务（赖斯是汤姆森—休斯顿公司的技术骨干，1892 年成为 GE 的第一位技术总监，1896 年成为主管技术和制造的副总裁），科芬继续担任董事会主席。

有效的公司治理结构是百年 GE 成功的重要因素之一。在第一任总裁科芬的管理阶段，GE 就建立起强有力的、透明的、高度严谨的会计和财务系统，这是 GE 发展史上的里程碑。它使公司能够对一些关键的绩效指标进行改善，如投资回报率和现金流。也正是在这一时期，公司开始建立并且重点投资人力资源系统建设，如员工的挑选、培训和发展项目。科芬时代的工作为 GE 提供了规范的管理系统和持续创新的基础。

历史上，许多公司创立和延续的过程中都带有浓重的个人色彩，高度专制、支配型的个人领导压制着他人的创造力、洞察力和工作热情。但从早期开始，GE 便形成了一种"分享领导权的方式"，即确立了董事会与职业经理人的管理方式。由科芬开始，当时他选择了埃德温·赖斯作为他的继任者。赖斯性格公正保守，任职后不久，科芬开始担忧赖斯作为业务部执行官的局限性，所以他决定为公司建立一种新的分享领导权的方式。在这一安排下，科芬继续作为董事会主席，专注于长期规划并且维护他数年来建立的与顾客、立法者和其他外部合作者间的良好关系，赖斯更专注于业务发展。

分享领导权成为 GE 重要的里程碑之一。两位领导人分享权力，联合执政，成为 GE 此后很长时间里的一种领导模式。尽管科芬和赖斯的个性和能力迥然不同，但他们拥有各自独特的领导技巧，在公司内外都很受尊敬。得益于这两个强有力的领导者，GE 避免了成为领导者个人情绪的牺牲品，或者被某一种主导型的观点所支配。自科芬和赖斯联合执政后，GE 一直延续了分享领导权的方式，公司分派两个或多个意志坚定的人，分别负责对内和对外事务。GE 从这种分权的管理方式中获益匪浅，避免了高度专制和支配型个人领导对其他人创造力和工作热情的压制。

薪酬激励

GE 有多种有效的薪酬激励组合计划来吸引、激励和留住高管，使他们的利益与公司的利益高度一致。公司通过设立管理发展和薪酬委员会来设计、审定和管理高管的薪酬，构成要素包括基本薪酬和奖金、股票期权、业绩股票单位、长期绩效激励、递延薪酬、养老金计划及其他薪酬等。

经历长时间的发展，GE 已经形成了一套严格的治理和监管体系、治理有效的董事会制度、合理的管理者激励方案，这些都是股东获得良好回报和形成信任、诚信的治理氛围的有效保证。

总的来说，爱迪生发明了电灯泡产品，让世界有了光明。爱迪生建立了一套系统产业，服务了全世界。至此，爱迪生创新了产品与服务，是一个典型的成功案例。就创业型策略来说，他也做到了，只不过在创业型管理上，他彻底失败。

因为新事业的管理需要具备四个要件：①需要以市场为重心；②需要一个前瞻性的财务计划，特别是现金流量和未来资金需求的规划；③建立一个最高管理团队；④创始事业的创业家必须设定自己的角色、工作范围，以及工作、角色的关系。爱迪生即败在后两项上。

推荐书目

杰弗里·摩尔著：《公司进化论》，机械工业出版社，2010 年版。

行动学习指引

A　案例分析

回到行动学习小组采编的创业失败案例（第 12 章行动学习任务），利用本章的理论分析其失败的根本原因。

B　反思和执行

对“友好企业”而言，发展中面临着何种的问题？试着向“友好企业”的团队讲解企业持续成长的关键要素，和“友好企业”团队共同探讨能促使企业持续成长的一些有效措施。

思考自己的人生规划，确定毕生为之奋斗的目标，并制订行动计划。

图书在版编目（CIP）数据

创新创业：行动学习指南/罗国锋主编．—北京：经济管理出版社，2013.8
ISBN 978－7－5096－2543－9

Ⅰ.①创… Ⅱ.①罗… Ⅲ.①创造教育—教材 Ⅳ.①G40

中国版本图书馆 CIP 数据核字（2013）第 145576 号

组稿编辑：张　艳
责任编辑：张　艳　丁慧敏
责任印制：杨国强
责任校对：超　凡

出版发行：经济管理出版社
（北京市海淀区北蜂窝 8 号中雅大厦 A 座 11 层　100038）
网　　址：www. E－mp. com. cn
电　　话：（010）51915602
印　　刷：徐水宏远印刷有限公司
经　　销：新华书店
开　　本：720mm×1000mm/16
印　　张：19.25
字　　数：346 千字
版　　次：2013 年 10 月第 1 版　2013 年 10 月第 1 次印刷
书　　号：ISBN 978－7－5096－2543－9
定　　价：46.00 元